Gerd Habermann (Hrsg.)
Vision und Tat

W0196466

Gerd Habermann (Hrsg.)

Vision und Tat

Ein Ludwig-Erhard-Brevier
freiheitlicher Politik

Ott Verlag

Bildung
Medien
Kommunikation

www.hep-verlag.ch
der bildungsverlag

Ott Verlag

Gerd Habermann (Hrsg.)
Vision und Tat
Ein Ludwig-Erhard-Brevier
ISBN 3-7225-0001-X

Gestaltung/Layout: Ott Verlag

Bibliografische Information der Deutschen Bibliothek:
Die Deutsche Bibliothek verzeichnet diese Publikation in der
Deutschen Nationalbibliografie; detaillierte bibliografische
Angaben sind im Internet unter http://dnb.ddb.de abrufbar.

2. Auflage 2005
Alle Rechte vorbehalten © 2005 h.e.p. verlag ag

h.e.p. verlag ag
Ott Verlag
Bildung.Medien.Kommunikation
Brunngasse 36
CH-3011 Bern

www.hep-verlag.ch

Inhaltsverzeichnis

Zum Herausgeber

Prof. Dr. Gerd Habermann leitet hauptberuflich das Unternehmer-institut der Arbeitsgemeinschaft Selbständiger Unternehmer e.V. in Berlin und ist Professor an der Universität Potsdam. Nebenamtlich ist er Sekretär der 1998 gegründeten Friedrich August von Hayek-Gesellschaft und – seit 2002 ausserdem Vorsitzender der ebenfalls neu entstandenen Friedrich August von Hayek-Stiftung für eine freie Gesellschaft. Ferner ist er auch Mitglied der Mont Pélerin Society.

«Um das Verdienst, das er sich erworben hat, ins rechte Licht zu rücken, dürfen wir ein bekanntes Wort von Churchill abwandeln und sagen, dass selten in der Geschichte so viele Menschen so wenigen, ja einem einzelnen Mann, ein Leben verdanken, das sie sich nur einmal ohne sein Wirken vorstellen sollten, um zu erkennen, wie viel er für sie getan hat.»

(Wilhelm Röpke am 4. Februar 1957, in: Lebensbilder, S. 4)

Erhard-Brevier

Vorwort zur 2. Auflage

In einer Zeit, in der Deutschland erneut ohne ordnungspolitische Orientierung dasteht, ja in einem Zustand ratloser Resignation verharrt, und vielen gar nicht mehr klar ist, worum es gesellschaftspolitisch eigentlich geht, schien es nützlich, aus der literarischen Hinterlassenschaft Ludwig Erhards – Bücher, Reden, Vorträge, Interviews, Essays – ein handliches „Kompendium" zusammenzustellen oder besser ein „Vademecum" für jeden, der nach Maßstäben und verlässlichen Orientierungspunkten zur Beurteilung praktischer Wirtschafts- und Gesellschaftspolitik sucht und eine ordnungspolitische Entscheidungshilfe braucht. Gewiß ist vieles von dem, was Erhard leisten konnte, an Zustände und Aufgabenstellung seiner Zeit gebunden, stellte seine spezifische Antwort auf die Probleme der unmittelbaren Nachkriegszeit dar. Dennoch bleibt Entscheidendes aktuell: die Notwendigkeit eines glaubwürdigen, geschlossenen Leitbildes für die politische Gestaltung – und dies im Sinne von Eigentum, Freiheit, personaler Würde, Wettbewerb: einer „konkreten Utopie" in dem Sinn. Aber dies allein reicht nicht aus. Das unerschrockene Eintreten für diese Ziele, das moralische Pathos, die direkte Zwiesprache mit dem Volk müssen hinzukommen. Das Dahinsiechen des deutschen Wohlfahrtsstaates, zu dem die Soziale Marktwirtschaft längst verkommen ist, gibt diesen Ideen eine neue Chance. Die Rückgabe von Verantwortung an die Bürger, die Wiederherstellung der so weitgehend eingeschränkten Vertragsfreiheit und des Verfügungsrechtes über den der Ertrag der eigenen Arbeit, der allein durch Sozialabgabenquoten von weit über 40 Prozent so extrem geschmälert ist, das müssen die Leitideen der kommenden Reformen sein.

Es ist erstaunlich, dass in einem entlegenen Land wie Neuseeland oder in den osteuropäischen Ländern Ludwig Erhard zu einem Vorbild der entschiedenen Reformer werden konnte, während er in seinem Heimatland kaum mehr als eine politische Reminiszenz ist.

Gerne danke ich der Ludwig-Erhard-Stiftung, die das Vorhaben in jeder Hinsicht großzügig unterstützt hat. Ein wissenschaftlicher Mitarbeiter dieser Stiftung, Berthold Sillich, hat die Register erstellt.

Erwähnt werden muss ferner die Unterstützung durch die Arbeitsgemeinschaft Selbständiger Unternehmer e. V., die für eine breite Streuung des Breviers in den politischen Raum besorgt ist, auch im Angesicht der sich nähernden Bundestagswahl von 2006. Besonders hervorheben möchte ich ferner die Unterstützung zweier ASU-Unternehmer, Dr. Gerhard Femppel, Stuttgart und Hans-Joachim Meggers, Brühl.

Das Erhard-Brevier erscheint in der Reihe „Meisterdenker der Wirtschaftsphilosophie", die im Jahre 1999 mit einem Hayek-Brevier „Philosophie der Freiheit" startete und inzwischen Bände zu Wilhelm Röpke, Claude-Frédéric Bastiat, Ludwig Mises, David Hume, Adam Smith und Benjamin Constant umfasst. Ein Tocqueville-Brevier wird zu den Hayek-Tagen 2005 in Tübingen erscheinen.

Der Ott-Verlag in Thun, der diese Reihe in sein Verlagsprogramm aufgenommen hat und seit Jahren unser verlässlicher Partner ist, wurde inzwischen vom h.e.p. verlag Bern übernommen. Die Zusammenarbeit geht erfreulicherweise auch in dieser neuen Konstellation ungebrochen und freudig weiter. Dafür ist der Herausgeber sehr dankbar.

Berlin, im März 2005
Prof. Dr. Gerd Habermann

Soziale Marktwirtschaft:
Von der Vision zur Tat

1. Deutschland vor Erhard

Wirtschaftliche Zustände vor Erhards Reform

Nicht eine Nähnadel, nicht eine Reisszwecke, nicht das geringste Stückchen Holz, nicht einmal Streichhölzer konnte man kaufen. Für alles gab es Zuteilungen. Abschnittsweise wurden bestimmte Teile der jeweiligen Reichskleiderkarte oder Raucherkarte aufgerufen; oft zu Artikeln, für die die Karten gar nicht bestimmt waren. Aber ein solcher Aufruf bedeutete keineswegs auch die Garantie, dass man das Angekündigte auch wirklich bekam. (Kuno Ockhardt, Der Vater des Wohlstandes, in: Biographie, S. 578)

Berechnungen

Nach dem gegenwärtigen Produktionsstand der Westzonen kann jeder Einwohner erhalten: jedes Jahr 343 Gramm an Textilien, alle zwei Jahre ein Wasserglas, alle vier Jahre ein Paar Lederstrassenschuhe und ein Einmachglas, alle sieben Jahre ein Stück Porzellan, alle 15 Jahre einen Kochlöffel, alle 150 Jahre ein Waschbecken und in alle Ewigkeiten keine Zahnbürste und keinen Rasierpinsel. (aus: Karlsruher Zeitschrift «Versicherungswirtschaft», in: Völklein, S. 57)

Da hiess es, dass jeder Deutsche nur alle fünf Jahre einen Teller bekommen könne, alle zwölf Jahre ein Paar Schuhe und nur alle fünfzig Jahre einen Anzug. Nur noch jeder fünfte Säugling könne in eigenen Windeln liegen und lediglich jeder dritte Deutsche hätte die Chance, in einem eigenen Sarg begraben zu werden. Auch hatte ein Frankfurter Bürgermeister errechnet, dass man in seiner Stadt schon allein für die Trümmerbeseitigung dreissig Jahre brauchen werde. Einem Darmstädter Kommunalbeamten wird die Äusserung zugeschrieben, dass man mit den üblichen Zementzuteilungen weit länger als ein halbes Jahrtausend brauchen werde, um Darmstadt wieder aufzubauen. (Schickling, S. 18)

Die Zwangsbewirtschaftung

… unterlagen alle Güter vom Knopf bis zur Kleidung, von der Schraube bis zur Maschine den Bewirtschaftungsvorschriften. Niemand konnte mehr den Wirrwarr von Vorschriften, Bestimmungen und Ausführungsbestimmungen übersehen, wahrscheinlich noch nicht einmal die Ämter selbst. Das Bezugscheinsystem war nur noch ein gespenstisches Spiel mit bedrucktem Papier und Zahlen und hatte kaum noch Bezug zur Wirklichkeit. Hatte man nach einem längeren Nervenkrieg endlich einen Bezugschein etwa für einen Pullover oder einen Mantel von seinem Wirtschaftsamt erhalten, besass man noch lange keine Gewissheit, das Stück auch im Laden kaufen zu können. Weder der Textilhandel noch die Textilhersteller sahen sich imstande, alle ausgegebenen Bezugscheine schnell zu beliefern. Aus Selbsterhaltungstrieb waren sie auf schwarze oder graue Bestände angewiesen. (Schickling, S. 17)

Der Schwarze Markt

Da der Normalverbraucher von seinen Rationen nicht existieren konnte, blühten der Schwarze Markt, der Graue Markt, die Kompensationsgeschäfte und viele primitive Zweige einer geradezu mittelalterlichen Naturalwirtschaft. Natürlich vergiftete die Entwertung des Geldes die Arbeitsmoral. Es lohnte sich für niemanden, ehrlich zu arbeiten. Jeder brauchte viel Zeit und Mühe, um sich schwarz oder grau etwas zu «organisieren». Arbeitslosigkeit gab es unter diesen Umständen nicht. Für die Unternehmer spielten die Stopplöhne keine grosse Rolle in ihrer Betriebsrechnung. Ausserdem suchten Millionen von Menschen keine geregelte Arbeit, da sie Schwarzmarktgeschäfte aller Art betrieben. Die deutschen Eisenbahnen waren Tag und Nacht überfüllt, nicht nur, weil wenig Züge verkehrten, sondern weil es eine permanente innere Völkerwanderung gab. Die Menschen fuhren ein paar hundert Kilometer mit der Bahn, um irgendwo eine Schwarzware aufzutreiben. Der gestoppte Fahrpreis für die Eisenbahnkarte spielte keine Rolle. Selbst ein Sack Kartoffeln oder ein Kilo Butter, bei einem Bauern irgendwo auf dem Lande aufgetrieben, lohnten eine lange Fahrt … (Volkskanzler, S. 100)

2. Der Befreiungsakt

Die entscheidende Frage

Nicht eine gleichmässige Verteilung der Armut des deutschen Volkes steht zur Debatte, sondern die Frage: Wie führt man das deutsche Volk aus seiner Armut heraus? (Ludwig Erhard im Wahlkampf 1949, in: Lukomski, S. 110)

Leistung statt Streit

… nicht der Streit um die Beteiligungsquoten am Sozialprodukt wendet das Schicksal, sondern allein die produktive güterwirtschaftliche Leistung schafft dem deutschen Volk eine neue materielle Lebensgrundlage. (Ausblick, in: Kriegsfinanzierung und Schuldenkonsolidierung, Faksimiledruck der Denkschrift von 1943/44, Propyläen-Verlag 1977, S. 262–268; in: GJ, S. 49)

Gegen Resignation

Resignation vermag das Schicksal nicht zu wenden; es gibt grundsätzlich keine wirtschaftliche Situation, aus der nicht Wille und Vernunft Auswege und Wege zu neuem Aufstieg finden lassen. Diese optimale Lösung zu finden, ist die Aufgabe. (Gutachten zum wirtschaftlichen Wiederaufbau, Auszug, 1945; in: GJ, S. 53)

Wenn ich in entscheidender Stunde dennoch davor nicht zurückschreckte, die Verantwortung für das wirtschaftliche Schicksal unseres Landes zu übernehmen, so geschah es aus der festen Überzeugung, dass keine wirtschaftliche Situation so trostlos sein kann, als dass nicht der entschlossene Wille und die ehrliche Arbeit eines ganzen Volkes einen Ausweg, ja mehr noch, einen Weg zur sozialen Wohlfahrt verhiessen. (Wirtschaftliche Ordnung nicht durch Polizeigewalt, Rundfunkansprache, 8. Dezember 1945; in: GJ, S. 55 f.)

Selbstvertrauen

Mit feigem Pessimismus und skeptischem Beiseitestehen ist das Schicksal nicht zu meistern. Wenn wir den Glauben an uns selbst verlieren, wenn wir Hilfe und Erlösung nur von aussen erwarten, dann kann und wird uns nicht geholfen werden. Trotz aller

Beschränkungen sind wir zuletzt noch immer Herr unseres eigenen Schicksals. (Ausblicke, in: Deutsche Zeitung und Wirtschaftszeitung, 17. Mai 1946, in: GJ, S. 65)

Worum es eigentlich geht

Da der Zweck des Wirtschaftens – Mittel für den Verbrauch zur Verfügung zu stellen und damit der sozialen Wohlfahrt des Volkes zu dienen – unabhängig von Zeiterscheinungen und Systemvorstellungen unverrückbar gegeben ist, sollte der Streit der Meinungen eigentlich nur noch um Fragen der Zweckmässigkeit der dabei anzuwendenden Verfahren gehen können. (Sprachverwirrung um die Wirtschaftsordnung, in: Die Neue Zeitung, 23. Juni 1947; in: DW, S. 23)

Totale Bewirtschaftung am Ende

Die Fiktion einer totalen Bewirtschaftung aufrechterhalten zu wollen, wenn um uns zwar überall, aber schädlicherweise – nach Ländern und Betrieben noch höchst individuell – die Kompensation üppigste Blüten treibt, kann im Ergebnis nur zu einer weiteren Unterhöhlung der Moral, zu einer stillschweigenden öffentlichen Sanktionierung ungesetzlicher Handlungen und einer Untergrabung der Staatsautorität führen oder – was gleich schlimm ist – die Behörde der Lächerlichkeit preisgeben. (Der Weg in die Zukunft, Rede vor der 14. Vollversammlung des Wirtschaftsrates des Vereinigten Wirtschaftsgebietes, Frankfurt a.M., 21. April 1948; in: DW, S. 43)

Pseudo-Vollbeschäftigung

Der heute festgestellte hohe Beschäftigungsstand ist unwahrhaftig und trügerisch; wir werden erst dann wieder volkswirtschaftlich nützliche Arbeit zu leisten vermögen, wenn die im Einkommen repräsentierte Kaufkraft im Markt durch den gesicherten Bezug von Gütern honoriert wird. (Zur Jahreswende 1945/46, Die Neue Zeitung, 31. Dezember 1945, in: DW, S. 15)

Irrglauben an staatliche Mangelwirtschaft

Vor allen Dingen waren nach dem Zusammenbruch des Zweiten Weltkrieges und seiner Folgeerscheinungen – zerstörter Währungen und Flüchtlingselend – mehr oder minder alle Länder davon überzeugt, dass so unselige äussere Lebensumstände und so viel erdrückende Not zwangsläufig staatliche Planung und Lenkung erforderlich machten. Demgegenüber wurde das Vertrauen in die Leistungsfähigkeit einer freien Marktwirtschaft und freier Preisbildung als eine fast leichtsinnige Illusion gebrandmarkt. Die Völker und noch mehr ihre Regierungen waren fast von einem Missionsglauben erfüllt, dass die allerorts vorherrschende Not und Armut gerecht verwaltet werden müsste. (Die Wirtschaftsordnung für freie Menschen, Frankfurter Allgemeine Zeitung, 1. Juni 1957; in: GJ, S. 507 f.)

... dass nichts so sehr den Mangel erzeugt, als ihn zu bewirtschaften.

(Das kleine Erleben um ein grosses Geschehen, Zum 10. Jahrestag der Wirtschafts- und Währungsreform, Die Zeit, 19. Juni 1958; in: GJ, S. 541)

Die Aufgabe nach dem Zusammenbruch

In der Situation, in der sich mein Land nach dem Zusammenbruch befand, konnte nur eine Forderung verpflichtend sein: zu arbeiten, um leben zu können, und gleichwohl aus dem Ertrag der volkswirtschaftlichen Arbeit durch Opfer und Konsumverzicht so viel zu erübrigen, dass über die sich verbessernde Ergiebigkeit der Leistung Deutschland seine Wettbewerbsfähigkeit zurückerlangt und auf so gesicherter Grundlage schliesslich jeder Einzelne zu einer immer besseren und freieren Lebensführung gelangen kann. Während der Kommunismus in der Hinlenkung zur Vergottung des Kollektivs auf Konsumenten verzichten kann, ist die sogenannte kapitalistische Produktionsweise – ich möchte lieber sagen: die Marktwirtschaft – darauf angewiesen, dass der Massenproduktion auch eine entsprechende Massenkaufkraft gegenübersteht. (Der Aufbau Indiens, Rede vor dem Indian Council of World Affairs, New Delhi, 7. Oktober 1958; in: DW, S. 401 f.)

Sehnsucht nach Eigenleben

Der Krieg hat vielfach die engste Form der Gemeinschaft – die Familie – gesprengt. Die im Felde stehenden Männer kehren zurück, erfüllt von der Sehnsucht, nach den vielen Jahren kollektiver und primitiver Lebensgestaltung im Kreis ihrer Familien wieder ein ihrem Leben gemässes Eigenleben zu führen. Die im Arbeitseinsatz stehenden Frauen sehnen sich nach ihren in der Zwischenzeit verschickten Kindern zurück und haben das Bedürfnis, ihre Arbeit wieder im eigenen Heim ihrer Familie zu widmen. (Ausblick, in: Kriegsfinanzierung und Schuldenkonsolidierung, Faksimiledruck der Denkschrift von 1943/44, Propyläen-Verlag 1977, S. 262–268; in: GJ, S. 51)

Illusion über Planwirtschaft

Der Glaube, diesen Zusammenbruch durch Planwirtschaft bändigen zu können, erwies sich als eine Illusion, als ein Narrenspiel, von dem nur das eine überraschte, dass gleichwohl so viele mit leidenschaftlichem Eifer glaubten, diese gleiche Methode als das rettende Prinzip auch für den deutschen Wiederaufbau nach der Währungsreform anwenden zu müssen. Die Eröffnung wirtschaftlicher Freiheit wurde als ein frevelhaftes Spiel empfunden und entsprechend gebrandmarkt. (Gestern – Heute – Morgen, Elektrola-Schallplatten, 9. Juni 1961; in: GJ, S. 692)

Entweder – oder!

Es ist unmöglich, die Wirtschaft von zwei Seiten her lenken zu wollen. Man kann nicht auf der einen Seite von der Behörde her nach irgendwelchen Schlüsseln ... den Warenstrom lenken und auf der anderen Seite durch die natürliche Nachfrage, wie sie von jedem einzelnen Staatsbürger in freier Entscheidung auf Grund freier Konsumwahl getätigt wird, eine andere Verteilung vornehmen ... Ich lehne das Prinzip der Planung und Lenkung dort radikal ab, wo es den einzelnen Staatsbürger von früh bis abends als Konsumenten oder Produzenten quälen soll ... (WA, 5. Kapitel, Völlig verschiedene Auffassungen, S. 103)

Gegen Mischformen von Freiheit und Kollektivismus

Man kann ein Volk unter totalitärem Zwang zu politischer Geschlossenheit formieren, und man kann freie Völker im Bewusstsein, dass sie höchste Lebenswerte zu verteidigen haben, zu fester Einheit zusammenfügen; aber man möge sich nicht einbilden, dass es auf die Dauer Mischformen von Kollektivismus und Freiheit geben könnte oder die beiden Prinzipien in den einzelnen Lebensbereichen von unterschiedlicher Geltung oder Bedeutung sein könnten. Wer dem kollektivistischen Geist darum im Inneren Raum gibt, öffnet ihm, wenn auch unbewusst, die Türe von aussen. (Gestern – Heute – Morgen, Elektrola-Schallplatten, 9. Juni 1961; in: GJ, S. 702 f.)

Gegen den Mittelweg

Ich stelle mir vor, was passiert wäre, wenn wir nicht diesen Weg gegangen wären, sondern vorsichtiger laboriert hätten, d.h. mit halben Bezugscheinen und halber Preisbildung in die Währungsreform hineingeschlittert wären. Welche Behörde wäre dann in der Lage gewesen, ohne Kenntnis des Marktes Bezugscheine oder Bezugsrecht auch nur genereller Art auszugeben? ... Es ist hier so gesagt worden, als ob man beide Dinge (Bewirtschaftung und Preisbildung) trennen könnte, als ob man daran denken könnte, das eine zu tun und das andere zu lassen. Auch das erweist sich bei näherer Betrachtung als eine völlige Illusion. Bewirtschaftung und Preispolitik gehören zusammen wie die siamesischen Zwillinge, aber wie diese sind sie eben auch nur zusammen eine Missgeburt und nicht mehr. (WA, 5. Kapitel, Dem Kommunismus in die Arme?, S. 107 f.)

Die Richtung ist klar

Wenn auch nicht im Ziele völlig einig, so ist doch die Richtung klar, die wir einzuschlagen haben – die Befreiung von der staatlichen Befehlswirtschaft, die alle Menschen in das entwürdigende Joch einer alles Leben überwuchernden Bürokratie zwingt, die jedes Verantwortungs- und Pflichtgefühl, aber auch jeden Leistungswillen abtöten und darum zuletzt den frömmsten Staatsbürger zum Rebellen machen muss. (Der Weg in die Zukunft, Rede vor der 14. Vollversammlung des Wirtschaftsrates des Vereinigten Wirtschaftsgebietes, Frankfurt a. M., 21. April 1948; in: DW, S. 52)

Für das Leistungsprinzip

Ich spreche also ganz bestimmt nicht für die Masse der Unternehmer, die sich in der Zwangswirtschaft als Staatsrentner teilweise ganz wohl gefühlt haben, sondern ich spreche nur für die tüchtigen unter ihnen, und ich spreche im besonderen wieder für die Masse unseres Volkes, wenn ich hier – allerdings bewusst – den Grundsatz vertrete, dass die unbedingt notwendige Auslese dann nicht nach irgendwelchen schematischen Regeln, sondern nur nach dem Leistungsprinzip erfolgen darf. Die höhere Leistung auf allen Gebieten der wirtschaftlichen Betätigung ist unerlässlich, wenn wir nicht in der Armut versauern und uns im Ringen um die spärlichen Bissen gegenseitig zerreissen und uns das Leben vergällen wollen; die höhere Leistung ist aber auch deshalb notwendig, weil eine sich auf gesunder Grundlage ausweitende Volkswirtschaft Störungen gegenüber viel weniger anfällig ist und darum am meisten zur Sicherung der Währung beiträgt. (Der Weg in die Zukunft, Rede vor der 14. Vollversammlung des Wirtschaftsrates des Vereinigten Wirtschaftsgebietes, Frankfurt a. M., 21. April 1948; in: DW, S. 65)

Geld statt Bezugsschein

Ich wiederhole deshalb nochmals, dass es in einer geordneten Wirtschaft keinen anderen Bezugschein geben darf als das Geld und dass es sinnlos und widerspruchsvoll sein müsste, dem Verbraucher Bezugsrechte einzuräumen, zu deren Verwertung ihm das Einkommen fehlt; genauso wie es widersinnig wäre, ihm durch die Behörde weniger Beschaffungsmöglichkeiten zuzubilligen, als er durch sein Einkommen auf Grund geleisteter Arbeit beanspruchen darf. (Zur Kritik an der neuen Ordnung, Rundfunkansprache, 6. August 1948, in: GJ, S. 132)

Wirtschaft ohne und mit Leistungsanreiz

Wie war es denn in der seitherigen Wirtschaft? Sie hat nicht die geringsten Leistungsanreize geboten. Der einzelne Händler oder Erzeuger hat seine Kosten errechnet, wie sie zufällig bei ihm angefallen sind. Er hat nach dieser Richtung ja keine Anstrengungen zu machen brauchen, denn er war entweder auf Grund einer generellen Genehmigung der Behörde berechtigt, diesen Kostenpreis zu fordern, oder, wenn es notwendig war, ist er zur Behörde gelaufen, hat seine Kalkulation überprüfen lassen und mit dem staatlichen Stempel gewissermassen die Zusicherung bekommen, dass jetzt alles in Ordnung wäre und dass er richtig und tüchtig gewirtschaftet habe ... Wie sind demgegenüber die Regeln der Marktwirtschaft? Dort wird nicht von unten nach oben kalkuliert, sondern hier wird unter dem Druck des Wettbewerbs von oben ein realisierbarer Preis gesetzt, und nur derjenige, der in der Lage ist, innerhalb dieses Preises seine Kosten unterzubringen, der Gnade vor den Augen der Verbraucher findet, hat seine wirtschaftliche Existenzberechtigung unter Beweis gestellt. Wer eine solche Leistung nicht aufweisen kann, muss eine andere Funktion verrichten. (Marktwirtschaft im Streit der Meinungen, Rede vor dem 2. Parteikongress der CDU der britischen Zone, Recklinghausen, 28. August 1948; in: DW, S. 78 f.)

Wichtigkeit der Preisfreiheit

Ein Gleiches gilt hinsichtlich der Funktion des freien Preises. Er allein macht Leistungen messbar und vergleichbar, und nur über das Barometer der Preisentwicklung wird die Richtigkeit oder werden die Fehler unternehmerischer Dispositionen aufgezeigt. Nur an den Preisen ist abzulesen, ob im einzelnen zu viel oder zu wenig, ob Richtiges oder Falsches produziert worden ist. Aus diesem Grunde ist die fortdauernde Anpassung der Produktion an die Wandlungen des Verbrauchs eben nur über den freien Preis möglich. Darum müssen auch alle Massnahmen, die zu einer Bindung oder Erstarrung der Preise führen, als mit dem Wesen der Marktwirtschaft unvereinbar konsequent abgelehnt werden. (Die Ziele des Gesetzes gegen Wettbewerbsbeschränkungen, Rede vor dem Deutschen Bundestag, 24. März 1955; in: DW, S. 268)

Der entscheidende Schritt

Woran die Alliierten allerdings nicht gedacht hatten, war, dass jemand überhaupt auf die Idee kommen könnte, diese Preisvorschriften nicht zu ändern, sondern sie einfach aufzuheben. So viel Kühnheit von einem Deutschen so kurze Zeit nach dem Kriegsende anzunehmen, passte nicht in die Denkkategorie einer Verwaltung, kurz nach einem überwältigenden Sieg. (WA, 2. Kapitel, Die grosse Chance, S. 23)

Der Befreiungsakt

Der Freigabe aus der Bewirtschaftung ist vor ihrer Beibehaltung der Vorzug zu geben. Der Freigabe der Preise ist vor der behördlichen Festsetzung der Vorzug zu geben ... Soweit der Staat den Verkehr mit Waren und Leistungen nicht regelt, ist dem Grundsatz des Leistungswettbewerbs Geltung zu verschaffen. Bilden sich wirtschaftliche Monopole, so sind sie zu beseitigen und bis dahin staatlicher Aufsicht zu unterstellen ... (aus: Gesetz über Leitsätze für die Bewirtschaftung und Preispolitik nach der Geldreform, in: Schickling, S. 43)

Die Auseinandersetzung mit General Clay

Ich habe die Vorschriften nicht geändert (was ihm nur mit alliierter Genehmigung erlaubt war), ich habe sie ausser Kraft gesetzt (was nicht ausdrücklich geregelt war). (Ludwig Erhard im Gespräch mit Lucius C. Clay, 1948, in: Lebensbilder, S. 13)

Der Eifer und die Überzeugung, mit denen Erhard seine Entscheidung verfocht, die Offenheit, mit der er zugab, dass sein Plan, hätte er ihn erst einmal zur Begutachtung vorgelegt, einen Papierkrieg nie hätte überleben können, und das Mass an gesundem Menschenverstand, mit dem er seine Argumente untermauerte, dass die alliierten Behörden es selber nicht wagen würden, die damit verbundenen Risiken einzugehen, brachten Clay auf seine Seite. «Alle meine Berater sind sehr dagegen», sagte Clay. «Herr General, ich kann Ihnen versichern, dass sie nicht alleine dastehen. Meine sind auch dagegen», antwortete Erhard. «Nun gut. Ich bin zwar kein Fachmann, aber ich habe ebenfalls das Gefühl, Sie sind auf dem richtigen Wege. Also machen Sie weiter.» «Seine Worte», sagt Erhard heute, «klangen mir wie Musik in den Ohren». (Lukomski, S. 94)

Politischer Hintergrund von Erhards Reform

Die Währungsreform zum Beispiel, die in Deutschland so erfolgreich, aber auch mit soviel Härte durchgeführt wurde, hätte sich kaum in einem parlamentarischen System verwirklichen lassen. Es war die «Diktatur» der Besatzungsmächte, die über genügend Machtmittel verfügte, um das Notwendige zu tun. (Ludwig Erhard, zitiert nach Süddeutsche Zeitung, 16. April 1969: Der Wanderprediger lobt die Diktaturen; Die Zeit, 25. April 1969: Erhards Wundertüte, in: Hentschel, S. 656 f.)

«Big Bang»

Diese Reform wird wohl allen immer noch vorhandenen Illusionen ein jähes Ende setzen und die harten Realitäten unseres gesellschaftswirtschaftlichen Lebens mit aller Deutlichkeit und, wenn Sie wollen, auch mit aller Brutalität aufdecken. Aber dieser Prozess trägt in sich zugleich die heilenden Kräfte, schafft die Grundlagen für eine neue Ordnung und die nützliche Anwendung unserer Arbeit und gibt dieser damit wieder Sinn und Inhalt. (Der Weg in die Zukunft, Rede vor der 14. Vollversammlung des Wirtschaftsrates des Vereinigten Wirtschaftsgebietes, Frankfurt a. M., 21. April 1948; in: DW, S. 44)

Der Wirtschaftsdiktator auf Zeit

Wenn diese Vollmacht aber einen Sinn haben sollte, dann musste sie ihrer Zwecksetzung gemäss auf jegliche Reaktionen der Wirtschaft schnellstes Handeln ermöglichen und durfte nicht an Mehrheitsbeschlüsse oder sogar Minderheitsvoten mit aufschiebbarer Wirkung gebunden sein. Es durfte keine Regelung Platz greifen, die den verantwortlichen Direktor einer Verwaltung durch ein parlamentarisches Direktorium der Möglichkeit der Verantwortungsübernahme beraubt und dazu noch den Ablauf der Geschäfte lähmt. (Der Weg in die Zukunft, Rede vor der 14. Vollversammlung des Wirtschaftsrates des Vereinigten Wirtschaftsgebietes, Frankfurt a.M., 21. April 1948; in: DW, S. 63)

Das grosse Spiel

… die Zustimmung der Militärbürokratie zur Durchführung der von mir geplanten Massnahmen zu finden, war ohne jegliche Chance; und jedes Ansuchen solcher Art hätte den Schritt unmöglich gemacht. So blieb mir nichts anderes übrig, als ein grosses Spiel zu wagen und am 20. Juni 1948 – wohl wissend, dass an einem Sonntag keine Bürokratie aktionsfähig ist – durch Rundfunk für den darauffolgenden 21. Juni eine weitgehende Aufhebung der Bewirtschaftung zu verkünden.

Das Echo konnte nicht ausbleiben. Die Militärverwaltung erklärte, dass die von mir verkündeten Massnahmen ungesetzlich und damit ausser Kraft gesetzt seien. Aber mittlerweile hatte der Sturzbach der Freiheit bereits die Dämme niedergerissen. (Das kleine Erleben um ein grosses Geschehen, Zum 10. Jahrestag der Wirtschafts- und Währungsreform, Die Zeit, 19. Juni 1958; in: GJ, S. 538)

Die neue Wirtschaftsfreiheit

Das Neue ist, dass der Staat heute nicht mehr den einzelnen Menschen ansprechen will, dass mithin der Wirtschaftsminister nicht mehr Befehle an die Unternehmer erteilt, dass er sie von Stempeln, Genehmigungen und Konzessionen und Lizenzen befreit. Er geht dabei von dem Grundsatz aus: Der Unternehmer soll ebenso wie der Arbeiter und jeder andere Staatsbürger im Bereich seines persönlichen Tuns und Lassens frei sein.

Natürlich bedeutet das nicht Hemmungslosigkeit und Zügellosigkeit. An Stelle des unmittelbaren Befehls durch den Staat oder – und diese zweite Feststellung ist ebenso bedeutsam wie die erste – anstatt des Verzichts auf jeglichen Eingriff ist die Wirtschaftspolitik heute von der Absicht getragen, die ihr an die Hand gegebenen Instrumente der Wirtschaftspolitik zu benutzen, um ständig neue Energien auszulösen, neue Chancen zu eröffnen, aber auch um unfruchtbare Wege zu verbauen, d. h. also mit der Auswahl und Kombination der Mittel die Wirtschaft vorwärts zu drängen zu neuem Fortschritt und weiterer Expansion. (Werkfeier der Fa. Gebr. Irle, Deuz, Krs. Siegen; in: WA, 6. Kapitel, Arbeitsteilung zwischen Staat und Wirtschaft, S. 139)

Positive Seite der Hortung

Sie wissen, dass mir vorgeworfen wird, ich wäre der Schutzheilige der Horter. Mich fechten derartige Verleumdungen nicht an. So sehr ich die Hortung als individuelle Massnahme verabscheue, so sehr fühle ich mich doch verpflichtet, darauf hinzuweisen, dass eine radikale Entleerung unserer volkswirtschaftlichen Läger notwendig dahin geführt haben würde, dass die aus der Währungsreform frei gewordene Kaufkraft hätte ins Leere stossen müssen. Dann aber wäre die Währungsreform entweder vom ersten Tag an zum Scheitern verurteilt gewesen oder man hätte noch einmal mit Mitteln der staatlichen Bewirtschaftung und Preisbildung das Volk unter der Knute und der Fron der Bürokratie halten müssen. Man mag doch bedenken, dass diese Hortung als solche, d.h. als volkswirtschaftliches Phänomen betrachtet, eben doch ein unvermeidbares Phänomen der ganzen Währungsreform war; sie gehörte gewissermassen zum Kalkül der Reform. Es ist unehrlich, sich zu entrüsten, wenn man ganz genau weiss, dass, hätte uns dieses Polster nicht zur Verfügung gestanden, die Währungsreform vielleicht sogar Schiffbruch erlitten hätte. (Marktwirtschaft im Streit der Meinungen, Rede vor dem 2. Parteikongress der CDU der britischen Zone, Recklinghausen, 28. August 1948; in: WA, 2. Kapitel, Der Kampf um die guten Nerven, S. 26)

Ein Augenzeuge berichtet

Der Schwarze Markt verschwand urplötzlich. Die Auslagen waren zum Bersten voll von Waren, die Fabrikschornsteine rauchten, und auf den Strassen wimmelte es von Lastkraftwagen. Wo es auch sei, überall statt der Totenstille der Ruinen das Gerassel der Baustellen. Aber war schon der Umfang dieses Wiederaufstiegs erstaunlich, so noch mehr seine Plötzlichkeit. Er setzte auf allen Gebieten des Wirtschaftslebens auf den Glockenschlag mit dem Tage der Währungsreform ein. Nur Augenzeugen können einen Begriff von der buchstäblich augenblicklichen Wirkung geben, die die Währungsreform auf die Wiederauffüllung der Läger und die Reichhaltigkeit der Auslagen gehabt hat. Von einem Tag auf den anderen füllten sich die Läden mit Waren, fingen die Fabriken wieder an zu arbeiten. Noch am Abend vorher liefen die Deutschen ziellos in den Städten umher, um kärgliche zusätzliche Nahrungsmittel aufzutreiben.
Am Tage darauf dachten sie nur noch daran, sie zu produzieren. Am Vorabend malte sich die Hoffnungslosigkeit auf ihren Gesichtern, am Tag darauf blickte eine ganze Nation hoffnungsfreudig in die Zukunft. (Jacques Rueff und André Piettre, in: WA, 2. Kapitel, Die grosse Chance, S. 21 f.)

Die Tage danach

Nach der seelischen Spannung der letzten Tage hat nun wieder der Alltag von uns Besitz ergriffen. Das deutsche Volk ist heute ruhig und besonnen an seine Arbeit gegangen, und ich glaube, es werden wenige darunter gewesen sein, die sich dabei nicht mit einem

Gefühl der Befreiung bewusst geworden sind, dass erst mit diesem Tag der Spuk jener Massenhysterie von uns abgefallen ist, die uns auch diesen tollen Finanzschwindel der preisgestoppten Inflation beschert hatte. Von diesem Rausch ernüchtert, erkennen wir erst recht deutlich, wie hart am Abgrund wir gewandert sind und wie hohe Zeit es war, mit der Einführung unserer neuen Währung wieder den Pfad der Ehrlichkeit und der Wahrhaftigkeit zu beschreiten. (Der neue Kurs, Rundfunkansprache, 21. Juni 1948, in: DW, S. 62)

Was wir überwunden haben

Vor der Währungsreform konnte man überhaupt nicht mehr von einer funktionsfähigen Wirtschaft sprechen. Eine hochkomplizierte und hochentfaltete Marktwirtschaft war durch das währungspolitische Chaos und den darüber getürmten bürokratischen Übermut der Zwangswirtschaft in die Methoden einer primitiven Tauschwirtschaft zurückgefallen. Es gab keine geordnete Produktion mehr, es gab vor allen Dingen keinen Güteraustausch mehr, es gab keine arbeitsteilige Wirtschaft, sondern es gab nur noch einen zusammengewürfelten, seelenlosen, verantwortungslosen Haufen von Lebensangst geplagter Individuen, wo jeder, so gut er konnte, seine rein physische Existenz zu bewahren suchte. Diesen Zustand haben wir überwunden. Es hat wie ein Wunder angemutet, obwohl es nur wohldurchdachte Planung im besten Sinne des Wortes war, dass wir dieses gesellschaftliche Chaos auf der Grundlage einer neuen Währung dank eines entschlossenen wirtschaftspolitischen Kurswechsels in wenigen Tagen Herr werden konnten. (Marktwirtschaft im Streit der Meinungen, Rede vor dem 2. Parteikongress der CDU der britischen Zone, Recklinghausen, 28. August 1948; in: DW, S. 70 f.)

Rückblick

Als ich im Juni 1948 den Tag der Währungsreform nützte, um alle planwirtschaftlichen Ordnungsvorstellungen und Ideologien über Bord zu werfen, und trotz Not, Elend und Mangel auf eine freiheitliche marktwirtschaftliche Ordnung zu setzen, begegneten mir die Sozialisten mit wütendem Hass und das sogenannte bürgerliche Lager oft mit mitleidigem Lächeln. Auch die seinerzeit amtierenden Militärbürokratien versuchten, mir mit vielen Statistiken das Hoffnungslose eines solchen Beginnens vor Augen zu führen. Mein harter, unnachgiebiger Widerstand aber hat sich, wie heute die ganze Welt weiss, gelohnt. (Die Wirtschaftsordnung für freie Menschen, Frankfurter Allgemeine Zeitung, 1. Juni 1957; in: GJ, S. 508)

Appell an das freie Unternehmertum

Ich möchte das freie Unternehmertum auf den Ernst dieser Stunde hinweisen und es mahnen, aus den vermeintlichen Chancen eines Augenblicks nicht eine das Gesamtwohl schädigende Nutzanwendung zu ziehen. Diese kurzsichtige Politik eines kleinen Krämergeistes müsste sich bitter rächen, und darum rufe ich auch die Selbstverwaltungsorgane der Wirtschaft, die Kammern und Verbände auf, im Kreise ihrer Mitglieder Verständnis dafür zu wecken, dass die Stunde der Bewährung gekommen ist und dass uns nur wieder der Rückfall in irgendeine Form der staatlichen Befehlswirtschaft droht, wenn sich die Wirtschaft der Aufgabe nicht würdig zeigt. (Der Weg in die Zukunft, Rede vor der 14. Vollversammlung des Wirtschaftsrates des Vereinigten Wirtschaftsgebietes, Frankfurt a.M., 21. April 1948; in: DW, S. 68)

Revolutionärer Charakter der Wirtschaftsreform

Revolutionär war schon die entschiedene Abkehr von den Grundsätzen der staatlichen Planwirtschaft, die die Sozialisten zu ihrem Dogma erhoben hatten; revolutionär erschien es auch, unter den trostlosen Versorgungsverhältnissen jener Zeit und trotz des technischen Leistungsrückstandes der deutschen Wirtschaft einen grundsätzlich neuen Kurs der Handelspolitik einzuleiten, der nach einer 25 Jahre währenden und ständig fortschreitenden weltwirtschaftlichen Isolierung der deutschen Volkswirtschaft die Tore nach draussen aufstiess. Revolutionär war schliesslich auch der Mut, mit der Währungsreform nicht nur die Bewirtschaftung aufzuheben, sondern auch der Funktion der freien Preisbildung wieder Raum zu geben und damit das Wettbewerbsprinzip endlich wieder zum Tragen zu bringen. Was da mit trockenen Worten in wenigen Sätzen gesagt ist, machte in Wahrheit einen fast hasserfüllten, leidenschaftlichen Kampf der Parteien durch über zehn Jahre aus. (Gestern – Heute – Morgen, Elektrola-Schallplatten, 9. Juni 1961; in: GJ, S. 696)

Soziale Marktwirtschaft als neue Lebensform

Mit der Begründung der Sozialen Marktwirtschaft habe ich nicht wieder an Ordnungsvorstellungen und an gesellschaftliche Leitbilder aus der Zeit vor dem Ersten Weltkrieg anknüpfen, sondern für das deutsche Volk neue Lebensformen eröffnen wollen. (Unternehmer und Politik, Bulletin des Wirtschaftsringes e.V., VI./1962, GJ. S. 766)

3. Die Auseinandersetzung mit den Kritikern

Frau Dönhoff über Erhard (1948)

Wenn Deutschland nicht schon eh ruiniert wäre, dieser Mann mit seinem absurden Plan, alle Bewirtschaftung aufzuheben, würde es gewiss fertigbringen. Gott schütze uns davor … Das wäre nach Hitler und der Zerstückelung Deutschlands die dritte Katastrophe. (Marion Gräfin Dönhoff, 1948, in: Wolfram Langer, Ohne Erhard sähe Deutschland anders aus, in: Festschrift, S. 176)

SPD gegen Marktfreiheit

Es ist meinem Gefühl nach ein überaus fragwürdiger Schritt, einen todkranken Mann ins kalte Wasser zu schmeissen, und die deutsche Wirtschaft ist ein todkranker Mann seit drei Jahren. … Es soll nämlich schon vorgekommen sein – und dafür ist das Schicksal ganzer Völker und der Ablauf der Konjunktur und der Wirtschaft in vielen Ländern ein Massstab –, dass der kranke Mann, der ins Wasser geworfen wurde, einen Schlaganfall gekriegt hat und abgesoffen ist. Genau das möchten wir gerne verhindern. (Rede des SPD-Abgeordneten Dr. Gerhard Kreyssig in der Sitzung der Vollversammlung des Wirtschaftsrates am 17. und 18. Juni 1948 in Frankfurt, in: Schickling, S. 67.)

SPD-Positionen (1948)

Die Antwort der SPD, beschlossen während ihres Parteitages im September 1948 in Düsseldorf: «Die Wirtschaft kann sich nicht selbst überlassen bleiben. Der Traum vom ausgleichenden, segensreichen Spiel der freien Kräfte ist ausgeträumt. Der Staat muss zusammen mit paritätisch aus Arbeitgebern und Arbeitnehmern aller Wirtschaftskreise zusammengesetzten Körperschaften der Wirtschaft die Richtung ihrer Tätigkeit durch eine Planung in grossen Umrissen weisen.» (Völklein, S. 36)

Duell mit Kurt Schumacher

Erhard: «Ihre Gegnerschaft gegen diese Wirtschaftspolitik hat nicht zuletzt ihren Grund darin, dass diese Wirtschaftspolitik das ganze Funktionärswesen in unserer Wirtschaft zerschlägt.» Schumacher: «Aber die Funktionäre sorgen für die Arbeitslosen und Sie nicht.» Erhard (spricht weiter): «So sehen Sie aus! Damit wird Ihnen Ihre Hausmacht in der Bürokratie zerschlagen. Und wenn Sie vorhin fragten, ob unsere Wirtschaftspolitik mit christlicher Auffassung zu vertreten ist ...» Schumacher (ihn unterbrechend): «Was wissen Sie davon?» Erhard: «... dann sage ich darauf, christlich ist diejenige Wirtschaftspolitik, die den Menschen, jedem einzelnen Menschen hilft – und diese Wirtschaftspolitik treiben wir.» (Sitzung des Deutschen Bundestages am 15. Februar 1950, in: Lukomski, S. 130)

Rücktrittsantrag

Erhard: Nein, meine Damen und Herren, Sie wollen einen Mann beseitigen, der Ihnen mit Erfolg Widerstand geleistet hat! (Lebhafter Beifall bei den Regierungsparteien. Abg. Dr. Schumacher: Wir haben Sie noch nie als einen Mann angesehen!) Meine Damen und Herren, ich komme zum Schluss und will zu Ihrem Antrag nur das eine sagen: Das könnte Ihnen so passen! (Lebhafter Beifall bei der CDU und bei der DP. – Erregte Zurufe von der SPD, grosse Unruhe links.) (WA, 5. Kapitel, Der sinnlose Generalstreik, S. 119)

Antrag auf Streichung des Amtsgehaltes

So habe ich im Namen meiner politischen Freunde folgenden Antrag der SPD zu überreichen: Der Bundestag wolle beschliessen:

Das Amtsgehalt des Bundesministers für Wirtschaft wird gestrichen. (Anhaltender lebhafter Beifall bei der SPD. – Lachen und Zurufe bei den Regierungsparteien – Glocke des Präsidenten.) (WA, 5. Kapitel, Der sinnlose Generalstreik, S. 125)

Phantasielosigkeit der Kritiker

Meine Kritiker wussten ja in geradezu erschütternder Phantasielosigkeit immer nur ein Rezept, nämlich die Rückkehr zu Formen der staatlichen Bewirtschaftung und Preisbindung, d.h. also zu Massnahmen, die im Ursprung und in der Konsequenz das Wesen der Zwangswirtschaft ausmachen, die Menschen wieder der Fron einer Bürokratie ausgesetzt und die Waren und Güter von den legalen Märkten in den Schwarzmarkt abgezogen hätten. Ich sollte sehenden Auges und wider bessere Erkenntnis die sozialen Zustände der preisgestoppten Inflation zurückrufen und wieder den Normalverbraucher von jeder Versorgung ausschliessen. (Die wirtschaftliche Lage zu Beginn des Jahres 1949, Rundfunkansprache 25. Januar 1949; in: GJ, S. 183)

Wider die falschen Propheten

Aber schon wieder melden sich jene falschen Propheten, die die Lebensangst des Volkes schüren und an Stelle der jetzt sinkenden Preise, deren Realität sie vielfach noch bezweifeln, das Gespenst der Arbeitslosigkeit aufzeigen, obwohl in diesen Wintermonaten, trotz grössten Energiemangels, entgegen der sonst üblichen saisonalen Rückläufigkeit sogar noch Produktionssteigerungen zu verzeichnen sind. Leute dieses Schlages empfinden keine Freude und Befreiung darüber, dass sich der Lebensstandard unseres Volkes verbessert, wenn ihr bleiches Dogma und Besserwissertum in Gefahr ist. Ich möchte darum dem deutschen Volks sagen: Lasst sie unken, den Teufel an die Wand malen, schimpfen und schmähen; das wirkliche und echte Leben wird an diesen negativen Elementen und traurigen Gestalten vorbeigehen und denen recht geben, die mutig genug sind, auch für unser deutsches Volk wieder an einen sozialen Aufstieg zu glauben. (Die wirtschaftliche Lage zu Beginn des Jahres 1949, Rundfunkansprache 25. Januar 1949; in: GJ, S. 185)

Jetzt nicht die Nerven verlieren

Wenn wir die Nerven verlieren und dieser gehässigen demagogischen Kritik nachgeben – dann sinken wir zurück in den Zustand der Sklaverei. Ich kann diesen Zustand nicht anders nennen, denn dann verliert der Mensch die Freiheit aufs neue, die wir ihm jetzt glücklich zurückgegeben haben. Dann verlieren wir wieder die freie Konsumwahl, die freie Berufswahl und alle Errungenschaften einer wahrhaft demokratischen Ordnung. Dann kommen wir wieder zurück in die Planwirtschaft, die stufenweise, aber sicher zur Zwangswirtschaft, zur Behördenwirtschaft bis hin zum Totalitarismus führt. (Marktwirtschaft im Streit der Meinungen, Rede vor dem 2. Parteikongress der CDU der britischen Zone, Recklinghausen, 28. August 1948; in: DW, S. 83)

Gegen die Ungeduldigen

Sie haben während der Zwangswirtschaft eine Geduld entwickelt, um die ich Sie bewundert habe. Hier war die Rede davon, dass das Vertrauen in die soziale Gerechtigkeit verlorengeht. Darf ich Sie fragen, wer während der fünfzehn Jahre Zwangswirtschaft Vertrauen in die soziale Gerechtigkeit haben konnte, während einer Wirtschaft, die dadurch gekennzeichnet war, dass der Normalverbraucher als Konsument überhaupt praktisch ausgeschaltet war? Jetzt auf einmal, nachdem fünfzehn Jahre von Wirtschaft dieser Art überspitzt abgelaufen sind, verlangt man, dass in drei Monaten das ganze Übel aus dieser Art von Wirtschaft, aus dem Krieg und aus den Kriegsfolgen beseitigt werden und die Dinge nun tadellos in Ordnung wären. Wenn man auf der einen Seite so viel Geduld hat, darf man auf der anderen Seite nicht so viel Ungeduld entwickeln, zumal dann nicht, wenn die Verhältnisse zweifellos nicht schlechter, sondern im ganzen gesehen günstiger geworden sind. (Auf die Reform der Wirtschaft kommt es an, Rede vor dem Wirtschaftsrat des Vereinigten Wirtschaftsgebietes, Frankfurt a.M., 28. September 1948, in DW, S. 89)

Trügerischer Rückblick auf die «gute, alte Zeit»

Jeder Einzelne macht sich heute, da er wieder echtes Geld in der Hand hat, Gedanken darüber, wie er sein Leben früher hat gestalten können; und wenn er solche Vergleiche mit der «guten alten

Zeit» zieht, muss er selbstverständlich zu dem Ergebnis kommen, dass es ihm heute schlechter geht als früher. Diese Erkenntnis mag bitter sein, um so bitterer, wenn es Menschen gibt, die bereit sind, an die primitiven Instinkte zu appellieren und mit verlogener Demagogie dem Einzelnen vorzugaukeln, dass nicht die äussere materielle Not, nicht das, was wir in jenen unglückseligen zwölf Jahren verschuldet haben, die Schuld trägt, sondern die Männer, die es übernommen haben, das Volk aus dem Elend herauszureissen. Sie sollen verantwortlich sein, wenn in acht Wochen nach dem Chaos noch nicht die reibungslos funktionierende, die soziale Wohlfahrt voll garantierende Wirtschaft erreicht ist. Diese Methode richtet sich in den Augen aller gerecht und ehrlich Denkenden von selbst. (Marktwirtschaft im Streit der Meinungen, Rede vor dem 2. Parteikongress der CDU der britischen Zone, Recklinghausen, 28. August 1948; in· DW, S 74)

Im Auftrag der «Kapitalisten»?

Ich habe in der Zeitung gelesen, der Direktor der Verwaltung für Wirtschaft wolle mit seiner Politik Geschäfte der Kapitalisten betreiben oder handele in geheimem Auftrag. Ich kann mich eines Schmunzelns darüber nicht erwehren. Es ist für mich eine erheiternde Vorstellung, dass ich in geheimem Auftrag gegen gute Bezahlung die Geschäfte der Kapitalisten besorgen soll. Ich stelle mir das so vor, als ob der kleine Moritz sich anschickt, grosse Politik machen zu wollen. (Auf die Reform der Wirtschaft kommt es an, Rede vor dem Wirtschaftsrat des Vereinigten Wirtschaftsgebietes, Frankfurt a.M., 28. September 1948, in DW, S. 93)

«Generalstreik»

Die von einer parlamentarischen Mehrheit getragene Wirtschaftspolitik aber darf, wenn die Demokratie nicht zur Farce werden will, nicht dem Diktat sozialer, wirtschaftlicher oder politischer Gruppen unterliegen. Auf dieser rechtlichen Grundlage steht den Gewerkschaften nicht nur die Mitarbeit offen, sondern sie wird sogar dankbar begrüsst werden. Der Verwaltungsrat lehnt die Arbeitsruhe ab, weil sie die Not des deutschen Volkes nicht zu lindern, sondern nur zu vermehren geeignet ist. Als Beispiel führe ich nur an, dass durch die Arbeitsruhe die Förderung von 300 000 t

Kohle, das ist die Hausbrand-Versorgung der deutschen Bevölkerung für 2 Wochen, ausfällt, dass die Erzeugung von 20000 t Stahl unterbleibt, 165000 Paar Schuhe, 3000 Fahrräder mit 55000 Bereifungen, rund 150000 Glühlampen und andere dringend benötigte Konsumgüter nicht produziert werden. Sei sich jeder seiner demokratischen Freiheit bewusst, und handele jeder nach seinem eigenen Gewissen. (Generalstreik zur Rettung eines unheilbaren Dogmas, Rundfunkansprache, 11. November 1948; in: DW, S. 99)

Ein kritischer Moment

Es kam entscheidend darauf an, sich durch diese Turbulenz nicht beirren zu lassen; auch dann nicht, als die Gewerkschaften für den 12. November 1948 zum Generalstreik aufriefen, um auf diese drastische Weise der Marktwirtschaft ein Ende zu bereiten. Im Wirtschaftsrat stand das Barometer auf Sturm. Ja, in nahezu allen Schreibtischschubladen der Verwaltung für Wirtschaft, deren Chef doch eben jener energische Kämpfer gegen Bewirtschaftungs- und Preisvorschriften war, lagen insgeheim Neufassungen der eben erst aufgehobenen Verordnungen griffbereit. Das Amt selbst war allenthalben an der Richtigkeit der Thesen seines Chefs irre geworden. (WA, 1. Kapitel, Generalstreik gegen die Marktwirtschaft, S. 24 f.)

Die Nerven behalten

Entweder wir verlieren die Nerven und geben der gehässigen, demagogischen Kritik nach, dann sinken wir in den Zustand der Sklaverei zurück. Dann verliert der deutsche Mensch die Freiheit aufs neue, die wir ihm jetzt glücklich zurückgegeben haben; dann kommen wir wieder zurück in die Planwirtschaft, die stufenweise aber sicher zur Zwangswirtschaft, zur Behördenwirtschaft bis zum Totalitarismus führt. (Marktwirtschaft im Streit der Meinungen, Rede vor dem 2. Parteikongress der CDU der britischen Zone, Recklinghausen, 28. August 1948; in: WA, 2. Kapitel, Der Kampf um die guten Nerven, S. 28)

Motive der Opposition

Die Opposition greift unsere Wirtschaftspolitik nicht an, weil sie schlecht, sondern weil sie gut ist, weil sie unserem Volke nützt, ihrer Partei aber vielleicht schadet. (Zum Problem der Arbeitslosigkeit, Rundfunkansprache, 6. Juni 1949; in: DW, S. 110)

Die missgünstigen Kritiker

Ich erkenne es als meine Aufgabe, dem deutschen Volk Mut und Zuversicht zu vermitteln. Denn es sind allzu viele am Werke, das deutsche Volk immer wieder in Verzweiflung und Lebensangst zu treiben. Meine Kritiker begleiten mich wie eine Meute und bemühen sich, diesem brav arbeitenden deutschen Volk einzureden, dass es keinen Tag seines Lebens froh werden darf. (Im Streitgespräch mit Professor Nölting, Gemeinsame Veranstaltung der CDU und SPD, Düsseldorf, 8. Dezember 1951; in: DW, S. 170 f.)

Im Streitgespräch

Ich habe ein solches Feuerwerk erwartet. Es bestand zwar im wesentlichen aus Knallfröschen. Damit aber erzielt man nur Erfolge in der Dunkelheit und bei ängstlichen Gemütern! Im hellen Licht der Wahrheit lassen sich nämlich diese Behauptungen nicht aufrecht erhalten. Das hat der Erfolg unserer Wirtschaftspolitik eindeutig bewiesen. (Im Streitgespräch mit Professor Nölting, Gemeinsame Veranstaltung der CDU und SPD, Düsseldorf, 8. Dezember 1951; in: DW, S. 163)

Selbstvertrauen

Wenn ich Ihnen von den guten Nerven, die wir alle brauchen, und von der Zuversicht, die sie ausstrahlen ... etwas vermitteln kann, will ich dankbar sein. Was an mir liegt, so können Sie mich meinetwegen im Wahlkampf jeden Tag zwei- oder dreimal einsetzen. Ich strahle etwas davon aus. Dann werden wir den Wahlkampf gewinnen, und damit werden wir nach meiner Ansicht nicht nur deutsche Geschichte machen, sondern wir werden das Gesicht Europas formen. Die Verantwortung, die uns obliegt, wie schon Herr Adenauer andeutete, vor der Geschichte und vor unseren Kindern, ist so ungeheuerlich, dass jedes Versäumnis, dessen wir uns zeihen müssten, hier zum Verbrechen und zur Schuld werden könnte. Deshalb müssen wir arbeiten und wirken und Kraft und Zuversicht von uns geben, was wir nur in uns tragen. (Grundlagen der deutschen Wirtschaftspolitik, Referat vor dem Zonenausschuss der

CDU der britischen Zone, Königswinter, 25. Februar 1949; in: GJ, S. 199)

Lieber am Galgen als vom Richtigen abweichen!

Es bleibt dabei – ich denke nicht daran, einen Schritt von diesem Wege abzuweichen. Hinter mir steht die parlamentarische Mehrheit des Bundestages! Ich lasse mich auch nicht durch Beschimpfungen und durch Drohungen schrecken. Bei Gewerkschaftskundgebungen hat man Bilder mitgeführt mit der Aufschrift «Erhard und Adenauer an den Galgen». Lieber aber wollte ich am Galgen hängen, als auch nur einen Schritt vor den Elementen zurückzuweichen, die unsere Demokratie bedrohen! Wir bleiben auf dem Boden der Sozialen Marktwirtschaft! (Im Streitgespräch mit Professor Nölting, Gemeinsame Veranstaltung der CDU und SPD, Düsseldorf, 8. Dezember 1951; in: DW, S. 173)

Katastrophengerede

Es ist überhaupt so: Um meinen Schreibtisch «katastropht» es vom Morgen bis zum Abend – und ich warte noch immer auf die Katastrophen! Scherzweise möchte ich sagen, dass sich die deutsche Wirtschaft in den letzten $3^1/_2$ Jahren von Krise zu Krise ganz gut fortentwickelt hat. Das ist nun einmal so: Unsere Zeit ist so schnelllebig geworden, dass wir kaum mehr die innere Geduld finden, sich ein Ereignis organisch vollenden zu lassen. Kaum bedrückt uns eine Sorge, dann sind auch schon alle geneigt, besondere staatliche Massnahmen zu fordern. Ich dagegen bin der Auffassung, dass es in einer wirklich frei spielenden funktionsfähigen Marktwirtschaft nicht bei jeder vorkommenden Gelegenheit sofort staatlicher Eingriffe bedarf. Ich bin in der geradezu komischen Situation, dass ich mich als Wirtschaftsminister dagegen wahren muss, dirigistisch einzugreifen, selbst wenn die meisten Leute in der Wirtschaft solche Massnahmen verlangen, und ich meine vornehmste Aufgabe darin erblicke, den Ast abzusägen, auf dem ich sitze! (Die deutsche Wirtschaftspolitik im Blickfeld europäischer Politik, Rede vor dem Schweizerischen Institut für Auslandsforschung, Zürich, 6. Februar 1952; in: DW, S. 191)

Appell an das Volk

Ich appelliere nicht an Parteien und Gruppen, sondern an den ehrlichen und rechtschaffenen Sinn unseres Volkes, das in Erkenntnis unseres harten wirtschaftlichen und politischen Schicksals – auch ohne nationalökonomische Bildung – aus gesundem Menschenverstand heraus nur zu gut zu beurteilen vermag, dass die über 15 Jahre währende Verzerrung und Fehlleitung unserer Wirtschaft mitsamt der über sie hereingebrochenen Vernichtung, dass die Aufsaugung und produktive Eingliederung von 8 Millionen Flüchtlingen unter politisch sehr begrenzter Freizügigkeit in einer noch immer nicht befriedeten Welt Probleme aufwirft, die nicht alle schon in einem knappen Jahr ohne Störungen und Spannungen gelöst werden können. (Zum Problem der Arbeitslosigkeit, Rundfunkansprache, 6. Juni 1949; in: DW, S. 109)

«Inkonsequenz?»

Die gleichen Leute, die mich nach meiner Amtsübernahme einen weltfremden, dogmatisch gebundenen Professor schalten, wissen gar nicht, wie sehr sie sich entblössen, wenn sie in ihrem eigenen, parteipolitisch sturen Festhalten an der planwirtschaftlichen Verkrampfung mir die Beweglichkeit und Wendigkeit der wirtschaftspolitischen Führung zum Vorwurf machen und mich damit gewissermassen der Inkonsequenz zeihen zu können glauben. Dabei ist es offensichtlich, dass eine Wirtschaft, die durch tausend äussere und innere Ereignisse in den Bedingungen, Verfahren und Zielsetzungen ständigen Wandlungen unterliegt, nicht aus einem vorgefassten Rezept heraus selig zu machen ist. Nachdem meine politischen Gegner die erzielten Fortschritte nicht mehr leugnen können, wollen sie alle Erfolge als mein unverdientes Glück hinstellen, alles aber, was noch unvollkommen ist und der Lösung harrt, mir als Schuld anlasten. (Zum Problem der Arbeitslosigkeit, Rundfunkansprache, 6. Juni 1949; in: DW, S. 109)

«Ich weiss jedenfalls noch, wann ich sündige»

Ich habe manchmal scherzhaft vor dem Deutschen Bundestag gesagt: Ich weiss, dass ich manchmal sündige. Aber ich weiss es jedenfalls noch, wann ich sündige; ich bin mir's vor meinem Gewissen jedenfalls bewusst, und das ist ein Beweis dafür, dass es eben nicht eingeschlafen ist. Der Mensch, der um das Rechte weiss, der kann auch sündigen. Wir haben indessen gesellschaftspolitisch die Frage zu stellen, wo dann eigentlich die Grenzen liegen, d. h. wie weit und wie oft eine Gesellschaft und eine Gemeinschaft sich wider den Geist der Freiheit und der Verantwortung vergehen darf, ohne das Ganze, die Gemeinschaft, Volk und Nation in ihrer Existenz zu gefährden. (Freiheit und Verantwortung, Ansprache vor dem Evangelischen Arbeitskreis der CDU, Hamburg, 2. Juni 1961; in: DW, S. 590)

Gegen die Epigonen von Keynes und ihre Rezepte

Ich möchte glauben, dass sich Keynes im Grabe herumdrehen würde, wenn er wüsste, dass seine Epigonen aus ihm einen Zauberkünstler machen wollen, der durch einen kreditpolitischen Trick das Unheil von fünfzehn tragischen Jahren über Nacht zu heilen vermöchte. Ohne die konjunkturpolitischen Möglichkeiten einer zusätzlichen Kreditschöpfung grundsätzlich leugnen zu wollen, ist aber in richtiger Analyse der deutschen wirtschaftlichen Verhältnisse mit Nachdruck zu betonen, dass eine Aktion in dem von meinen sozialistischen Widersachern gewünschten Umfang unser Volk sofort wieder in Not und Drangsal einer Inflation zurückstossen müsste. Zusätzliche Kreditschöpfung in dieser Grössenordnung bedeutet, dass die Wirtschaft unter den permanenten Druck einer überschüssigen Kaufkraft gesetzt wird, die den ganzen bisherigen Erfolg der Leistungssteigerung und Leistungsverbesserung zunichte machen würde und zur Folge hätte, dass die deutsche Wirtschaft im internationalen Wettbewerb nicht mehr bestehen kann. Niemand kann ernsthaft leugnen, dass eine solche Politik die Leistungseffizienz der gesellschaftlichen Arbeit herabmindert und den Gütegrad der Wirtschaft verschlechtert, so dass also diese Empfehlung zu der grotesken These führt: Lasst uns weniger, lasst uns schlechter und weniger produktiv arbeiten, auf dass es uns besser ergehe. (Marktwirtschaft und gesunde Währung, Industriekurier, 26. Juni 1950; in: GJ, S. 233 f.)

Inflationismus Scheinlösung

Die 1,2 Millionen Arbeitslosen in 14 Tagen restlos zu beseitigen, wäre kein Kunststück, wenn sich ein verantwortungslos verbrecherischer Politiker bereit fände, unser Volk in inflationistische Zustände zurückzuführen, die über eine Scheinblüte immer zur wirtschaftlichen und sozialen Auflösung treiben. (Zum Problem der Arbeitslosigkeit, Rundfunkansprache, 6. Juni 1949; in: DW, S. 107)

Verblendete oder sture Kritiker

Mich leitet allein die Absicht, unserem Volk die berechtigte Zuversicht und das gesunde Urteil nicht von Leuten trüben zu lassen, die sich – aus den verschiedensten Lagern und Schichten stammend – aus dogmatisch-demagogischer Verblendung oder bürokratischer Sturheit dem sich mehr und mehr entfaltenden Geist der Freiheit widersetzen zu müssen glauben, ohne jedoch ein anderes Rezept bieten zu können, als mit den abgestandenen Ladenhütern der staatlichen Rationierung und Preisbindung das so gründlich abgewirtschaftete, korrupte und bankrotte System der Zwangswirtschaft noch einmal künstlich zum Leben zu erwecken. Diese Herrschaften haben es immer noch nicht gemerkt, dass das Volk längst sein Urteil gesprochen hat, dass es des schreienden Unrechtes dieser angeblich sozialen Verteilung müde, der Bevormundung und Demütigung durch die Bürokratie satt ist, dass es sein Schicksal und sein Leben nach eigenem Willen und Ermessen selbst und frei gestalten möchte. (Zur Kritik an der neuen Ordnung, Rundfunkansprache, 6. August 1948, in: GJ, S. 127 f.)

Utopie von heute: Wirklichkeit von morgen

Wieder einmal hat sich die von mir seit dem Jahre 1948 befolgte These, dass die Utopie von heute die Wirklichkeit von morgen ist, als richtig erwiesen. (Nach dem Scheitern der Europäischen Verteidigungsgemeinschaft, Bulletin, 22. September 1954; in: DW, S. 247)

Rückblick

Es ist wert, diese einmalige geschichtliche Situation festzuhalten, denn nach aller Erfahrung kann füglich behauptet werden, dass keine Regierung und kein Parlament später die guten Nerven aufgebracht hätte, das System der freien Marktwirtschaft einzuführen und beizubehalten. (WA, 2. Kapitel, Der «Schwarze Peter» geht um, S. 32)

Die Dogmatiker und Pfründner

Die einen wollen ein Dogma retten, das nicht mehr zu retten ist, die anderen wollen sich ihre Sessel und ihre Pfründe bewahren. Man muss sich schon fragen, woher diese beiden im Verein den Mut hernehmen, dem Volk noch einmal diese Zwangsjacke anzupreisen, obwohl dieses Volk aus eigener Erfahrung doch wohl am besten weiss, dass es in den letzten sechs Wochen im Zeichen der Marktwirtschaft mehr Verbrauchsgüter erwerben konnte als in den vergangenen drei Jahren zusammengenommen. In diesen sechs Wochen wurden die Güter nicht verkompensiert und verschoben, sondern kamen auf den Markt und ohne Wirtschaftsämter – oder gerade deshalb – in die Hände der Kopfgeldbesitzer sowie der Lohn- und Gehaltsempfänger. (Zur Kritik an der neuen Ordnung, Rundfunkansprache, 6. August 1948, in: GJ, S. 131)

Der Widerstand der Ordnungsfanatiker

Ich kann nur sagen, das Schicksal möge das deutsche Volk vor diesen Ordnungsfanatikern schützen, die über viele Jahre geduldig zusahen, wie das Volk unter der staatlichen Rationalisierung langsam verkümmerte, die aber mit einer geradezu neurasthenischen Hast einschreiten zu müssen glauben, wenn sechs Wochen nach der Währungsreform noch nicht die ideale Norm einer Wirtschaft verwirklicht ist. (Zur Kritik an der neuen Ordnung, Rundfunkansprache, 6. August 1948, in: GJ, S. 132 f.)

Eine fragwürdige Ordnung

Trotzdem scheut man sich nicht, uns die Rückkehr zu einer Ordnung – so lassen sich die Begriffe missbrauchen – zu empfehlen, die es noch nicht einmal zuwege brachte, den Hausfrauen durch die behördliche Planung einige Nadeln, ein paar Meter Stopfgarn und ein paar Hosenknöpfe zuzuteilen. (Zur Kritik an der neuen Ordnung, Rundfunkansprache, 6. August 1948, in: GJ, S. 132)

Die Rückgewinnung von Freiheit und Würde

Wenn Sie heute hinausgehen auf die Strasse und fragen das Volk, was es lieber möchte, entweder den vergangenen Zustand wieder aufzurichten mit der sehr fragwürdigen Chance, nun vielleicht etwas mehr konsumieren zu können, oder Freiheit und Würde zurückgewonnen zu haben, nicht vor Amtsstuben anstehen zu müssen, um dort mit unwürdigen Mitteln seine Armut zu belegen, dann, bin ich überzeugt, bekommen Sie von unserem Volk nur eine Antwort: Wir sind glücklich, dass wir endlich wieder Menschen sein dürfen, aus der Versklavung der Herzen und der Hirne endlich herausgerissen zu sein. (Marktwirtschaft im Streit der Meinungen, Rede vor dem 2. Parteikongress der CDU der britischen Zone, Recklinghausen, 28. August 1948; in: DW, S. 74)

4. Die wirtschaftliche Magna Charta des freien Bürgers

Gerechtigkeit des Marktes

Ich bin allerdings der Meinung, dass es nur eine gerechte Verteilung gibt, und das ist die, die durch die Funktion des Marktes erreicht wird. Der Markt ist der einzig gerechte demokratische Richter, den es überhaupt in der modernen Wirtschaft gibt. (Ludwig Erhard, in: Verhandlungen des Deutschen Bundestages, 1950 S. 1158, in: Hentschel, S. 83)

Was ist wirtschaftlicher Wohlstand?

Lassen Sie mich es so sagen: Die Russen können Riesendämme bauen und gigantische Kraftwerke errichten. Aber sie können nicht ohne Gefahr all die tausend kleinen Dinge herstellen, die das Leben abwechslungsreich und lebenswert machen. (Kontinuität, Gespräch mit William R. Hearst jun., 20. Dezember 1962, GJ, S. 894 f.)

Die Fähigkeit, Sputniks bauen zu können, sagt erwiesenermassen gar nichts über das Vermögen aus, die Menschen mit dem zu versorgen, was sie im Alltag benötigen und begehren. (Der Aufbau Indiens, Rede vor dem Indian Council of World Affairs, New Delhi, 7. Oktober 1958; in: DW, S. 404)

Fragwürdiges Sozialprodukt in totalitären Staaten

Die Höhe des Sozialprodukts ist in totalitären Staaten kein Massstab für die materielle Lebensführung eines Volkes; ja diese volkswirtschaftliche Grösse gibt nicht einmal einen Anhaltspunkt über das Mass der erzielten oder erzielbaren Produktivitätssteigerung. Es ist nicht nur wahrscheinlich, dass in diesem System ein wachsendes Sozialprodukt von einem Absinken des Lebensstandards begleitet ist, sondern dass die Höhe des Sozialprodukts keinerlei Aussage über die gegenwärtige oder zukünftige private Lebenshaltung zulässt. Wo aber Sinn und Zweck des Wirtschaftens durch die Machthaber fortdauernd und willkürlich verändert und verfälscht werden können, steht der Begriff «Sozialprodukt» beziehungslos in Zeit und Raum. (Über den «Lebensstandard», Die Zeit, 15. August 1958; in: DW, S. 395)

Lebensfreude und die kleinen Dinge des Alltags

… es sei auf die Beobachtung jener Besucher Sowjetrusslands verwiesen, die sich nicht durch Potemkinsche Dörfer blenden liessen und übereinstimmend zum Ausdruck brachten, dass es die kleinen Dinge des Alltags sind, die dort entbehrt werden und deren Fehlen das Leben freudlos macht. Die Puderdose, das Feuerzeug, der Zierat im Haushalt, das kleine modische Attribut … der Verzicht auf all das macht das Missvergnügen der russischen Bevölkerung aus. (Über den «Lebensstandard», Die Zeit, 15. August 1958; in: DW, S. 395)

Freiheit ist immer «richtig»

Manche Leute sagen, für den und den Zweck könnte man doch vielleicht etwas Besonderes einführen. Nein, so geht das nicht. Die Freiheit ist etwas Ganzes und Unteilbares. Sie kann nicht in einer wirtschaftspolitischen Konstellation richtig und in einer anderen falsch sein, sondern sie wird und muss in allen Fällen richtig sein. (Grundlagen der deutschen Wirtschaftspolitik, Referat vor dem Zonenausschuss der CDU der britischen Zone, Königswinter, 25. Februar 1949; in: GJ, S. 199)

Gesetz der Wirtschaft

Die Menschen haben es zwar zuwege gebracht, das Atom zu spalten, aber nimmermehr wird es ihnen gelingen, jenes eherne wirtschaftliche Gesetz aufzusprengen, das uns mit unseren Mitteln haushalten heisst, d. h., das uns verbietet, mehr zu verbrauchen als wir erzeugen können – oder erzeugen wollen. (WA, 9. Kapitel, Der Kuchen muss grösser werden, S. 220)

Im bürgerlichen Leben gilt der Satz: Ein Lump gibt mehr als er hat! Aber eine Volkswirtschaft kann nicht mehr gewähren, als sie nach der Anstrengung der Menschen und der Ergiebigkeit ihrer Arbeit an Sozialprodukten zu erstellen in der Lage ist ... Hoffentlich wird nun niemand aus dieser Aussage ableiten wollen, dass ich einer besonderen deutschen Spielart von Austerity Politik, einer Politik des Verzichts, das Wort reden möchte. Niemand kann mir auch nachsagen, dass ich je Vokabeln verwandt habe, wie «den Leibriemen enger schnallen», «entsagen und entbehren müssen» u. a. m. Solche Heilmittel sind mit meiner wirtschaftspolitischen Grundauffassung nicht in Einklang zu bringen. (WA, 10. Kapitel, Keine deutsche Austerity-Politik, S. 224)

Wirtschaft von schicksalhafter Bedeutung

Von Walter Rathenau stammt der viel zitierte Ausspruch, dass die Wirtschaft unser aller Schicksal sei. Dieses in der Vergangenheit leider so oft und so gründlich missverstandene Wort ist in der politischen Diskussion zumeist als eine hybride Überschätzung des Ökonomischen abgetan worden. Und doch ist der eigentliche und gemeinte Gehalt einer solchen Feststellung unbestreitbar. Niemand kann länger leugnen, dass die Wirtschafts- und Gesellschaftsordnung heute mehr denn je zuvor – und zwar nicht nur in der westlichen Welt – für das Wohl der Völker und ihr Zusammenleben von schicksalhafter Bedeutung ist. (Wirtschaft und Wirtschaftsordnung in der modernen Politik, Beitrag zur Festschrift für Jacques Rueff, 6. Juni 1966, GJ, S. 1013)

Das Entscheidende einer gesunden Wirtschaft

So wie der einzelne Mensch seines physischen Lebens bedarf, um überhaupt im göttlichen Sinne Mensch zu sein, um seinen Geist und seine Seele entfalten zu können, so ist es auch im Leben eines Volkes. Die Wirtschaft ist, wenn Sie so wollen, vielleicht das Primitivste, aber sie ist das Unentbehrliche; und erst auf dem Boden einer gesunden Wirtschaft kann auch die Gesellschaft ihre eigentlichen und letzten Ziele erfüllen. Diese Grundlage muss also gesund sein, wenn nicht schon von dort aus die Verzerrung und die Zerreissung eines Volkes stattfinden soll. Der Wirtschaft die geistige, die seelische und die materielle Ausrichtung zu geben, das ist zuletzt Sache der Politik, Sache der Gesellschaft. Politik ist so gesehen der Ausdruck des Willens der Gesamtheit des Volkes. (Marktwirtschaft im Streit der Meinungen, Rede vor dem 2. Parteikongress der CDU der britischen Zone, Recklinghausen, 28. August 1948; in: DW, S. 85)

Das Wesen der Marktwirtschaft

Das Wesen dieser Marktwirtschaft besteht hauptsächlich darin, dass der Wirtschaftsprozess, d.h. Produktion, Güter- und Einkommensverteilung, nicht durch obrigkeitlichen Zwang gelenkt, sondern innerhalb eines wirtschaftspolitisch gesetzten Ordnungsrahmens durch die Funktion freier Preise und den Motor eines freien Leistungswettbewerbs selbständig gesteuert wird. Freiheit, Selbstverantwortung und persönliche Initiative bei der Berufswahl, Erwerbstätigkeit und dem Konsum, die jedem als Produzenten und als Verbraucher die Wahrnehmung der wirtschaftlichen Chancen eröffnen, sowie eine leistungsbedingte Einkommensverteilung sind die Antriebskräfte, die in der Marktwirtschaft zu einem Höchstmass an Produktion und einer Steigerung des Wohlstands der gesamten Bevölkerung führen. Die Marktwirtschaft ist damit diejenige Wirtschaftsordnung, die ein Maximum an Produktivität, Wohlstandsmehrung und persönlicher Freiheit verbindet. (Selbstverantwortliche Vorsorge für die sozialen Lebensrisiken, Versicherungswirtschaft, Januar 1965; in: DW, S. 302)

Marktwirtschaft dient allen

Das ist der soziale Sinn der Marktwirtschaft, dass jeder wirtschaftliche Erfolg, wo immer er entsteht, dass jeder Vorteil aus der Rationalisierung, jede Verbesserung der Arbeitsleistung dem Wohle des ganzen Volkes nutzbar gemacht wird und einer besseren Befriedigung des Konsums dient. (WA, 7. Kapitel, Alle müssen am Erfolg teilhaben, S. 169)

Gerechtigkeit in Freiheit

Mit keinem anderen Mittel könnten wir kollektivistischen und totalitären Ideologien und Kräften einen tödlicheren Schlag versetzen als durch diese Politik, die sozialen Ausgleich und Gerechtigkeit nicht mit einer mechanistisch arbeitenden Lenkungsbürokratie zu konstruieren sucht, sondern dem Menschen das Bewusstsein gibt, dass die Massstäbe der Gerechtigkeit nur in freier menschlicher Verantwortung gesetzt und erlebt werden können. (Wohlstand für Alle!, Rede vor dem 7. Bundesparteitag der CDU, Hamburg, 14. Mai 1957; in: DW, S. 349)

Absolute Gerechtigkeit?

Ich habe mich während meiner vierzehnjährigen Amtszeit wahrhaftig redlich genug bemüht, so gerecht zu sein, wie es ein Mensch nur immer vermag, und habe dem unbilligen Druck aller Gruppen gleichermassen Widerstand geleistet. Gleichwohl bin ich nicht so vermessen, wissen zu wollen, was in dem vielschichtig verwobenen Leben eines Volkes die absolute Gerechtigkeit nach göttlichen Massen wäre. Umso bemerkenswerter ist es, dass ausgerechnet die Verfechter der Gruppeninteressen es jeweils ganz genau wissen, was Gerechtigkeit ist. (Masshalten!, Rundfunkansprache, 21. März 1962, GJ, S. 730)

«Interdependenz der Ordnungen»

Es ist das Verdienst der neoliberalen Schule, den Gedanken der «Interdependenz der Ordnungen» wieder in das Bewusstsein der Wirtschaftspolitik und der Politik schlechthin gerufen zu haben. Sie hat erneut aufgezeigt, dass die verschiedenen Lebensbereiche der Gesellschaft nach einheitlichen Prinzipien geordnet sein müssen, sollen nicht wesentliche Elemente des freiheitlichen und des christlichen Menschen- und Gesellschaftsbildes gefährdet werden. (Wirtschaft und Wirtschaftsordnung in der modernen Politik, Beitrag zur Festschrift für Jacques Rueff, 6. Juni 1966, GJ, S. 1015)

Hausgemachte Katastrophen

Überhaupt sollte der Blick nicht nur auf die Ereignisse gelenkt werden, denen Menschen immer und überall oft hilflos ausgeliefert sind – Dürreperioden, Epidemien, wesentliche klimatische Veränderungen und Katastrophen aller Art. Sie sind zwar eine der denkbaren Ursachen für manches Elend der Welt. Aber es gibt viel gravierendere Einflüsse, die Not und Elend produzieren. Ich meine nicht die kriegerischen Auseinandersetzungen und die sie begleitenden Zerstörungen, die Menschenopfer, die Vernichtung von Eigentum und öffentlichen Einrichtungen. An dieses Leid scheint sich die Menschheit leider gewöhnt zu haben. Welche katastrophalen Auswirkungen indessen mit wirtschaftspolitischen Fehlleistungen verbunden sind, verdichtet sich kaum zur Besinnung und vertiefter Erkenntnis. Die Opfer sind die Millionen der schweigenden Mehrheit der Entwicklungsländer. (Not und Elend sind nicht unabänderlich, Anmerkungen zur entwicklungspolitischen Diskussion, Frankfurter Allgemeine Zeitung, 10. November 1976, GJ, S. 1062)

Gegenseitigkeit

Es ist eine ökonomische Binsenweisheit, dass es dem einen Partner nur gut gehen kann, wenn auch seine Mitspieler wirtschaftlich gedeihen. Mit Bettlern kann man keine Geschäfte machen. (Tagung der Internationalen Wollvereinigung, München, 16. Juni 1955; in: WA, S. 303)

Absurdität der Planwirtschaft

Jede Planwirtschaft beruht auf der Vorstellung, dass irgendeine Behörde so weise sein kann und dass sie einen so grossen Apparat hat mit Statistiken usw., dass es möglich ist, besser als das Volk selbst zu entscheiden, was dem Volke frommt. Auf Grund solcher Überlegungen muss dann notwendigerweise ein vorgefasster Produktionsplan entstehen. Der Produktionsplan kann nur so entstehen, dass die Behörde sich einbildet, annehmen zu können, der durchschnittliche Mensch will soundso viel sparen und soundso viel verbrauchen, und für den Normalverbraucher wird gewissermassen eine optimale Verbrauchsregelung konstruiert. Und diese wird mit 45 Millionen multipliziert, und dann bildet sich die Planwirtschaft ein, dass das der Verbrauch eines Volkes wäre und dass diese Methode die Harmonie der Gesellschaft verbürgen würde.

Was da herauskommt, das ist nicht der soziale Verbrauch eines Volkes, sondern das ist vollendeter Unfug im wirtschaftlichen Sinne. Und was auf der sozialen Ebene herauskommt, ist nicht die Harmonie, sondern das ist das Chaos und die Tyrannei. Wohl oder übel muss die Planwirtschaft sehr bald zur Aufhebung jeder menschlichen Freizügigkeit kommen. In der Planwirtschaft muss zunächst der Mensch gezwungen werden durch den kategorischen Imperativ, dann durch Bezugscheine und zum Schluss durch brutale Gewalt, das zu fressen, was der Staat ihm zu fressen gibt, einmal brutal ausgedrückt. (Grundlagen der deutschen Wirtschaftspolitik, Referat vor dem Zonenausschuss der CDU der britischen Zone, Königswinter, 25. Februar 1949; in: GJ, S. 193)

Unwürdigkeit der Zuteilungswirtschaft

Denn das deutsche Volk hatte ja zudem seine Freiheit verloren, da es trotz seiner ehrlichen Arbeit nicht über die entscheidende Freiheit des Staatsbürgers im Sinne der Ausübung einer freien Konsumwahl verfügte. Nein, es war gezwungen, seine Bedürftigkeit vor Schalterfenstern zu dokumentieren, um dann von der Bürokratie einen sehr fragwürdigen Anspruch auf das Sozialprodukt zugestanden zu erhalten. Das ist meiner Ansicht nach der unwürdigste Zustand, in dem ein Volk überhaupt leben kann. (Die deutsche Wirtschaftspolitik im Blickfeld europäischer Politik, Rede vor dem Schweizerischen Institut für Auslandsforschung, Zürich, 6. Februar 1952; in: DW, S. 176)

Warum Zwangswirtschaft unmoralisch ist

Alle Zwangsformen der Wirtschaft sind im Grunde genommen, auch wenn sie materiell vielleicht sogar erfolgreich sein können, unmoralisch, weil in ihnen das, was uns den höchsten Wert bedeutet, nämlich der lebendige Mensch mit seinem Gewissen, zerstört wird. (Freiheit und Verantwortung, Ansprache vor dem Evangelischen Arbeitskreis der CDU, Hamburg, 2. Juni 1961; in: DW, S. 590)

Gegen Dirigismus und Korporatismus

Jeder staatliche Dirigismus und jede korporative Lenkung der Wirtschaft bedeutet im Letzten eine Einschränkung der in den westlichen Demokratien verfassungsmässig garantierten menschlichen Grundfreiheiten und eine Aushöhlung des Rechtes auf freie Entfaltung der Einzelpersönlichkeit. (Wirtschaft und Wirtschaftsordnung in der modernen Politik, Beitrag zur Festschrift für Jacques Rueff, 6. Juni 1966, GJ, S. 1016)

Kritik der Befehlswirtschaft

Unsere Kritik richtet sich gegen die staatliche Befehlswirtschaft. Dieses Wirtschaftsprinzip führt, konsequent zu Ende gedacht, zur Aufhebung des Marktes und der freien Konsumwahl. Eine kollektiv gelenkte Wirtschaft, die sich dem Votum des Marktes beugt, bedeutet aber einen Widerspruch in sich selbst und wird damit sinnlos; die Missachtung des im Marktgeschehen zum Ausdruck kommenden Konsumwillens aber hat notwendig die Einschränkung der freien Entscheidung zur Folge und basiert auf der völlig irrigen Vorstellung, das Glück der Menschen sei in einer quantitativ messbaren, maximalen Bedarfsdeckung zu suchen. (Freie Wirtschaft und Planwirtschaft, in: Die Neue Zeitung, 14. Oktober 1946, in: DW, S. 21)

Sozialistisches Eigentum imaginär

Das gilt in erster Linie für das im öffentlichen Eigentum stehende Produktivvermögen, denn der imaginäre, anonyme Anspruch des Staatsbürgers auf dieses Sachkapital ist, profan ausgedrückt, keinen Pfifferling wert, weil solches Pseudoeigentum nicht individuell frei verfügbar, nicht mobilisierbar und realisierbar ist. Es dient nur dazu, die Macht, ja selbst die Allmacht des Staates oder anderer Kollektive bis hin zur Vergottung der Staatsgewalt zu stärken und gleichzeitig die Abhängigkeit des Staatsbürgers bis zum Zustand der Sklaverei zu vermehren. (Wohlstand für Alle!, Rede vor dem 7. Bundesparteitag der CDU, Hamburg, 14. Mai 1957; in: DW, S. 346 f.)

Gegen Devisenzwangswirtschaft

Der Geist der Liberalisierung und der Ungeist der Devisenzwangswirtschaft vertragen sich wie Feuer und Wasser. Die Devisenzwangswirtschaft ist für mich das Symbol alles Bösen, in welchem
Gewande sie auch auftreten mag; die Devisenzwangswirtschaft
atmet den Fluch und den Geruch der Kriegsvorbereitung und des
Krieges, aus deren zerstörerischen Unordnung sie erwachsen ist.
(WA, 15. Kapitel, Das Symbol des Bösen, S. 320)

Abrüstung führt zu mehr Wohlstand

Der westlichen Welt könnte im Grunde nichts erwünschter sein
als eine Umstellung der Produktion von Rüstungsgütern auf Inves-
titions und Verbrauchsgüter, die der Mehrung der menschlichen
Wohlfahrt dienen. Eine allgemeine kontrollierte Abrüstung würde
sich im Hinblick auf das wirtschaftliche Wachstum und die weitere
Hebung des Lebensstandards unserer Völker ohne Zweifel sehr
positiv und segensreich auswirken. (Was bedeutet Abrüstung wirtschaftlich?, Aus einem Interview am 15. November 1959; in: DW,
S. 456 f.)

Die Vorstellung, dass im Zuge einer Abrüstung vorübergehend ein
Nachfrageausfall eintreten könnte, entspringt einer mechanisti-
schen Denkweise; denn abgesehen davon, dass eine solche Folge-
wirkung durch eine entsprechende Steuersenkung kompensiert
werden könnte, mangelt es wohl in keinem Lande an produktiven
Aufgaben. Niemand wird ohne weiteres Hoffnungen nähren können, dass sich mit dem Wegfall militärischer Ausgaben die Steuerlas-
ten rasch und stark verringern würden. Viele andere erstrebens-
werte Ziele, die in allen Ländern wegen der Notwendigkeit der
Verteidigungsbereitschaft zurücktreten mussten, würden anstelle
der bisherigen Rüstungsanstrengungen verstärkt in Angriff genommen werden. (Was bedeutet Abrüstung wirtschaftlich?, Aus einem
Interview am 15. November 1959; in: DW, S. 457)

Kluft zwischen Individualismus und Kollektivismus

Die geistige Kluft besteht nicht zwischen den kapitalistischen oder
den kollektivistischen Planwirtschaftlern, denn bei allem Unterschied ihrer gesellschaftswirtschaftlichen Ziele und Ideale ist

ihnen der Glaube an die Rechenhaftigkeit des wirtschaftlichen Geschehens gemeinsam; die Trennung besteht zwischen den Planwirtschaftlern aller Sorten und den Verfechtern einer wirklich freien, aber durch Gesetz und Recht gezügelten Marktwirtschaft, sie besteht, anders ausgedrückt, zwischen kollektivistischen und individualistisch-freiheitlichen Lebensformen. (Sprachverwirrung um die Wirtschaftsordnung, in: Die Neue Zeitung, 23. Juni 1947; in: DW, S. 25)

Zwangswirtschaft benachteiligt die Schwachen

Jedes System, das dem Individuum nicht in jedem Falle die freie Berufs- und Konsumwahl offenlässt, verstösst gegen die menschlichen Grundrechte und richtet sich, wie die Erfahrung lehrt, zuletzt gerade gegen diejenigen sozialen Schichten, zu deren Schutz die künstlichen Eingriffe gedacht waren. Wer würde z.B. heute noch bestreiten wollen, dass unter der geltenden Zwangswirtschaft – die allerdings gewiss von allen abgelehnt wird, aber die ja doch zuletzt der Fluch der bösen Tat ist – sowohl in der Produktions- als in der Konsumtionssphäre gerade die Schwachen und Armen am meisten gelitten haben und dass dieses System, das sie bedrückt und gedemütigt hat, gerade von diesen Schichten unseres Volkes am tiefsten verabscheut wird. (Der Weg in die Zukunft, Rede vor der 14. Vollversammlung des Wirtschaftsrates des Vereinigten Wirtschaftsgebietes, Frankfurt a. M., 21. April 1948; in: DW, S. 52 f.)

Recht verstandener Liberalismus

Die Entscheidung geht nicht um Sozialismus oder Kapitalismus, die beide ihre Züge mit der gesellschaftswirtschaftlichen Entwicklung nicht unwesentlich verändert haben. Vor allem decken sich die Begriffspaare Sozialismus – Kapitalismus einerseits und Planwirtschaft – Marktwirtschaft andererseits in keiner Weise. Wenn der Sozialist die gerechte Verteilung des Sozialprodukts anstrebt, werden sich die Anhänger der Marktwirtschaft nach dem Ordnungsprinzip durchaus zu jener Forderung bekennen können; wenn ein irregeleiteter Kapitalismus nach neuen, privaten Kollektivgebilden verlangt, wird ihm von liberaler Seite entschiedener Widerspruch sicher sein. Der recht verstandene Liberalismus neuzeitlicher Prägung will nicht Freibeutertum; er widerstrebt aber menschlicher Intoleranz und einer dadurch bedingten Unfreiheit der Lebensäusserungen, er ist Feind jeder geistigen Tyrannei, die immer der Vorbote politischen Terrors ist. (Sprachverwirrung um die Wirtschaftsordnung, in: Die Neue Zeitung, 23. Juni 1947; in DW, S. 26 f.)

Der eigentliche Gegensatz

Der eigentliche Gegensatz besteht nicht zwischen freier Wirtschaft und Planwirtschaft, wie auch nicht zwischen kapitalistischer und sozialistischer Wirtschaft, sondern zwischen Marktwirtschaft mit freier Preisbildung und staatlicher Befehlswirtschaft mit regulativem Eingriff auch in die Verteilung. (Freie Wirtschaft und Planwirtschaft, in: Die Neue Zeitung, 14. Oktober 1946, in: DW, S. 20)

Nicht Division, sondern Multiplikation des Sozialprodukts

… dass die gerade von mir angestrebte Erhöhung des Lebensstandards nicht so sehr Verteilungs- als vielmehr Produktions- bzw. Produktivitätsprobleme berührt. Die Lösung liegt nicht in der Division, sondern in der Multiplikation des Sozialprodukts. Diejenigen, die ihre Aufmerksamkeit den Verteilungsproblemen widmen, werden immer wieder zu dem Fehler verleitet, mehr verteilen zu wollen, als die Volkswirtschaft nach Massgabe der Produktivität herzugeben in der Lage ist. (WA, 9. Kapitel, Der Kuchen muss grösser werden, S. 216)

Wichtigkeit der Kapitalbildung

Nur über die Steigerung des Sozialprodukts, d.h. über eine vermehrte Güterproduktion, ist das Volks- und Individualeinkommen zu erhöhen, und nur über einen solcherart wachsenden Wohlstand aller gewinnen wir die Mittel, d.h. das Kapital, das uns als modernes Industrieland an dem technischen Fortschritt teilhaben und in der Weltwirtschaft wettbewerbsfähig bleiben lässt. Kapital fällt also nicht vom Himmel, sondern muss zuerst erarbeitet und dann durch Verzicht auf sofortigen Konsum konsolidiert werden. (Wohlstand für Alle!, Rede vor dem 7. Bundesparteitag der CDU, Hamburg, 14. Mai 1957; in: DW, S. 343)

«Kapitalismus» und Marktwirtschaft unterscheiden

Die sozialen Störungen, die der aufkommende Kapitalismus im Gefolge hatte, waren Begleiterscheinungen einer technischen Revolution und einer falschen Auslegung der sogenannten liberalen Freiheiten, nicht Wirkungen des marktwirtschaftlichen Prinzips an sich. Die geschichtliche Schuld dieser Epoche besteht darin, dass ein in Klassenvorurteilen befangener Staat auf die Anwendung von Recht und Gesetz zur Heilung dieser Schäden verzichtete. (Sprachverwirrung um die Wirtschaftsordnung, in: Die Neue Zeitung, 23. Juni 1947; in: DW, S. 25)

Spannung zwischen Individuum und Gemeinschaft

Die ewige Spannung zwischen Individuum und Gemeinschaft lässt sich in keinem Falle durch die Negierung und Verleugnung des einen oder anderen überwinden, so dass die Frage immer nur die Prinzipien und Formen betrifft, nach denen sich der Mensch ohne die Preisgabe seiner selbst den höheren Formen der Gesellung einzuordnen, aber wohlgemerkt nicht unterzuordnen hat. (Der Weg in die Zukunft, Rede vor der 14. Vollversammlung des Wirtschaftsrates des Vereinigten Wirtschaftsgebietes, Frankfurt a. M., 21. April 1948; in: DW, S. 51 f.)

Missverständnis von Ordnung

In den Gehirnen dieser Art von Planwirtschaftlern und Verteilungsbürokraten stellt sich eben nur das als Ordnung dar, was in ihr Schema der Regulierung von Gütern, Waren und Dienstleistungen passt, und es macht ihnen gar nichts aus – nein, es gehört zwangsläufig sogar dazu –, dass auch die Menschen in diesen seelenlosen Mechanismus, in die Versklavung der Herzen und Hirne einbezogen werden. (Zur Kritik an der neuen Ordnung, Rundfunkansprache, 6. August 1948, in: GJ, S. 131)

Zwei Arten von Preispolitik

Es gibt zwei Arten von Preispolitik. Die erste ist die planwirtschaftliche Preispolitik, die äusserlich und formal mit einem Federstrich im Verwaltungsakt die Dinge ordnet. Der zweite Weg, den wir beschritten haben, ist die organische Preispolitik, die die ökonomischen Verhältnisse ändert und auf dem Umweg wirtschaftlicher Mittel – und dies im weitesten Sinne verstanden, und zwar in der Geld-, Kredit-, Finanz-, Steuer- und Sozialpolitik – die Dinge zu ordnen versucht durch die Veränderung der Grössenordnungen. Das ist scheinbar das gleiche und doch ein entscheidender Unterschied.

Durch die mechanische Ordnung wird die Ware vom Markt verdrängt, erhält sie unerschwingliche Preise auf dem schwarzen Markt und scheidet damit für einen sozialen Konsum aus. Beim zweiten Weg, den wir gegangen sind, drängt die Ware zum Markt, löst den Wettbewerb aus, verbessert die Leistungen in qualitativer, quantitativer und preislicher Hinsicht und dient somit im wahrsten Sinne des Wortes der sozialen Wohlfahrt. (Grundlagen der deutschen Wirtschaftspolitik, Referat vor dem Zonenausschuss der CDU der britischen Zone, Königswinter, 25. Februar 1949; in: GJ, S. 189 f.)

Staatliche Ordnung und Wirtschaftsordnung

Staatliche Ordnung und wirtschaftliche Ordnung müssen in den Ordnungsprinzipien übereinstimmen, wenn sie nicht ihre eigene Existenz in Frage stellen wollen. Eine auf politischem Zwang und politischer Unfreiheit aufgebaute Staatsordnung ist mit einer freiheitlichen Wirtschaftsordnung schlechthin unvereinbar. Das sei all denen gesagt, die Misch- und Übergangsformen für möglich beziehungsweise konstituierbar halten. Politischer Zwang und totalitäre Herrschaft gehören zusammen, weil sie sich nur so behaupten können. (Wirtschaft und Wirtschaftsordnung in der modernen Politik, Beitrag zur Festschrift für Jacques Rueff, 6. Juni 1966, GJ, S. 1016)

Soziale Marktwirtschaft: Ordnung in Freiheit

Man möge mich der Subjektivität zeihen, wenn ich mit der Praktizierung der «Sozialen Marktwirtschaft» den Versuch unternahm, Freiheit mit Ordnung zu verbinden, um mehr Gerechtigkeit obwalten zu lassen. «Ordnung» soll hier nicht allein und nicht so sehr als Rechtsordnung in einem schematischen Sinn, sondern als Lebensordnung einer Gemeinschaft verstanden werden. Diese selbst kann enger oder weiter ausgelegt werden; ja sie reicht von der Familie bis zum Staat und wechselt dabei wohl die Gestalt, im Letzten aber nicht Gehalt und Inhalt. Das heisst, dass jedwede Form menschlicher Gesellung der Anerkennung gemeinverbindlicher Spielregeln bedarf. Jenes «es kann der Frömmste nicht in Frieden leben, wenn es dem bösen Nachbarn nicht gefällt» gründet auf der Einsicht, dass der Verzicht auf Ordnung selbst im engen Raum Unfrieden, wenn nicht gar das Chaos heraufbeschwören müsste. (Das Ordnungsdenken in der Marktwirtschaft, Festschrift zum 90. Geburtstag von Ludwig von Mises, 1971, GJ. S. 1047)

Eine organische Ordnung, kein Termitenstaat

Mit der wirtschaftspolitischen Wendung von der Zwangswirtschaft hin zur Marktwirtschaft haben wir mehr getan als nur eine engere wirtschaftliche Massnahme in die Wege geleitet; wir haben damit unser gesellschaftswirtschaftliches und soziales Leben auf eine neue Grundlage und vor einen neuen Anfang gestellt. Wir mussten abschwören der Intoleranz, die über die geistige Unfreiheit zur Tyrannei und zum Totalitarismus führt. Wir mussten hin zu einer Ordnung, die durch freiwillige Einordnung, durch Verantwortungsbewusstsein in einer sinnvoll organischen Weise zum Ganzen strebt. Anstelle eines seelenlosen Kollektivismus, der unser Volk in die Not und in das Elend der Vermassung brachte, mussten wir hin zu einem organisch verantwortungsbewussten Staatsdenken.

Diese Freiheit bedeutet nicht Freibeutertum, und sie bedeutet nicht Verantwortungslosigkeit, sondern sie bedeutet immer verpflichtende Hingabe an das Ganze. Nicht der sinn- und seelenlose Termitenstaat mit seiner Entpersönlichung des Menschen, sondern der organische Staat, gegründet auf die Freiheit des Individuums, zusammenstrebend zu einem höheren Ganzen, das ist die geistige Grundlage, auf der wir eine neue Wirtschaft, eine neue gesellschaftliche Ordnung aufbauen wollen. (Marktwirtschaft im Streit der Meinungen, Rede vor dem 2. Parteikongress der CDU der britischen Zone, Recklinghausen, 28. August 1948; in: DW, S. 69 f.)

Eine Marktwirtschaft moderner Prägung

Die Planwirtschaft mündet immer darin, dass das einzelne Individuum als Erzeuger und als Verbraucher unter die Knute des Staates – nein, vielmehr noch unter die Knute einer seelenlosen Bürokratie – gezwungen wird. Der einzelne Staatsbürger wird entwürdigt und gedemütigt. Er fühlt immer nur die Kandare im Maule, sie musste abgelöst werden durch eine Marktwirtschaft, die nichts zu tun hat mit den Schlagworten, die ihr angeheftet werden und die aus der Rumpelkammer des Liberalismus stammen. Nicht die freie Marktwirtschaft des liberalistischen Freibeutertums einer vergangenen Ära, auch nicht das «freie Spiel der Kräfte» und dergleichen Phrasen, mit denen man hausieren geht, sondern die sozial verpflichtete Marktwirtschaft, die das einzelne Individuum wieder zur Geltung kommen lässt, die den Wert der Persönlichkeit obenan stellt und der Leistung dann aber auch den verdienten Ertrag zugute kommen lässt, das ist die Marktwirtschaft moderner Prägung. (Marktwirtschaft im Streit der Meinungen, Rede vor dem 2. Parteikongress der CDU der britischen Zone, Recklinghausen, 28. August 1948; in: DW, S. 70)

Persönliche Freiheit nur in Rahmenordnung zu erhalten

Wir haben überhaupt aus unserer Geschichte erfahren, dass man die Freiheit nicht beliebig teilen kann. Der Einzelne irrt sich, wenn er glaubt, er könnte sich seine Freiheit erhalten, wenn um ihn herum der Sinn für den Wert der Freiheit verloren geht, sei es in der Nation, oder sei es in den engeren oder weiteren gesellschaftlichen Bindungen, in denen er lebt. Der Einzelne mag vor seinem Gewissen wohl noch das Gefühl der Freiheit bewahren, aber er zerbricht in sich selbst und mit seiner Umwelt, wenn die Freiheit geteilt ist zwischen dem, was der Einzelne in seiner Brust erlebt und was er an Ordnungsvorstellungen und Ordnungsformen um sich vorfindet. (Freiheit und Verantwortung, Ansprache vor dem Evangelischen Arbeitskreis der CDU, Hamburg, 2. Juni 1961; in: DW, S. 598)

Erkenntnis der Neoliberalen

Wenn nämlich jemals eine Theorie die Zeichen der Zeit richtig zu deuten wusste und einer ihren Erkenntnissen gemässen Wirtschafts- und Gesellschaftspolitik neue Impulse gab, dann waren es die Gedanken der Männer, die heute als Neo- oder Ordoliberale gelten. Sie haben der Wirtschaftspolitik immer mehr gesellschaftspolitische Akzente verliehen und sie aus der Isolierung eines mechanistisch-rechenhaften Denkens gelöst; sie haben die Nationalökonomen wieder in Funktionen zu denken gelehrt und deutlich gemacht, dass das wirtschaftliche Leben der Menschen und Völker nicht losgelöst von ihren anderen Seinsbereichen begriffen und darum auch nicht isoliert geordnet werden darf. (Gestern – Heute – Morgen, Elektrola-Schallplatten, 9. Juni 1961; in: GJ, S. 696)

Die spontane Anpassung

Das ist ja gerade das Geheimnis der Marktwirtschaft, und das macht ihre Überlegenheit gegenüber jeder Art von Planwirtschaft aus, dass sich in ihre sozusagen täglich und stündlich die Anpassungsprozesse vollziehen, die Angebot und Nachfrage, Sozialprodukt und Volkseinkommen sowohl in quantitativer als auch in qualitativer Beziehung zu richtiger Entsprechung und so auch zum Ausgleich bringen. Wer also nicht Leistungswettbewerb und freien Marktpreis will, hat jedes Argument gegen die Planwirtschaft aus der Hand gegeben. (WA, 7. Kapitel, Das Geheimnis der Marktwirtschaft, S. 171)

Freiheit ist unteilbar

Jede freiheitliche Ordnung muss davon ausgehen, dass die Freiheit ein Ganzes und Unteilbares ist, bei der sich zur politischen, religiösen, wirtschaftlichen und geistigen Freiheit die ursprünglich menschliche Freiheit in allen Lebensbereichen gesellen muss. Die Strategie des kollektivistischen Denkens geht immer in der Richtung der Aufspaltung dieses höchsten, allumfassenden Wertes, um damit einen Einbruch in die freie Ordnung zu erzielen. (Wirtschaftspolitik als Teil der Gesellschaftspolitik, Rede vor dem 9. Bundesparteitag der CDU, Karlsruhe, 28. April 1960; in: DW, S. 491)

Freiheit als ein Ganzes

Für mich ist die Freiheit ein Ganzes und Unteilbares. In meinem Blickfeld stellen politische Freiheit, wirtschaftliche und menschliche Freiheit eine komplexe Einheit dar. Es ist nicht möglich, hier einen Teil herauszureissen, ohne nicht das Gesamte zusammenstürzen zu lassen. (WA, 7. Kapitel, Alle müssen am Erfolg teilhaben, S. 170)

Primat der Eigenpersönlichkeit

Fernab einer Illusion, das Gruppendenken überwinden oder einebnen zu können, wird es unserer Gesellschaft zum Fluch, wenn die Individualität völlig untergeht, d.h. wenn die Eigenpersönlichkeit sich nicht mehr entfalten und bewähren kann. Die Bewahrung des privaten Lebensraumes betrifft also – wie erwähnt – nicht etwa nur die gewerbliche Wirtschaft im unternehmerischen Bereich. Vielmehr ist jeder einzelne Wirtschaftsbürger angesprochen, der sich das Recht und die Freiheit vorbehalten will, sein persönliches und individuelles Leben nach einer Vorstellung zu gestalten. (Das Ordnungsdenken in der Marktwirtschaft, Festschrift zum 90. Geburtstag von Ludwig von Mises, 1971, GJ. S. 1045)

Vom «Normalverbraucher» zum Konsumenten

Durch unsere Wirtschaftspolitik haben wir das deutsche Volk befreit; wir haben aus Untertanen wieder freie Staatsbürger werden lassen, aus Normalverbrauchern Konsumenten mit freier Konsumwahl, und wir haben das deutsche Volk aus der Hörigkeit einer blindwütigen Planungsbürokratie erlöst. (Im Schatten des Korea-Konfliktes, Rede vor dem Deutschen Bundestag, 14. März 1951; in: GJ, S. 296)

Demokratie und Konsumfreiheit

Die Forderung nach demokratischer Freiheit wird so lange leeres Gerede bleiben, als nicht die menschlichen Grundrechte der freien Berufs- und Konsumwahl als unantastbares und unveräusserliches Gut anerkannt sind. Das und nichts anderes aber ist der tiefste Sinn der marktwirtschaftlichen Ordnung. (Zur Kritik an der neuen Ordnung, Rundfunkansprache, 6. August 1948, in: GJ, S. 132 f.)

Demokratie und Freiheit des Konsums

Wir waren auf dem besten Wege, die Demokratie zu Tode zu kommandieren und die demokratischen Grundrechte unseres Volkes zu einer Schimäre werden zu lassen. Erst wenn diese Rechte wieder Ausdruck finden in einer freien Berufswahl, in der freien Wahl des Arbeitsplatzes und vor allem in der Freiheit des Konsums, können wir erwarten, dass das deutsche Volk an der politischen Gestaltung seines Schicksals wieder aktiven Anteil nimmt ...

Der deutsche Staatsbürger wird erst dann wieder zu seiner Würde zurückfinden und sich aus innerem Erleben zur Demokratie bekennen können, wenn er in keiner Amtsstube mehr den Rücken zu krümmen braucht. Ihm dazu zu verhelfen, werde ich als meine vornehme Aufgabe ansehen. (Der Weg in die Zukunft, Rede vor der 14. Vollversammlung des Wirtschaftsrates des Vereinigten Wirtschaftsgebietes, Frankfurt a. M., 21. April 1948; in: DW, S. 67)

Konsumfreiheit entspricht Unternehmerfreiheit

Dieses demokratische Grundrecht der Konsumfreiheit muss seine logische Ergänzung in der Freiheit des Unternehmers finden, das zu produzieren oder zu vertreiben, was er aus den Gegebenheiten des Marktes, d.h. aus den Äusserungen der Bedürfnisse aller Individuen als notwendig und Erfolg versprechend erachtet. Konsumfreiheit und die Freiheit der wirtschaftlichen Betätigung müssen in dem Bewusstsein jedes Staatsbürgers als unantastbare Grundrechte empfunden werden. Gegen sie zu verstossen, sollte als ein Attentat auf unsere Gesellschaftsordnung geahndet werden. Demokratie und freie Wirtschaft gehören logisch ebenso zusammen, wie Diktatur und Staatswirtschaft. (WA, 1. Kapitel, Die wirtschaftlichen Grundrechte, S. 14)

Währungsstabilität als Grundrecht

... die Währungsstabilität in die Reihe der menschlichen Grundrechte aufzunehmen, auf deren Wahrung durch den Staat jeder Staatsbürger Anspruch hat. (WA, 1. Kapitel, Die wirtschaftlichen Grundrechte, S. 16)

Der Kunde wieder König

Der Druck sinkender Preise liess ein Phänomen entstehen, das die deutschen Verbraucher nur noch aus ferner Erinnerung kannten. Der Kunde wurde wieder König; es prägte sich ein «Käufermarkt» aus. (WA, 2. Kapitel, Inthronisierung des Kunden, S. 39)

Freie Konsumwahl als Grundrecht

Umso mehr Grund aber haben wir, die Klarheit und Folgerichtigkeit unserer Konzeption herauszustellen, die da lautet, dass die freie Konsumwahl zu den in den Sternen geschriebenen Grundrechten eines Volkes und jedes einzelnen Menschen gehört und dass es demgegenüber ein Verbrechen an der Würde und an der Seele des Menschen bedeutet, ihn durch staatliche Willkür zum Normalverbraucher erniedrigen zu wollen. (Kühle Köpfe – Starke Herzen, Rede auf dem 1. Bundesparteitag der CDU, Goslar, 22. Oktober 1950; in: DW, S. 139 f.)

Bedeutung von Spielregeln

Was ich mit einer marktwirtschaftlichen Politik anstrebe, das ist – um im genannten Beispiel zu bleiben - die Ordnung des Spiels und die für dieses Spiel geltenden Regeln aufzustellen … In einer Fussball-Elf ist es z. B. auch nicht üblich, dass sich alle elf Mann ins Tor stellen. Wenn sie das tun wollen, würden wir als Zuschauer mit Recht zu pfeifen anfangen, weil wir das als unfair und als den Regeln widersprechend empfinden. Von Stürmern verlangen wir, dass sie stürmen. Wenn diese meinten, dass sie «mauern» oder sich gar ins Tor stellen sollten, dann empfinden wir dies als durchaus unangebracht und störend, ja, wir dulden es nicht. Ganz ähnliche Funktionen hat die wirtschaftliche Ordnung wahrzunehmen. Ich glaube, dass wir diesem Modell einer wirtschaftlichen Ordnung, das sich im Hintergrund all meiner Handlungen abzeichnet, unsere Erfolge verdanken. (Volkswirtschaftliche Gesellschaft Essen, 7. Januar 1954; in: WA, 6. Kapitel, S. 135)

Das faire Wettspiel

Die Zuschauer eines Fussballspiels würden es den Spielpartnern auch ausserordentlich übel nehmen, wenn diese vorher ein

Abkommen geschlossen und dabei ausgehandelt haben würden, wieviel Tore sie dem einen oder dem anderen Teil zubilligten und dann nicht das von uns erwartete und auch durch ein Eintrittsgeld honorierte, faire Wettspiel durchführten, sondern lediglich ihre Vereinbarung kampflos erfüllen würden. So vertrete ich denn auch die Auffassung, dass es die Grundlage aller Marktwirtschaft ist und bleiben muss, die Freiheit des Wettbewerbs zu erhalten. Diese herrscht nur dort, wo keine Macht, die Freiheit zu unterdrücken, geduldet wird, sondern wo die Freiheit, in dem Sitten- und Rechtskodex eines Volkes verankert, zum allgemein verpflichtenden Gebot, ja zum höchsten Wert der Gemeinschaft selbst wird. (Bayerischer Rundfunk, 27. Dezember 1949; in: WA, 6. Kapitel, S. 135 f.)

Wettbewerbswirtschaft auch die demokratischste

Ich gehe dabei von der durch die wirtschaftswissenschaftliche Forschung erhärteten wirtschaftspolitischen Erfahrung aus, dass die Wettbewerbswirtschaft die ökonomischste und zugleich die demokratischste Form der Wirtschaftsordnung ist, und dass der Staat nur insoweit in den Marktablauf lenkend eingreifen soll, wie dies zur Aufrechterhaltung des Wettbewerbsmechanismus oder zur Überwachung derjenigen Märkte erforderlich ist, auf denen die Marktform des vollständigen Wettbewerbs nicht erreichbar erscheint. (WA, 7. Kapitel, Konsumentenschutzgesetz, S. 167)

Wirtschaftsordnung als Gegenstück zur Demokratie

Eine derart geordnete Wirtschaftsverfassung bildet … das wirtschaftspolitische Gegenstück zur politischen Demokratie. Während als deren Inhalt das politische Mitbestimmungsrecht jedes Staatsbürgers anzusehen ist, stellt die Wettbewerbsordnung die wirtschaftlichen Grundrechte der Freiheit der Arbeit und der Verbrauchswahl sicher. (WA, Kapitel 7, Die Grundformen wirtschaftlicher Macht, S. 174)

Bedeutung der «Seelenmassage»

Der manchmal gegen mich erhobene Vorwurf, dass mein Versuch einer «Seelenmassage» mit Marktwirtschaft nichts zu tun habe, wurzelt in manchesterlichen Vorstellungen und berücksichtigt in keiner Weise, dass Konjunkturen vom Verhalten der Menschen bestimmt werden. Mit welchen Mitteln aber dieses Verhalten beeinflusst wird, ist von relativ zweitrangiger Bedeutung. Die tatsächliche Gefahr kommt, wie ich nicht oft genug wiederholen kann, von den Gesellschaftsmechanikern und Gesellschaftsromantikern, die da glauben, das vielschichtige Leben eines Volkes am Reissbrett aufzeichnen zu können, die den mannigfach verwobenen Prozess des Zusammenwirkens freiheitlicher Kräfte als einen Mechanismus begreifen oder von romantischen Vorstellungen einer Sozialordnung ausgehen, die von dem Menschen, wie ihn Gott geschaffen hat, völlig abstrahiert. (Dreissig Jahre Konjunkturpolitik 1929–1959, Via Aperta Nr. 12. Dezember 1959/Januar 1960; in: DW, S. 470 f.)

Über den Markt hinaus

Mit der wirtschaftspolitischen Wendung von der Zwangswirtschaft hin zur Marktwirtschaft haben wir mehr getan, als nur im engeren Sinne wirtschaftliche Massnahmen getroffen. Wir haben vielmehr unser gesellschaftswirtschaftliches und soziales Leben auf eine neue Grundlage und vor einen neuen Anfang gestellt. Wir mussten abschwören der Intoleranz, die über die geistige Unfreiheit zur Tyrannei und zum Totalitarismus führt. Wir mussten hin zu einer Ordnung, die durch freiwillige Einordnung, durch Verantwortungsbewusstsein in einer sinnvoll organischen Weise zum Ganzen strebt. (Rede auf dem CDU-Parteitag der britischen Zone in Recklinghausen, 28. August 1948, in: WA, 2. Kapitel, Die grosse Chance, S. 23)

5. Erklärbares Wunder

Freier Markt kein «Experiment»

Ich persönlich lehne es ab, wie es vielfach geschieht, hier von einem Experiment zu sprechen, denn ich habe diesen Ablauf auf Grund sorgfältiger Erwägungen erwartet und möchte dazu sagen, dass sich auch nichts ereignet hat, was mich nur im geringsten an der Richtigkeit der eingeschlagenen Wirtschaftspolitik irremachen konnte. Nach wie vor bin ich gewiss, dass unter dem Druck des Wettbewerbs, und das nicht zuletzt über den Aussenhandel, im Zusammenwirken mit einer straffen Geld- und Kreditpolitik gerade von dieser Phase aus, in der wir uns befinden, die deutsche Wirtschaft in all ihren Teilen zu höchster Kraftanstrengung und Leistungssteigerung gezwungen werden wird und dass diese mit Tatkraft verfolgte Wirtschaftspolitik im Endergebnis das optimale und sozialpolitisch günstigste Verhältnis zwischen Lohn und Preis gewährleistet. (Zur Kritik an der neuen Ordnung, Rundfunkansprache, 6. August 1948, in: GJ, S. 129 f.)

Alternativen zur Wirtschaftsbefreiung?

Dabei gehört wahrlich wenig Phantasie dazu, um zu erkennen, dass nach der Währungsreform ausser dem von uns eingeschlagenen Weg nur noch zwei Entwicklungen denkbar gewesen wären: Entweder – und das wäre wahrscheinlich noch das geringere Übel – hätten die entfesselten Elemente alle Barrieren der Bewirtschaftung und der Preisbildung überrannt und der Staatsführung die Zügel der Wirtschaftspolitik aus der Hand geschlagen, oder aber es hätte das Chaos mit all den Scheusslichkeiten der Zwangswirtschaft weiter fortbestanden. (Zur Kritik an der neuen Ordnung, Rundfunkansprache, 6. August 1948, in: GJ, S. 130 f.)

Es gibt kein Wunder, aber richtige Wirtschaftspolitik

Weil es keine Wunder gibt, bedürfen die Realitäten des Lebens und die materiellen Umweltbedingungen wohl immer voller und ernster Berücksichtigung, aber es ist nicht minder wichtig, die Imponderabilien, das heisst das Atmosphärische des Geschehens sowie das sich ja immer zu Handlungen verdichtende geistige und seelische Verhalten der Menschen in das Kalkül einzubeziehen. Wäre die Wirtschaft ein blosser Mechanismus, so bliebe der Wirtschaftspolitiker immer nur der Mechaniker, der sich in der Materie und in Zahlen gefangenhalten lässt. Wer aber Wirtschaftspolitik – und das heisst das Schicksal eines Landes und Volkes – nach vorgestellten Werten und Zielen bewusst zu formen sucht, wird zugleich auch immer den Menschen und seine Reaktionen wie auch das Gefüge der Gesellschaft mit in Rechnung stellen müssen. (Das kleine Erleben um ein grosses Geschehen, Zum 10. Jahrestag der Wirtschafts- und Währungsreform, Die Zeit, 19. Juni 1958; in: GJ, S. 541)

«Deutsches Wunder?»

Man spricht in der Welt heute sehr zu meinem Missvergnügen allenthalben von einem «deutschen Wunder»; ein Begriff, den ich nicht gelten lassen möchte, weil das, was sich in Deutschland in den letzten sechs Jahren vollzogen hat, alles andere als ein Wunder war. Es war nur die Konsequenz der ehrlichen Anstrengung eines ganzen Volkes, das nach freiheitlichen Prinzipien die Möglichkeit eingeräumt erhalten hat, menschliche Initiative, menschliche Freiheit, menschliche Energien wieder anwenden zu dürfen. (Europäische Einigung durch funktionale Integration, Rede vor dem Club «Les Echos», Paris, 7. Dezember 1954; in: DW, S. 255)

Über dieses Thema zu sprechen, setzt mich der Versuchung aus, ein Wort von Ben Gurion zu zitieren: *«Wer nicht an Wunder glaubt, ist kein Realist.»* (Entspannung nicht auf Kosten der Bundesrepublik, Rede vor dem Council on Foreign Relations, New York, 11. Juni 1964, GJ, S. 865)

Aufstieg durch Leistung

Unsere Positionen in aller Welt waren verloren gegangen und von fremden Wettbewerbern besetzt. Wir verfügten nicht mehr über Patent-, Marken- und Schutzrechte; wir hatten keine kreditwirtschaftlichen Verbindungen und verfügten über keinerlei Stützpunkte weder solche diplomatischer noch konsularischer Art. Wir bewegten uns im Niemandsland, und trotzdem war es uns möglich, so stolze Erfolge zu erzielen. Sowohl in der Binnenwirtschaft wie in der Aussenwirtschaft waren die Erfolge auf die Befreiung des Menschen zurückzuführen, sie gründeten sich auf das Prinzip, den freien Leistungswettbewerb mit allen Mitteln zu entfachen, Pfründner- und Rentner-Dasein wirtschaftlicher Art unmöglich zu machen und durch den Wettbewerb dafür zu sorgen, dass die beste Leistung zu den billigsten Preisen dem Konsumenten zugute kommt. (Im Schatten des Korea-Konfliktes, Rede vor dem Deutschen Bundestag, 14. März 1951; in: GJ, S. 297)

Das Salz des Sozialismus ist dumm geworden

Der Sozialismus marxistischer Prägung ist unter der Wucht der Erfolge einer fortschrittlichen Wirtschaftspolitik in sich selbst zusammen gebrochen, sein Salz ist dumm geworden. Es ist auch kein Zufall, dass der Sozialismus vergangener Prägung zugleich auch immer nationalistische Züge aufwies, denn das von mir überwundene planwirtschaftliche System war überhaupt nur in der nationalen Enge denkbar und selbst dort nicht mehr praktisch zu manipulieren. (Gestern – Heute – Morgen, Elektrola-Schallplatten, 9. Juni 1961; in: GJ, S. 698)

Rückblick auf die Mangelwirtschaft

Das war die Zeit, in der die meisten Menschen es nicht glauben wollten, dass dieses Experiment der Währungs- und Wirtschaftsreform gelingen könnte. Es war die Zeit, in welcher man in Deutschland errechnete, dass auf jeden Deutschen nur alle fünf Jahre ein Teller komme, alle zwölf Jahre ein Paar Schuhe, nur alle fünfzig Jahre ein Anzug, dass nur jeder fünfte Säugling in eigenen Windeln liegen könnte, und jeder dritte Deutsche die Chance hätte, in seinem eigenen Sarge beerdigt zu werden. (Deutsch-Belgisch-Luxemburgische Handelskammer Antwerpen, 31. Mai 1954; in: WA, 2. Kapitel, Die Geburt der Marktwirtschaft, S. 18)

Die unvollendete Marktwirtschaft

Gewiss ist zuzugeben, dass zur Vollendung der von mir vorgestellten Ordnung noch vieles fehlen mag. Ich habe in diesem Zusammenhang selbst einmal von dem umfangreichen Sündenregister gesprochen, das die fehlgeleiteten und abseitigen Wünsche und Forderungen der deutschen Wirtschaft, aber auch die Mängel der Wirtschaftspolitik im weitesten Sinne kennzeichnet. (Deutscher Industrie- und Handelstag, Bad Neuenahr, 22. April 1955; in: WA, 6. Kapitel, Umfangreiches Sündenregister, S. 139 f.)

Im Kampf gegen Sonderinteressen

6. Eine Lanze für den Wettbewerb

Segensreiche Wirkung des Wettbewerbs

Das Erfolg versprechendste Mittel zur Erreichung und Sicherung jeden Wohlstandes ist der Wettbewerb. Er allein führt dazu, den wirtschaftlichen Fortschritt allen Menschen, im besonderen in ihrer Funktion als Verbraucher, zugute kommen zu lassen, und alle Vorteile, die nicht unmittelbar aus höherer Leistung resultieren, zur Auflösung zu bringen.

Auf dem Wege über den Wettbewerb wird – im besten Sinne des Wortes – eine Sozialisierung des Fortschritts und des Gewinns bewirkt und dazu noch das persönliche Leistungsstreben wachgehalten. (WA, 1. Kapitel, Der rote Faden, S. 7 f.)

Wettbewerbsprinzip universal

Das Wettbewerbsprinzip ist die Wurzel des sozialen, wirtschaftlichen und gesellschaftlichen Aufstiegs überhaupt und besitzt darum Gültigkeit nicht etwa nur für die Schicht der Unternehmer, sondern für die Angehörigen aller Berufe. (Politik der Mitte und Verständigung, Regierungserklärung, 18. Oktober 1963, GJ, S. 840)

Auslese im Wettbewerb statt Gleichheit

Ich selbst bin z.B. davon überzeugt, dass im wirtschaftlichen Leben der echte, nicht manipulierte Wettbewerb das beste und auch wohltätigste Ausleseprinzip verkörpert, während andere der Meinung sind, dass um der «Gleichheit» willen die Lebensmöglichkeiten menschlicher Individuen obrigkeitlich gesteuert werden müssten ... So sehr die Solidarität zu loben ist, jeden Menschen vor Not und Elend bewahrt zu wissen, so notwendig bleibt es doch auch, neben die Solidarität das Gebot der Subsidiarität zu stellen. In einer menschlichen Gesellschaft folgen die mit Geist, Seele und Gewissen ausgestatteten Staatsbürger eben nicht den naturgesetzlichen Regeln eines Termitenstaates. (Das Ordnungsdenken in der Marktwirtschaft, Festschrift zum 90. Geburtstag von Ludwig von Mises, 1971, GJ. S. 1047)

Wenn Wettbewerb fehlt

Wo kein Wettbewerb lebendig ist, tritt notwendig ein Stillstand ein, der schliesslich zu einer allgemeinen Erstarrung führt. Jedermann verteidigt dann gerade das, was er besitzt, d.h. er ist nicht mehr auf die für das Gedeihen der Volkswirtschaft so bedeutsame ständige Steigerung seiner Leistungskraft bedacht. (WA, 9. Kapitel, Marktwirtschaft ermöglicht gerechten Lohn, S. 208)

Leistungswettbewerb statt Faustrecht

Ein funktionsfähiger Leistungswettbewerb, bei dem nicht das Faustrecht des Stärkeren, sondern die bessere ökonomische Leistungsfähigkeit entscheidet, muss deshalb auch in der freiheitlichen Wirtschaftspolitik durch staatliche Autorität gesichert werden, denn die Marktwirtschaft ist nur insoweit politisch, sozial, moralisch und wirtschaftlich zu vertreten, als sie eine wirkliche Wettbewerbsordnung ist. Sie verliert ihre wirtschaftsordnende und freiheitssichernde Kraft, sofern und soweit der Wettbewerb ausgeschaltet wird. (Wirtschaft und Wirtschaftsordnung in der modernen Politik, Beitrag zur Festschrift für Jacques Rueff, 6. Juni 1966, GJ, S. 1016 f.)

Wettbewerb als wohltätiges Prinzip

Die tragende und treibende Kraft der Marktwirtschaft ist und bleibt der Wettbewerb, aber es gilt endlich und vor allen Dingen auch in den Kreisen unserer Arbeiterschaft einzusehen, dass dieser Wettbewerb nicht das böse, sondern das wohltätige, segensreiche Prinzip ist und dass die Früchte vermehrter und rationellerer Arbeit nicht unternehmerischen Interessengruppen, sondern dem Volke in seiner Gesamtheit zugute kommen. Damit ist zugleich ausgedrückt, dass die Soziale Marktwirtschaft die unternehmerische Planwirtschaft in gleich entschiedenem Masse wie die staatliche Zwangswirtschaft ablehnt, weil beide von der Absicht der Ausschaltung des Wettbewerbs getragen sind und unsoziale Machtstellungen begründen sollen. (Das Ende der Improvisationen, in: Tagesspiegel, 23. April 1949; in: DW, S. 103)

Wettbewerb als Prinzip

Wer den Wettbewerb als Ordnungselement der Wirtschaft anerkannt, kann dieses Prinzip nicht da und dort aus Opportunismus und Zweckmässigkeit willkürlich ablehnen, heute bejahen und morgen verwerfen und dabei noch stolz wähnen, dass solche Richtungslosigkeit Wirklichkeitsnähe verrate. Die Tatsache, dass die Menschen im allgemeinen nicht reine Engel, aber auch nicht gerade reine Teufel sind, kann uns ja auch nicht dazu veranlassen, auf ethische Normen zu verzichten und die Charakterlosigkeit zum moralischen Imperativ zu erheben. (Die Ziele des Gesetzes gegen Wettbewerbsbeschränkungen, Rede vor dem Deutschen Bundestag, 24. März 1955; in: DW, S. 269)

Soziale Gerechtigkeit durch Wettbewerb

Wir vervollkommnen und vollenden das System der Sozialen Marktwirtschaft, dessen Motor, der Wettbewerb, durch die Ausschaltung schmarotzerhafter Einkommen aller Art, durch die Unterbindung von Differential- und Monopolgewinnen, die Ausmerzung aller volkswirtschaftlich und sozial unnützen und sogar schädlichen Verrichtungen die Ergiebigkeit der gesellschaftlichen Arbeit und damit zugleich den Lebensstandard des deutschen Volkes in seiner Gesamtheit erhöht. Die Soziale Marktwirtschaft gewährleistet damit eine gerechte Verteilung des Volkseinkommens und des Sozialprodukts nach dem einzig sinnvollen Massstab der Leistung. (Wahlaufruf zur ersten Bundestagswahl 1949, Heidenheimer Zeitung, 29. Juli 1949; in: GJ, S. 214)

Wettbewerbsfähigkeit als soziale Forderung

Wenn wir dessen eingedenk sind, dass wir nicht exportieren, um unser Leben abwechslungsreicher zu gestalten, sondern um überhaupt leben zu können, dann stellt sich uns auch die Aufrechterhaltung unserer Wettbewerbsfähigkeit als nationale und soziale Forderung zugleich dar. (Tagessorgen nicht überbewerten, Rundfunkansprache, 9. August 1950; in: DW, S. 126)

«Richtiger Preis» als Wettbewerbspreis

Es ist begrifflich eine Illusion, eine bare Unmöglichkeit, durch ein Kartell einen volkswirtschaftlich «richtigen» Preis bilden zu wollen. Man soll doch endlich einmal meine Grundkonzeption widerlegen: In einem freien Markt, in dem freie Unternehmer nach ihren freien Entscheidungen und auf eigenes Wagnis hin produzieren, kann es keinen festen, keinen kartellmässig gebundenen Preis geben, weil sonst der qualitative und quantitative Ausgleich des differenzierten Angebots der Produzenten und der noch vielfältigeren Nachfrage der Millionen Verbraucher logisch unmöglich wird. (WA, 7. Kapitel, Unersetzliches Barometer, S. 179)

Zentrale Rolle des freien Preises

In einem freien Markt können sich hingegen krisenhafte Verzerrungen nur sehr viel schwerer herausbilden, weil eben der freie Preis in sehr reagibler Weise Schwankungen und Wandlungen des Marktes aufzeigt, und dann über den Wettbewerb sofort die Kräfte lebendig werden, die zu einer Angleichung und zum Ausgleich drängen. (WA, 7. Kapitel, Kartelle zur Überwindung von Krisen, S. 184)

Das soziale Ziel des Wettbewerbs

Wenn wir uns im Wettbewerb messen, dann doch nicht deshalb, um den anderen zu unterdrücken oder um ihm gar zu schaden, sondern Wettbewerb hat ein sehr edles und soziales Ziel, nämlich der Menschheit im ganzen, der Wohlfahrt und der Verbesserung der Lebensmöglichkeiten aller Menschen zu dienen. (An die eigene Kraft glauben, Rede bei der Eröffnung der Technischen Messe Hannover, 26. April 1953; in: DW, S. 211)

Soziale Wirtschaftspolitik heisst Wettbewerbspolitik

«Sozial» kann sich aber eine Wirtschaftspolitik nur dann nennen, wenn sie den wirtschaftlichen Fortschritt, die höhere Leistungsergiebigkeit und die steigende Produktivität wesentlich dem Verbraucher zugute kommen lässt. Dieses Ziel wird vornehmlich durch den freien Leistungswettbewerb erreicht, der die Gewinnung erhöhter Erträge oder sogar Renten verhindert und die Dynamik der Wirtschaft in Gang hält. (Die Ziele des Gesetzes gegen Wettbewerbsbeschränkungen, Rede vor dem Deutschen Bundestag, 24. März 1955; in: DW, S. 272)

Geschichtlicher Irrtum

Es muss als ein fast tragischer geschichtlicher Irrtum bezeichnet werden, wenn von sozialistischer Seite gegen das Walten der Konkurrenz Stellung genommen wird, deren künstliche Unterbindung das Überhandnehmen von Kartellen und anderen wirtschaftlichen Machtballungen begünstigte, während gerade die Reaktivierung der Konkurrenz vor allen anderen Mitteln geeignet wäre, diese privaten Machtpositionen wieder aufzulösen. Es zeugt nicht gerade von volkswirtschaftlicher Einsicht, wenn es Übung geworden ist, den Kapitalismus durch die beharrliche Ablehnung des marktwirtschaftlichen Konkurrenzprinzips zu bekämpfen. (Sprachverwirrung um die Wirtschaftsordnung, in: Die Neue Zeitung, 23. Juni 1947; in: DW, S. 24)

Freiheit, Wettbewerb und Glück

Freiheit und Glück des deutschen Menschen stehen und fallen mit der Freiheit der Marktwirtschaft, und nur in der von Machtpositionen freien Wirtschaft verwirklicht sich die Forderung nach deren sozialer Fundierung und Ausrichtung. (Kartelle im Blickpunkt der Wirtschaftspolitik, Der Volkswirt, 16. Dezember 1949; in: DW, S. 117)

Wettbewerbspolitik verhindert die Erstarrung des Lebens

Zu jenem Ordnungsrahmen gehört das Prinzip des Wettbewerbs. Es ist nicht lediglich als ein ökonomisch-technisches Organisationsprinzip des Marktgeschehens zu begreifen; Wettbewerbspolitik im weiteren Sinne dient der Durchsetzung gerechter Entscheidungen und verhindert die Erstarrung des Lebens in vorgefassten ideologischen Normen oder gesellschaftlichen Zuständen. (Politik der Mitte und Verständigung, Regierungserklärung, 18. Oktober 1963, GJ, S. 840)

Falsches Kostenprinzip

Wenn zum Beispiel ein Unternehmer der Meinung ist, dass er im Preise seines Produktes die aufgewendeten Kosten zurückvergütet erhalten müsste, so sind dagegen moralische Bedenken gewiss nicht zu erheben. Eine derartige Vorstellung ist nur mit den inneren Gesetzen einer Marktwirtschaft nicht ein Einklang zu bringen; sie würde auch dem schlechtesten Unternehmer eine Rente garantieren. (WA, Kapitel 7, Die Grundformen wirtschaftlicher Macht, S. 175)

Gemeinwohlbindung auch der Gruppeninteressen

Das Problem der Einordnung der organisierten Gruppeninteressen in das Gesamtgefüge von Volk und Staat ist jedenfalls noch lange nicht befriedigend gelöst. Diese also noch nicht bewältigte Aufgabe verleitete in jüngster Zeit in wachsender Zahl immer mehr Gruppen dazu, der Volkswirtschaft im Ganzen mehr abzuverlangen, als diese zu leisten und zu geben vermag. Alle so erzielten Erfolge erweisen sich schon heute dem Wissenden als Pyrrhussiege. Jeder einzelne Staatsbürger bezahlt sie in Form leicht ansteigender Preise täglich und stündlich buchstäblich in Mark und Pfennig. (WA, 1. Kapitel, Kostspielige Pyrrhussiege, S. 16)

Kartellfrage als Zentralproblem der Wirtschaftsordnung

Der Leser mag spüren, dass es hier um die Grundfragen der Wirtschaftspolitik geht, und dass es sich bei der Auseinandersetzung um die Kartellpolitik nicht um irgendeine beliebige der vielen Streitfragen handelt. Hier ist vielmehr das zentrale Problem unser wirtschaftlichen Ordnung angesprochen. (WA, Kapitel 7, Die Grundformen wirtschaftlicher Macht, S. 174)

Gegen Atomisierung durch Gruppen

Eine Atomisierung der Volkswirtschaft in Gruppeninteressen ist deshalb nicht zu dulden. Wir dürfen nicht den Weg der Auflösung beschreiten, uns nicht von jener allumfassenden wirklichen Ordnung der Wirtschaftsgesellschaft entfernen, die allein die Harmonie des sozialen Lebens eines Volkes zu verbürgen geeignet ist. (Bayerischer Rundfunk, 5. Januar 1954, in: WA, 6. Kapitel, Wirtschaftsminister nicht Interessenvertreter, S. 133)

Notwendige Einordnung in das Ganze

Ich sage nichts gegen die Vertretung von Interessen. Sie ist durchaus legitim, aber legitim eben nur bis zu einem bestimmten Punkt. Die Funktionäre, die Organisationen und Interessenvertretungen haben sich dessen bewusst zu sein, dass sie sich in ein Ganzes einordnen müssen und dass die Rechnung nicht aufgeht, wenn jeder ohne Rücksicht auf den anderen und gefühllos gegen seine Umwelt glaubt, unter Inanspruchnahme von Macht jeweils das erringen zu können, was der Augenblick gerade hergibt ... Ich bin sehr für Wettbewerb, aber ich meine dabei nicht den Wettbewerb, mit den Mitteln der Macht für sich und seine Gruppe das herauszuschlagen, was eben nur die Macht erzwingen kann. Das ist ja auch der tiefere Sinn unseres Kartellgesetzes, dass die Macht eingespannt sein muss in einen Ordnungsrahmen und so auch der Wettbewerb, dass er sich in den Bahnen menschlicher Gesittung vollzieht. (Freiheit und Verantwortung, Ansprache vor dem Evangelischen Arbeitskreis der CDU, Hamburg, 2. Juni 1961; in: DW, S. 593)

Vor dem Gruppeninteresse steht die Staatsräson

Vor dem Gruppeninteresse steht die Staatsräson und die Verpflichtung jeder Regierung, Schaden vom Volke abzuwenden. Dabei ist grundsätzlich kein Unterschied zu machen zwischen Gewerkschaften, die angesichts der Verknappung des Arbeitsmarktes ihre Machtposition ausspielen – hier folgen sie, die Marktwirtschaft zwar immer mehr als untauglich hinstellend, den Prinzipien einer liberalen Wirtschaft manchesterlicher Prägung –, und den Unternehmern, die, noch im Besitz dicker Auftragsbücher, gute Geschäfte nicht preisgeben wollen und, nur den Augenblick bedenkend, trotz aller Gegensätzlichkeit, aber immer aus eigener Interessenlage heraus, faktisch mit den Gewerkschaften nur allzu leicht eine Einheit bilden. (Lehren der Geschichte, Ansprache auf dem 11. CDU-Bundesparteitag in Dortmund, 4. Juni 1962, GJ, S. 755)

Massstäbe für Begünstigung von Gruppen?

Diese Ablehnung der Gruppenanliegen beruht auf meiner Überzeugung, dass es unter wirtschafts- und auch staatspolitischen Gesichtspunkten für den Staat schlechterdings nicht möglich ist, nach einem punktierten Vorgehen da und dort etwas mehr oder etwas weniger an Gaben und Gnaden auszuteilen. Bei einem derartigen Verfahren kommen der Staat und insbesondere der Wirtschaftsminister in eine fast unhaltbare Situation. Denn wo sind die Massstäbe, nach denen jemand zu sagen vermöchte: Dieser und nicht jener Zweig, diese Gruppe oder dieser Berufsstand soll vom Staat nach dieser Richtung hin bevorzugt werden, andere aber sollen oder müssen aus – ja, aus welchen Gründen eigentlich! – dagegen zurückstehen. Ein so gestaltetes Verhalten ist grundsätzlich falsch. (6. Handwerksmesse München, 12. Mai 1954; in: WA, 6. Kapitel, Gefährliche Sonderinteressen, S. 141 f.)

Kartelle als Spielart kollektivistischen Geistes

Kartelle sind in einer Marktwirtschaft nach der inneren Logik dieses Systems artwidrige Fremdkörper. Wer den staatlichen Dirigismus als Lenkungsinstrument im wirtschaftlichen Leben ablehnt, kann nicht zugleich die kollektive Steuerung der Wirtschaft durch Kartelle gutheissen oder gar als nützlich und notwendig erachten. Wer im Kollektivismus politische, soziale und gesellschaftswirtschaftliche Gefahren erblickt, kann nicht gleichzeitig Kartelle als eine besondere Spielart kollektivistischen Geistes verteidigen wollen. (Die Ziele des Gesetzes gegen Wettbewerbsbeschränkungen, Rede vor dem Deutschen Bundestag, 24. März 1955; in: DW, S. 268)

In einem demokratischen Staat darf neben verfassungsmässigen Kräften kein verfassungswidriger Einfluss auf die Politik eingeräumt werden. Diese Aussage richtet sich keineswegs gegen die Verbände an sich, um deren Unentbehrlichkeit ich trotz mancher kritischer Anmerkung wohl weiss. Sie sollen gehört werden, aber sie dürfen nicht regieren. (Lehren der Geschichte, Ansprache auf dem 11. CDU-Bundesparteitag in Dortmund, 4. Juni 1962, GJ, S. 756 f.)

Grenzen der Interessenvertretung

… wenn ich zum Beispiel das Vergnügen habe, mich mit den Vertretern der verschiedenen Gruppen auseinanderzusetzen, dann spüre ich wenig von dieser Verantwortung … Ich sage nichts gegen die Vertretung von Interessen. Sie ist durchaus legitim, aber legitim eben nur bis zu einem bestimmten Punkt. Die Funktionäre, die

Organisationen und Interessenvertretungen haben sich dessen bewusst zu sein, dass sie sich in ein Ganzes einordnen müssen und dass die Rechnung nicht aufgeht, wenn jeder ohne Rücksicht auf den anderen und gefühllos gegen seine Umwelt glaubt, unter Inanspruchnahme von Macht jeweils das erringen zu können, was der Augenblick gerade hergibt ... (Albrecht Düren zitiert Erhard – 2. Juni 1961, Rede vor dem 9. Bundestag des Evangelischen Arbeitskreises der CDU – in seinem Beitrag, Ludwig Erhards Verhältnis zu organisierten wirtschaftlichen Interessen, in: Biographie, S. 65 f.)

Sonderinteressen und Interdependenz

Dieses Berücksichtigen von Sonderinteressen, das Nachgeben gegenüber einzelnen Forderungen bestimmter Wirtschaftskreise verbietet sich auch wegen der Interdependenz allen wirtschaftlichen Geschehens. Jede einzelne Massnahme in der Volkswirtschaft hat Fernwirkungen auch in Bereichen, die von den Aktionen gar nicht betroffen werden sollen, ja, von denen niemand bei flüchtiger Beobachtung glauben möchte, dass sie von den Ausstrahlungen berührt werden. (WA, 6. Kapital, Gefährliche Sonderinteressen, S. 143)

Auch gegen unternehmerische Planwirtschaft

Ich erblicke in der Entfaltung des Wettbewerbs die beste Gewähr sowohl für eine fortdauernde Leistungsverbesserung als auch für eine gerechte Verteilung des Volkseinkommens bzw. des Sozialprodukts. Im Interesse einer wirklich «sozialen» Marktwirtschaft kann ich auf diesen Motor einer gesunden ökonomischen Entfaltung unmöglich verzichten ... Die unternehmerische Plan- und Zwangswirtschaft erscheint mir um nichts weniger verwerflich und schädlich als die behördliche Zwangswirtschaft. Sie lässt sich somit auch nicht auf die primitive Formel Kartellfreundlichkeit oder Kartellfeindlichkeit bringen ... In meinen Augen bedeuten all diese Versuche eine Sünde wider den heiligen Geist des Lebens, dessen innerstes Wesen Wandlung, Bewegung und Entfaltung ist und sich deshalb den plumpen Mitteln der planwirtschaftlichen Regulierung und Stabilisierung versagt. (WA, 7. Kapitel, Frühzeitige Ablehnung, S. 162)

Gegen unternehmerische Kartelle

Mit der Ablehnung der staatlichen Planwirtschaft sind zugleich auch alle Formen einer offenen oder versteckten unternehmerischen Planwirtschaft in Kartellen und Monopolen aufzulösen, um einen von wirtschaftlichen Machtpositionen und gesellschaftlichen Privilegien ungehemmten Leistungswettbewerb sicherzustellen. Eine klare Wettbewerbsordnung und eine straffe Kartellaufsicht sind die tragenden Säulen der sozialen Marktwirtschaft. (Wahlaufruf zur ersten Bundestagswahl 1949, Heidenheimer Zeitung, 29. Juli 1949; in: GJ, S. 215)

«Interessenvertreter?»

Ich fühle mich nicht als Interessenvertreter der besitzenden Schichten, insbesondere nicht als Interessenvertreter des Handels und der Industrie – eine solche Annahme wäre völlig irrig. Verantwortlich zu sein für die Wirtschaftspolitik, heisst verantwortlich sein dem ganzen Volk, und ich bin zutiefst überzeugt, dass wir die schweren Probleme, vor denen wir stehen, nur lösen können, wenn es uns gelingt, mit der Marktwirtschaft nicht einzelne Schichten zu begünstigen, sondern der Masse unseres Volkes durch die höchste Anstrengung und durch die immer mehr gesteigerte Leistung den Lebensstandard zu sichern und zu verbessern. Es ist eine Verleumdung, wenn ich als der Mann hingestellt werde, dem es nur darauf ankommt, ganz bestimmte Interessen zu verteidigen. Das Gegenteil ist der Fall. Ich verlange in letzter Konsequenz gerade von den verantwortlichen Unternehmern, die über den Produktions- und Verteilungsapparat der Volkswirtschaft verfügen, die grössten Opfer, die höchste Einsicht und Verantwortung. (Marktwirtschaft im Streit der Meinungen, Rede vor dem 2. Parteikongress der CDU der britischen Zone, Recklinghausen, 28. August 1948; in: DW S. 80)

Nicht Marktversagen, sondern Machtmissbrauch

Nicht die segensreiche Einrichtung des Marktes, sondern der Missbrauch der Macht, dem immer die Ausschaltung des freien Marktes vorausgehen muss, haben es dahin gebracht, dass die ihrer Anpassungsfähigkeit an den gesellschaftlichen Willen beraubte Wirtschaft immer mehr entartete und dann scheinbar nach immer weiteren planwirtschaftlichen Eingriffen verlangte. (Sprachverwirrung um die Wirtschaftsordnung, in: Die Neue Zeitung, 23. Juni 1947; in: DW, S. 24 f.)

Kartelle als Beschränkung der Wettbewerbsfreiheit

Nicht die Form, sondern Funktion und Inhalt sind entscheidend für die Beurteilung sogenannter marktordnender Institutionen und deren Tätigkeit. Bei aller Mannigfaltigkeit der Erscheinungen, der Aufgaben und der Zielsetzungen und trotz der unendlich vielen Nuancierungen und Schattierungen in der praktischen Handhabung der Kartellpolitik kann doch nichts darüber hinwegtäuschen, dass alle Marktabreden, insbesondere auf dem Felde der Preise, in letzter Konsequenz eine irgendwie geartete Beschränkung der Wettbewerbsfreiheit zum Ziele haben. Beschränkung des Wettbewerbs aber ist nicht Selbstzweck, sondern das als geeignet erachtete Mittel zu einer Sicherung des Absatzes, der Stabilisierung der Produktion oder auch der Konservierung eines einmal festgelegten Preisstandards. An Argumenten zur Rechtfertigung solcher Privilegien hat es noch nicht gefehlt. (Kartelle im Blickpunkt der Wirtschaftspolitik, Der Volkswirt, 16. Dezember 1949; in: DW, S. 112, f.)

Inkonsequenz

Wer demnach von Unternehmerseite die gewerkschaftliche Forderung nach Vollbeschäftigung als ökonomisches Prinzip ablehnt und sie mit Recht nicht zum Massstab der Wirtschaftspolitik gesetzt haben will, der denkt und handelt unlogisch, wenn er das Unerreichbare – die Konstanz ökonomischer Daten – durch unternehmerische Kartellpolitik erzwingen zu können glaubt (Kartelle im Blickpunkt der Wirtschaftspolitik, Der Volkswirt, 16. Dezember 1949; in: DW, S. 113)

Standesvertretung und Selbständigkeit

Berufsorganisationen als äussere Vertretung eines Standes entwickeln lebendige Kraft nur dann und nur so lange, als sie die wahre innere Haltung, das Gewissen von Menschen verkörpern, die ihre Selbständigkeit nicht aufgegeben haben und ihr Eigenleben nicht preisgeben wollen – auch nicht zugunsten noch so mächtiger Organisationen. Nie darf sich die Macht der Organisation den Menschen so weit unterordnen, dass die Würde der Persönlichkeit verletzt ist: Dadurch würden tödliche Schläge gegen die Demokratie und gegen die menschliche Freiheit geführt. (Massenmenschen aus eigener Schuld, Der Wähler, 1. Juni 1952; in: GJ, S. 345)

Gegen das Funktionärsunwesen

Das Organisieren-Wollen, die Organisationswut, ist geradezu ein Zeichen unserer Zeit. Die Einzelpersönlichkeiten, die für sich oder kraft ihrer natürlichen Autorität für einen Kreis von Menschen zu sprechen wagen oder zu sprechen berufen wären, werden immer seltener. Stattdessen gibt das Funktionärstum – nein: das Funktionärsunwesen – dem gesellschaftswirtschaftlichen Leben sein Gepräge. Es sind nicht mehr die besseren Argumente, nicht die höhere Moral, nicht die Wahrhaftigkeit, die obsiegen! Nicht die Kraft der Überzeugung will sich durchsetzen, sondern die brutale Macht der Zahl und des Einflusses. Das, was man Demokratisierung der Wirtschaft nennt, ist in Wahrheit die Unterhöhlung der politischen Demokratie. (Massenmenschen aus eigener Schuld, Der Wähler, 1. Juni 1952; in: GJ, S. 344 f.)

Gruppenegoismus

In diesem so deutlich angestossenen Prozess der Überwindung der Klassengegensätze bedeutet es einen Widerspruch in sich selbst, wenn über das ehrliche Wollen der Regierung hinaus dennoch jede einzelne Gruppe sich zu kurz gekommen fühlt und lamentierend einen grösseren Anteil am Kuchen – genannt Sozialprodukt – für sich fordert. Diese Leute glauben wirklich an das «Wirtschaftswunder», das selbst das Unmögliche zu vollbringen vermöchte. (Gestern – Heute – Morgen, Elektrola-Schallplatten, 9. Juni 1961; in: GJ, S. 698)

Gegen die Schacherdemokratie

Demokratie ist kein Ausfeilschen von Interessen und bedeutet mehr als das Mit- und Gegeneinander organisierter Gruppen. Demokratie ist auch nicht das Ringen machtvoller Verbände um die Führung im Staate. (Massenmenschen aus eigener Schuld, Der Wähler, 1. Juni 1952; in: GJ, S. 345)

Kartell: Selbstaufgabe der Unternehmer

Der Versuch, sich durch Kartellvereinbarungen den Schwankungen und Wandlungen des Marktes entziehen und insbesondere durch kollektive Preisbindungen den Marktausgleich verhindern zu wollen, kann nur zur Verhärtung und Vertiefung der Störungen und Spannungen und muss in letzter Konsequenz zur Planwirtschaft führen. Der Unternehmer, der nicht mehr an die Funktionsfähigkeit einer freien Marktwirtschaft glaubt, gibt sich in meinen Augen selbst auf. (Zehn Thesen zur Verteidigung der Kartellverbotsgesetzgebung, Offener Brief an den Präsidenten des Bundesverbandes der deutschen Industrie, Fritz Berg, 10. Juli 1952; in: DW, S. 202 f.)

Unternehmerwürde hängt am Wettbewerb

Wenn der Unternehmer nicht mehr die volkswirtschaftliche Aufgabe erfüllen will, sich im freien Wettbewerb zu messen, wenn eine Ordnung gesetzt wird, die nicht mehr die Kraft, die Phantasie, den Witz, die Tüchtigkeit und den Gestaltungswillen der individuellen Persönlichkeit erfordert, wenn der Tüchtigere nicht mehr über den weniger Tüchtigen obsiegen kann oder obsiegen darf und eine allgemeine Verflachung, eine Abwälzung der Verantwortungen Platz greift sowie das Streben nach Sicherheit und Stabilität eine Mentalität erzeugt, die mit Unternehmergeist nicht mehr in Einklang zu bringen ist, dann wird auch die freie Unternehmungswirtschaft nicht mehr Bestand haben. (Zehn Thesen zur Verteidigung der Kartellverbotsgesetzgebung, Offener Brief an den Präsidenten des Bundesverbandes der deutschen Industrie, Fritz Berg, 10. Juli 1952; in: DW, S. 204)

Fehler der Kartellfreunde

Die Kartellfreunde begehen den grossen Fehler, dass sie die Wirkungen von Kartellmassnahmen immer nur an den privatwirtschaftlichen Folgen der beteiligten Unternehmungen messen, aber dass sie jeder volkswirtschaftlichen Betrachtung geflissentlich ausweichen. (Zehn Thesen zur Verteidigung der Kartellverbotsgesetzgebung, Offener Brief an den Präsidenten des Bundesverbandes der deutschen Industrie, Fritz Berg, 10. Juli 1952; in: DW, S. 205)

Kartelle schaden Mittelstand

Vor allem aber muss der Mittelstand ein geradezu vitales Interesse daran haben, die Volkswirtschaft in ihrer Gesamtheit von Kartellbindungen freizuhalten. Aus solcher Sicht wird es deutlich, dass gerade die sogenannten guten Kartelle, solche nämlich, die funktionieren, es sind, welche die schädlichsten Wirkungen zeitigen. Die nachteiligen Folgen eines Kartells treten nämlich nicht immer im Bereich des gebundenen Sektors selbst auf, sondern meist an einer anderen Stelle der Wirtschaft. (Die Ziele des Gesetzes gegen Wettbewerbsbeschränkungen, Rede vor dem Deutschen Bundestag, 24. März 1955; in: DW, S. 270 f.)

Grenze der Unternehmerfreiheit

Die ungehinderte Entfaltung der unternehmerischen Initiative hat allerdings dort eine Grenze, wo die Rechts- und Lebenssphären anderer Bevölkerungsschichten berührt werden und wo eine wirtschaftliche Position oder gar eine Machtstellung nicht mehr durch individuelle unternehmerische Leistung im Wettbewerb, sondern durch kollektive Absprachen und künstlich gesetzte Machtpositionen errungen werden will. (Die Ziele des Gesetzes gegen Wettbewerbsbeschränkungen, Rede vor dem Deutschen Bundestag, 24. März 1955; in: DW, S. 272)

Kartelle bewahren Rückständigkeit

Was durch Kartelle künstlich geschützt und gesichert werden kann, das sind vor allem unergiebige, unproduktive Arbeitsplätze. Daraus resultiert oft die Gefahr, dass die ganze Volkswirtschaft in einem Leistungsrückstand verharrt, der insbesondere im internationalen Wettbewerb verhängnisvoll werden kann. Eine Politik kann aber nicht sozial genannt werden, die den Fortschritt hemmt und die Errichtung neuer produktiver und sicherer Arbeitsplätze künstlich verhindert. (Die Ziele des Gesetzes gegen Wettbewerbsbeschränkungen, Rede vor dem Deutschen Bundestag, 24. März 1955; in: DW, S. 273)

Wirtschaftspolitik für die Verbraucher

Als Wirtschaftsminister aber habe ich nicht die Interessen gewerblicher Gruppen, sondern das Lebensrecht von 50 Millionen Verbrauchern zu verteidigen. (Die Ziele des Gesetzes gegen Wettbewerbsbeschränkungen, Rede vor dem Deutschen Bundestag, 24. März 1955; in: DW, S. 275)

Eigeninteresse der Funktionäre

Ich möchte sogar das Gegenteil behaupten und es aussprechen, dass das, was die Organisationen für die ihnen angehörenden Personen an Meinung oder Willen zum Ausdruck bringen, mit den individuellen Vorstellungen der «Betroffenen» nur noch in einem sehr übertragenen Sinne übereinstimmt oder ihnen manchmal sogar in der Sache oder in der Form zuwiderläuft. Der schlimmste Fall ist dann der, dass die Funktionäre jener Organisationen ihre eigene Daseinsberechtigung dadurch nachweisen zu müssen glauben, dass sie Missgunst säen, Begehrlichkeit wecken und unrealistische Ziele als erreichbar vorgaukeln, wenn nur die Macht der Organisation gestärkt wird. (Soziale Marktwirtschaft und Materialismus, Sonntagsblatt, 29. Januar 1956; in: DJ, S. 469)

Grenzen der Legitimität der Interessenvertretung

Wenn die Interessenvertretungen ihre Existenzberechtigung dadurch nachweisen wollen, dass sie die Begehrlichkeit nur immer neu und mehr wecken, um damit ihre Daseinsberechtigung unter Beweis zu stellen, dann sind sie fehl am Platze – dann haben sie vom Sittlichen her ihre Aufgabe verfehlt. (Das Handwerk hat Zukunft, Ansprache zum 60-jährigen Bestehen der Handwerkskammer Köln, 2. Juli 1960; in: DW, S. 496)

Blosse «Macht» zu unterscheiden von «Stärke»

Die blosse Macht indessen hat immer etwas Aggressives, etwas Zerstörerisches an sich. Wenn Macht immer wieder nur anderer Macht begegnet, dann wird unter Umständen durch solchen Aufeinanderprall die Welt noch einmal ins Unheil gestürzt werden. Ich glaube, dass Macht und Stärke nicht ein Gleiches bedeuten. Macht ist das nach aussen Gerichtete, Stärke ist die innere Festigkeit, die innere Bereitschaft, die Entschlossenheit, sowohl im Seelischen wie auch im Materiellen bereit zu sein. An der Stärke wird sich die blosse Macht brechen. Macht allein gegen Macht eingesetzt kann nur allzu leicht verderblich werden. (Freiheit und Verantwortung, Ansprache vor dem Evangelischen Arbeitskreis der CDU, Hamburg, 2. Juni 1961; in: DW, S. 594)

Unternehmer oder Funktionär?

Der Unternehmer kann nur solange seine Daseinsberechtigung erweisen, als er die Funktion eines freien Unternehmers mit allen Chancen, aber auch mit allen Risiken zu erfüllen bereit ist. Nur solange ist er unersetzlich und unangreifbar, als er gewillt ist, sich auf dem freien Markt im freien Wettbewerb zu bewähren. Sobald jedoch der Unternehmer in Form kollektiver Vereinbarungen das Wagnis abzuschwächen versucht oder es gar völlig beseitigen möchte, d.h. also wenn er die eigentlichen unternehmerischen Entscheidungen von der Betriebsebene über Kartelle auf die Branchen- oder Verbandsebene verlagert wissen möchte, dann wird man nach meiner Überzeugung die Mitbestimmungsforderungen nicht länger und auch nicht mit innerer Berechtigung und Überzeugungskraft abwehren können.

Durch Kartellbildungen beraubt sich der Unternehmer seiner ureigensten Funktionen; er wird schliesslich der Sache nach ein Funktionär, aber damit auch ersetzlich. In dem gleichen Augenblick, da unternehmerische Verantwortung abgewälzt und das Schicksal eines Betriebes mit demjenigen seiner Belegschaft von kollektiven Entscheidungen abhängig gemacht wird, muss sich auch die Einstellung der Öffentlichkeit zum Unternehmer grundsätzlich wandeln. (WA, 7. Kapitel, Unersetzliches Barometer, S. 181 f.)

Unternehmerwirtschaft heisst Wettbewerb

Freie Wirtschaft ist in meinen Augen gleichbedeutend mit freier Unternehmungswirtschaft. Die Unternehmer wissen nicht, was sie tun, sie gebärden sich wie Flagellanten, wenn sie das System der Wettbewerbswirtschaft befehden. (WA, 7. Kapitel, Alle müssen am Erfolg teilhaben, S. 170)

Verbraucher sollen entscheiden

Nach meiner Auffassung beinhaltet die Soziale Marktwirtschaft eben nicht die Freiheit der Unternehmer, durch Kartellabmachungen die Konkurrenz auszuschalten; sie beinhaltet vielmehr die Verpflichtung, sich durch eigene Leistung im Wettbewerb mit dem Konkurrenten die Gunst des Verbrauchers zu verdienen. Nicht der Staat hat darüber zu entscheiden, wer im Markt obsiegen soll, aber auch nicht eine unternehmerische Organisation wie ein Kartell, sondern ausschliesslich der Verbraucher. Qualität und Preis bestimmen Art und Richtung der Produktion, und nur nach diesen Kriterien vollzieht sich auf der privatwirtschaftlichen Ebene die Auslese. (WA, 7. Kapitel, Das Geheimnis der Marktwirtschaft, S. 171 f.)

Freiheit als Prinzip

In dieser Sicht ist die Freiheit ein staatsbürgerliches Recht, das von niemandem ausser Kraft gesetzt werden darf. Die von den Kartellfreunden geforderte Freiheit ist nicht der Freiheitsbegriff, den ich im Interesse des Fortbestehens freier Unternehmer als verpflichtend vorangestellt wissen möchte. Wer das Wort Freiheit im Munde führt, muss es damit auch ehrlich meinen. Die Freiheit – ich wiederhole es – ist und bleibt ein Ganzes und Unteilbares. Sie darf nicht nach Zweckmässigkeitsgründen verteidigt oder verworfen werden. (WA, 7. Kapitel, Das Geheimnis der Marktwirtschaft, S. 171 f.)

Legitimation des freien Unternehmers

Der Unternehmer ist unangreifbar, wenn ein freier Leistungswettbewerb die Funktion des freien Unternehmers tatsächlich unentbehrlich macht, und wenn über den Leistungswettbewerb und den sich vollziehenden Fortschritt ein Preis zustande kommt, der dem Verbraucher optimale Lebensmöglichkeiten eröffnet. Die Mentalität des Verbrauchers gegenüber unserer Wirtschaftsordnung wird sich immer mehr zum Positiven wandeln, wenn der Staatsbürger die Gewissheit haben kann, dass er über den freien Markt sein Schicksal selbst bestimmt, und er nicht anonymen wirtschaftlichen Kräften und Mächten ausgesetzt ist. (WA, Kapitel 7, Grundsatzstreit geht am Kern vorbei, S. 178 f.)

Keine Garantiepreise

Indirekt besagt das dann natürlich, dass dem Unternehmer keine Garantie zuerkannt werden darf, seine Kosten im Preis zurückerstattet zu erhalten. Wenn sich ein Kartell auf derart gefährliche moralische Thesen stützen wollte, dann ergäbe sich daraus die zwingende Konsequenz, dass der Unternehmer keine Daseinsberechtigung mehr geltend machen kann; dann ist seine Aufgabe als eine nur noch technische und verwaltungsmässige auch von jedem geschulten Funktionär zu besorgen. Dann steht ihm füglich auch nicht länger ein Unternehmergewinn zu. (WA, 7. Kapitel, Unersetzliches Barometer, S. 180 f.)

Kartelle und internationaler Wettbewerb

Was durch Kartelle künstlich geschützt und gesichert werden kann, das sind im günstigsten Falle unergiebige, unproduktive Arbeitsplätze mit der daraus resultierenden Gefahr, dass die ganze Volkswirtschaft in einem Leistungsrückstand verharrt, der in einer im internationalen Wettbewerb stehenden Welt auf die Dauer geradezu verhängnisvoll werden muss, – auch wenn man angesichts unserer gegenwärtigen Exportüberschüsse derartige Gefahren geringschätzen will. Eine solche Politik kann nicht sozial genannt werden, weil sie den Fortschritt hemmt und damit die Errichtung neuer, produktiver und sicherer Arbeitsplätze verhindert. (WA, 7. Kapitel, Kartelle zur Überwindung von Krisen, S. 185)

Kartelle und Arbeitslosigkeit

In keiner Zeit der deutschen Wirtschaftsgeschichte hat es denn auch so viele Arbeitslose gegeben als in jener Phase, da das Kartellwesen am üppigsten blühte. Immer aber müssen Kartelle mit einem geringeren Lebensstandard bezahlt werden. (WA, 7. Kapitel, Kartelle zur Überwindung von Krisen, S. 185 f.)

Unternehmergeist widerspricht Stabilitätsstreben

Wenn der Unternehmer nicht mehr die volkswirtschaftliche Aufgabe erfüllen will, sich im freien Wettbewerb zu messen, – wenn eine Ordnung gesetzt wird, die nicht mehr die Kraft, die Phantasie, den Witz, die Tüchtigkeit und den Gestaltungswillen der individuellen Persönlichkeit erfordert, wenn der Tüchtigere nicht mehr über den weniger Tüchtigen obsiegen kann und obsiegen darf, dann wird auch die freie Unternehmungswirtschaft nicht mehr lange Bestand haben. Es würde eine allgemeine Verflachung, eine Abwälzung der Verantwortungen Platz greifen; das Streben nach Sicherheit und Stabilität müsste eine Mentalität erzeugen, die mit echtem Unternehmergeist nicht mehr in Einklang zu bringen ist. (WA, 7. Kapitel, Ein Wort an die Unternehmer, S. 190 f.)

Revolution von 1918 ohne Ordnungskonzept

Was als Revolution gedacht war, versandete in pragmatischen Einzelmassnahmen und entbehrte einer systematischen Grundanlage. Etwas Neues wurde nicht geboren und passte wohl auch noch nicht in das Gesellschaftsbild jener Zeit. Die Kartelle feierten fröhliche Urstände, und das Denken in nationalwirtschaftlichen Vorstellungen überdeckte die Erkenntnis von der auch damals schon vorgegebenen schicksalhaften Gemeinschaft der Völker. (Gestern – Heute – Morgen, Elektrola-Schallplatten, 9. Juni 1961; in: GJ, S. 689)

Rückblick auf die Kartellierungsperiode

Anstatt der Freizügigkeit auf der ganzen Linie Raum zu geben, die Kartelle aufzulösen und den Abtausch des Sozialproduktes auf der ganzen Breite einer von Bindungen freien Volkswirtschaft zu besorgen, ist man zunehmend dazu übergegangen, die von der Absatznot bedrohten Industriezweige zu deren vermeintlichem Schutz ebenfalls zu kartellieren – mit der Wirkung, dass wir in jenen unglücklichen 30er Jahren in Deutschland über rund 2500 Kartelle verfügten und dass uns diese Erstarrung in eine ausweglose Krise mit ihren Millionen-Arbeitslosen-Heeren verstrickte (Kartelle im Blickpunkt der Wirtschaftspolitik, Der Volkswirt, 16. Dezember 1949; in: DW, S. 116)

Kartellgesetz als «wirtschaftliches Grundgesetz»

Es bedeutet wirklich keine Übertreibung, wenn ich behaupte, dass ein auf Verbot gegründetes Kartellgesetz als das unentbehrliche «wirtschaftliche Grundgesetz» zu gelten hat. Versagt der Staat auf diesem Felde, dann ist es auch bald um die «Soziale Marktwirtschaft» geschehen. Dieses hier verkündete Prinzip zwingt dazu, keinem Staatsbürger die Macht einzuräumen, die individuelle Freiheit unterdrücken oder sie namens einer falsch verstandenen Freiheit einschränken zu dürfen. «Wohlstand für alle» und «Wohlstand durch Wettbewerb» gehören untrennbar zusammen; das erste

Postulat kennzeichnet das Ziel, das zweite den Weg, der zu diesem Ziel führt. (WA, 1. Kapitel, Konjunkturzyklus überwunden, S. 9)

Gegen Missbrauchsgesetzgebung

Ich habe immer wiederholt, dass der Vorschlag für eine Missbrauchsgesetzgebung der volkswirtschaftlichen Problematik gar nicht gerecht werden kann, weil ich keinem Kartell und keinem daran beteiligten Unternehmer die Absicht des Missbrauchs unterstelle und weil z. B. beim Preiskartell jegliche Massstäbe fehlen, um überhaupt einen Missbrauch zu statuieren. Wer dazu fähig zu sein glaubt, müsste von der Vorstellung ausgehen, dass der Unternehmer unter allen Umständen Anspruch auf Kostendeckung hätte bzw. dass man volkswirtschaftlich einen «gerechten Preis» errechnen könnte. Demgemäss frage ich, was eigentlich noch alles passieren muss, um diesen blühenden Unsinn endlich aus der Diskussion zu bringen. (Soziologie des Kartellproblems, Deutsches Monatsblatt, 15. Februar 1954; in: GJ, S. 393)

Kriterien des «Missbrauchs»?

Viel wichtiger aber ist, dass eine Missbrauchsgesetzgebung am Kern des Problems völlig vorbeigeht und gegen das Überhandnehmen von Kartellen überhaupt keine Handhabe bietet. Wenn wir von kriminellen und moralischen Vergehen absehen, die auf andere Weise geahndet werden müssen, möchte ich fragen, wo nach Meinung der Anhänger dieses Prinzips der Missbrauch beginnen und enden soll und welches überhaupt die Kriterien des Missbrauchs sind. (Die Ziele des Gesetzes gegen Wettbewerbsbeschränkungen, Rede vor dem Deutschen Bundestag, 24. März 1955; in: DW, S. 269)

«Missbrauch» liegt bereits in der Existenz von Kartellen

Der Missbrauch liegt bei dieser Betrachtung nicht in dem Handeln und Verhalten der Kartelle, sondern er liegt bereits in ihrer Existenz und beruht darauf, dass mit der Einrichtung des Kartells der Wettbewerb eingeschränkt oder unterbunden, dass mit der Preisbindung aber die volkswirtschaftliche Funktion des Preises ausser Kraft gesetzt und die Volkswirtschaft ihres unentbehrlichen Steuerungsmittels beraubt wird. (Die Ziele des Gesetzes gegen Wettbewerbsbeschränkungen, Rede vor dem Deutschen Bundestag, 24. März 1955; in: DW, S. 269 f.)

Ausnahmen?

Ich bin auch nicht dogmatisch genug, um nicht einzusehen, dass es Situationen geben mag, in denen das generelle Kartellverbot einmal eine Modifizierung erfahren sollte, vielleicht sogar müsste. Es ist ja auch sehr wohl möglich, in Einzelfällen gewisse Beschränkungen oder auch Lockerungen des Kartellverbots Platz greifen zu lassen. Wer sich indessen über das «Denkmodell» des vollkommenen Wettbewerbs glaubt lustig machen zu sollen, verrät damit nur seine eigene geistige Unzulänglichkeit. (WA, 7. Kapitel, Ausnahmen möglich und notwendig, S. 176)

Preisbindung ist unsozial

Der Staat, der entgegen den marktwirtschaftlichen Gegebenheiten durch willkürliche und künstliche Preisbindungen die soziale Ordnung und Ruhe gewährleisten zu können glaubt, handelt in Wahrheit unsozial, weil er sich mit entsprechenden Rechtsanordnungen juristische Deckung für Ereignisse und Entwicklungen verschafft, die durch Diktat zu beeinflussen, wie z. B. jetzt, gar nicht in seiner Macht liegen.

Diese allzu bequeme Besänftigung des sozialen Gewissens ist umso unwahrhaftiger, als wir aus bitterer und reicher Erfahrung nur allzu gut wissen, dass das durch künstliche Preismanipulation gestörte Gleichgewicht der Wirtschaft nicht nur die gesellschaftswirtschaftliche Ordnung sprengt, sondern fast naturnotwendig zur moralischen Verwilderung und dazu noch zu einem Leistungsverfall führt, der das soziale Übel, das die Planwirtschaft heilen sollte, nur noch immer schlimmer werden lässt. (Kühle Köpfe – Starke Herzen, Rede auf dem 1. Bundesparteitag der CDU, Goslar, 22. Oktober 1950; in: DW, S. 141)

7. Missverständnisse von «Ordnung»

Schamloser Missbrauch des Begriffs Ordnung

Erinnern wir uns noch jener trüben Zeit, da die Deutschen innerhalb ihrer Grenzen wie in einem Zuchthaus eingesperrt waren, aus dem sich nur für einzelne gesinnungstreue Privilegierte da und dort einmal die Tore öffneten, während sich heute jährlich viele Millionen deutsche Staatsbürger im Besitz einer harten Währung fast ohne Formalität in der ganzen freien Welt frei bewegen können. Das war jene Zeit, in der die Freiheit nicht nur gewaltsam unterdrückt wurde, sondern auch der Sinn für das innerste Wesen der Freiheit immer mehr verloren ging, und ein Zwangsstaat, um einen Bankrott zu überdecken, in allen Lebensbereichen unter schamlosem Missbrauch des Begriffs «Ordnung» die letzten freiheitlichen Regungen individueller und menschlicher Lebensführung erstickte. Angefangen von der Devisenzwangswirtschaft und der staatlichen Kontrolle des Aussenhandels mit allen Spielarten der Wettbewerbsverfälschung hin zu Verwendungsverboten und Produktionsauflagen bis zur Rationierung und zum Bezugschein – ja bis zu Hunger und Elend – kam dieser Fluch immer unter dem Namen «Ordnung» über uns. Das Ende jeder menschlichen Freiheit hiess «Ordnung». Dessen sollte das deutsche Volk in aller Zukunft eingedenk bleiben und all dem mit Misstrauen begegnen, was ihm unter dem Deckmantel vermeintlich notwendiger Ordnung trotz so bitterer Erfahrung doch immer wieder schmackhaft gemacht werden will. Ich habe schon Recht, wenn ich sage, dass, wenn Ordnungen gefordert werden, ich immer eines Attentats auf die Freiheit gewärtig bin. (Gestern – Heute – Morgen, Elektrola-Schallplatten, 9. Juni 1961; in: GJ, S. 693 f.)

Gegen Markt- und Berufsordnung

Es entspricht dem Zeitgeist, wenn heute die Durchsetzung von Gruppeninteressen und Sonderwünschen oder das Verlangen nach stärkerem Wettbewerbsschutz immer mit dem Hinweis auf die Notwendigkeit einer Ordnung vertreten wird, obwohl Teilregelungen dieser Art das Gefüge der umfassenden Ordnung sprengen und in die Atomisierung und Isolierung treiben müssen. Demgegenüber erkläre ich, dass es in einem geordneten Staat nur eine Ordnung geben kann: Das ist die gesellschaftliche Ordnung als

Ganzheit. Die Zerklüftung und Zerrissenheit einer Gesellschaft wird sich umso stärker ausprägen, je mehr diese in sogenannte Teilordnungen aufgegliedert ist. Der staatliche Dirigismus und Kollektivismus werden umso üppiger gedeihen, je mehr aus diesem Grunde ein Zwang vorliegt, das Getrennte mit künstlichen Mitteln wieder zu einem Ganzen zusammenzufügen. Wo Marktordnungen und Berufsordnungen überhandnehmen, da wuchert der Egoismus. Wo alle Gruppen einen besonderen Schutz und mehr Sicherheit haben wollen, werden die Menschen immer unfreier werden und immer mehr an echter Sicherheit verlieren. Es kann auch kein Zweifel bestehen, dass dann die jeweils erstrebten Vorteile nur zu Lasten anderer zu erringen sind. (Die Ziele des Gesetzes gegen Wettbewerbsbeschränkungen, Rede vor dem Deutschen Bundestag, 24. März 1955; in: DW, S. 274)

Pseudobegriffe von Ordnung und Gerechtigkeit

Tun diese Ordnungs- und Gerechtigkeitsbeflissenen dem Menschen nicht Gewalt an, geben sie ihm nicht Steine statt Brot, wenn sie nur einen Wert – den materialistischen – gelten lassen möchten? Will der auf eigener Scholle lebende Bauer oder der mit seiner handwerklichen Arbeit verbundene Meister nicht mehr und nichts anderes als gleiche Entlohnung mit vergleichbarer Tätigkeit finden? Wäre das das Maß aller Dinge, dann wären wir wirklich dazu verurteilt, in einen öden Rationalismus zu treiben, in dem viele geistig-seelisch-kulturelle Werte zwangsläufig untergehen müssten. Dann würden wir mit zunehmendem Reichtum immer ärmer werden, dann gerieten wir in die Ordnung eines Termitenstaates, der in rationalistischer Perfektion nur noch Arbeitstiere kennt. (Gestern – Heute – Morgen, Elektrola-Schallplatten, 9. Juni 1961; in: GJ, S. 701)

Spontane Ordnung statt Reglementierung

Das scheint denn überhaupt ein Zeichen unserer Zeit zu sein, weniger in «Ordnungen» als in «Reglementierungen» zu denken. Das manifestiert sich äusserlich in der Errichtung von immer neuen Institutionen sowohl auf nationaler als auch auf internationaler Ebene. Der Versuch, durch immer umfassenderes Eingreifen des Staates oder von Kollektivgebilden das gesellschaftswirtschaftliche und soziale Leben bis zum Ausgleich auch der kleinsten «Ungerechtigkeiten» perfektionieren zu wollen, führt nur zu leicht von einer natürlichen Ordnung fort. Der Satz, dass diejenigen die Welt zur Hölle werden liessen, die sie zu ihrem Himmel erheben wollten, schliesst zweifellos viel Wahrheit ein. Und wer dürfte sich auch anmassen zu wissen, was «gerecht» oder auch «sozial» ist. Unsere heutige Gesellschaft, die sich so gern modern geriert, ist fortdauernd am Werk, Gott – oder wenn Sie so wollen – die Schöpfung korrigieren zu wollen (Das Ordnungsdenken in der Marktwirtschaft, Festschrift zum 90. Geburtstag von Ludwig von Mises, 1971, GJ, S. 1046 f.)

Erlahmen in «Ordnungen»

Wenn ich mich deshalb gegenüber all diesen sogenannten «Ordnungsbestrebungen» ausserordentlich skeptisch verhalte, so deshalb, weil ich mich immer bemühe, hinter die Tünche jener vermeintlichen «Ordnungen» zu blicken. Wenn man die Hintergründe erhellt, dann bleibt davon in der Regel nichts anderes übrig als der Wille der Beteiligten, es sich etwas bequemer machen zu wollen, als der Versuch, der Härte des Wettbewerbs zu entfliehen und für die eigene Gruppe einen grösseren Teil des volkswirtschaftlichen Ertrags zu erringen, als ihr nach Massgabe ihrer volkswirtschaftlichen Leistung zusteht … Es soll mit Hilfe dieser märchenhaften Ordnungen … ein grösserer Ertrag herauskommen. Man kann indessen an solche Ordnungen alle möglichen Anforderungen stellen, ganz bestimmt aber nicht die, dass es bei sinkender Leistung, geringerer Anstrengung und einem erlahmenden Zwang, immer Besseres zu vollbringen, gleichzeitig jedem Einzelnen immer besser ergehen könnte.

Aus dieser Schau musste ich am 2. Mai 1955 vor den Kaufleuten der Mittel- und Grossbetriebe des Einzelhandels erklären: Das ist Hokuspokus, und ein Wirtschaftsminister, der diese gefährliche Entwicklung auch nur tolerieren wollte, würde in gröblicher Weise seine Pflicht verletzen. (WA, 6. Kapitel, Das Märchen von den guten Ordnungen, S. 144)

Auf dem Weg zum Ständestaat

Manchmal habe ich dabei den Eindruck gewonnen, dass wir uns auf dem besten Wege befinden, wieder ein Ständestaat mit zünftlerischer Ordnung zu werden. Niemand darf es mir verargen, wenn ich mich gegen derartige Tendenzen mit aller Entschiedenheit zur Wehr setze. Diesen Weg zu gehen, wäre für Westdeutschland geradezu verhängnisvoll. Was uns in der Welt Geltung verschafft hat, ist doch gerade die Dynamik, die wir entfacht haben, der Expansionswille, der Mut zum Leistungswettbewerb und zur Eigenverantwortung des tätigen Menschen schlechthin. (WA, 6. Kapital, Gefährliche Sonderinteressen, S. 143)

Missbrauch von Sammelbegriffen

Es ist ja überhaupt eine typische Unsitte unserer Zeit, nur noch in Sammelbegriffen zu denken und sogar zu sprechen. Ist es nicht geradezu erschreckend, wenn von seiten der Berufsstände immer nur eine Meinung zum Ausdruck gebracht wird, immer das Absolute gefordert wird. Diese Enge erweist sich als durchaus unfruchtbar, sie führt notwendig zur Sterilität. So wird mir z. B. die Auffassung der Wirtschaft, der Industrie, des Handels usf. vorgetragen. Wer ist denn – so frage ich – die Wirtschaft, die Industrie, der Handel? Lassen sich die Meinungen der Gruppenzugehörigen denn wirklich so weit kollektivieren und so weit reduzieren, dass jemand berechtigterweise im Singular sprechen dürfte? (WA, 8. Kapitel, Um die Zukunft der Demokratie, S. 194)

Der Geist der «Privilegierten»

Die Privilegierten, die drinnen sitzen, wollen allen anderen, die hereinwollen, das Leben sauer machen. Frage ich nach dem Geist, der hinter all diesen Bemühungen steht, dann bin ich zu harter Antwort genötigt: Es ist der pure Egoismus und nichts anderes, der versucht, solche Forderungen mit gesellschaftswirtschaftlichen Idealen und ethischen Prinzipien zu verbrämen. Tatsächlich möchte man sich abschirmen, Zäune um Berufe ziehen, man möchte abwehren, möchte schützen, Positionen mit künstlichen Mitteln bewahren. (WA, 6. Kapitel, Vom Bürger zum Untertan, S. 146 f.)

Auch gegen den Schutz von Berufsbezeichnungen

Hierzu gehören – um mit dem Einfachsten zu beginnen – die Bemühungen, Berufsbezeichnungen gesetzlich schützen zu wollen. Gegenüber diesen Bestrebungen kann ich nur fragen: Ist denn nur der Titel und der Rang die Dokumentation, was einer ist und was er kann, oder erkennt man es aus der Arbeit, aus der Leistung, aus der Persönlichkeit? Braucht man wirklich Berufsbezeichnungen, um einen Beruf ausüben zu können? (WA, 6. Kapitel, Vom Bürger zum Untertan, S. 146)

Zuverlässigkeitsprüfungen der Pharisäer

Wenn gar die Forderung nach der sogenannten persönlichen Zuverlässigkeit laut wird – und schon sind wieder Zeichen solchen Pharisäertums erkennbar –, dann ist wohl die Fragestellung berechtigt, welche Berufszweige denn für derart Diskriminierte offenbleiben sollen. Müssen dann von Staats wegen Berufszweige für «nicht zuverlässige Personen» geschaffen werden oder werden die Berufsgruppen nach dieser Wertung katalogisiert? Man kann sich nur empört von solchem Muckertum abkehren. (WA, 6. Kapitel, Vom Bürger zum Untertan, S. 147)

«Berufsgesetz» für den Handel?

Wenn mein Ministerium hier nicht zähen Widerstand geleistet hätte, würden wir ohne Zweifel längst ein Berufsgesetz haben, das den Handel in Dutzende von Branchen aufgesplittert hätte, wobei überdies der Zugang zu jeder einzelnen dieser Branchen bzw. auch der Übergang von der einen in die andere durch die Hürde einer besonderen Fachkunde geschützt worden wäre. (WA, 6. Kapitel, Auseinandersetzung mit dem Handel, S. 148)

In der Höhle des Löwen

Da ist das Kartellgesetz, da ist das Berufsordnungsstreben, da ist das Verlangen von Schutz nach Berufsbezeichnungen, da ist die Zwangsversorgungs- oder Zwangsversicherungsidee bei freien Berufen, da ist das Ladenzeitengesetz. Ja, meine Damen und Herren, ist da wirklich jemand da, der noch zu behaupten wagt, dass alle diese Gesetze in letzter Konsequenz nicht naturnotwendig zu

einer Minderung der persönlichen Verantwortung, zu einer Ein-
dämmung der individuellen Risikobereitschaft, zu einem Erlahmen
der Antriebskräfte und des Fortschrittswillens führen würden? Ich
werde mich querlegen bis zum Äussersten; ich werde ganz
bestimmt die ganze deutsche Öffentlichkeit, eben diese fünfzig
Millionen Verbraucher, mobilisieren und ihnen vor Augen führen,
welches Spiel hier gespielt werden soll. (Mitgliederversammlung
der Bundesarbeitsgemeinschaft der Mittel- und Grossbetriebe des
Einzelhandels, Köln, 2. Mai 1955, Ludwig-Erhard-Archiv)

8. Erhard als Freund des Mittelstandes

Was den Mittelstand auszeichnen sollte

Ich kann den Mittelstand nicht anders verstehen – und nur auf
dieser Grundlage bekenne ich mich zum Mittelstand –, als dass er
diejenige Schicht von Menschen umfasst und umfassen will, die
aus eigner Verantwortung und jeder für sich selbst kraft eigener
Leistung seine Existenz sicherzustellen bereit ist. Die «Qualitäten»,
die der Mittelstand als Wert herausstellen muss, sind: Die Selbstver-
antwortlichkeit für das eigene Schicksal, die Selbständigkeit der
Existenz, der Mut, aus eigener Leistung zu bestehen und sich in
einer freien Gesellschaft, einer freien Welt behaupten zu wollen.

Alles, was Sie von dieser Freiheit, von diesem Mut zum Leben, von
dem Wert der Selbständigkeit und der Individualität der Leistung
wegnehmen, wird nicht zu einer Stütze für den Mittelstand, sondern zu einem Schlag gegen den Mittelstand. Wenn gerade in diesen Schichten unseres Volkes der Mut, aus eigener Kraft bestehen
zu wollen, durch die eigene Leistung sich zu bewahren, verloren
geht, dann bleibt von dem Mittelstand wirklich nichts anderes
übrig als eine Schicht von Menschen, die Schutz verlangen, um
etwas besser leben zu können als andere. Aber damit wäre auch
der ethische Wert des Mittelstandes verloren gegangen. (6. Handwerksmesse München, 12. Mai 1954; in: WA, 6. Kapitel, Das Märchen von den guten Ordnungen, S. 145)

Diskriminierende Sozialpolitik

Es ist schon ein Unterschied, ob die Arbeitskosten im Kostenge-füge mit 10, 30, 50 oder mit 60 Prozent ins Gewicht fallen. Und darum sage ich immer wieder, obwohl mir das Allheilmittel noch nicht eingefallen ist, dass die Umlegung gewisser sozialer Lasten auf die Lohnkosten ein sehr fragwürdiges Prinzip zu sein scheint. (Das Handwerk hat Zukunft, Ansprache zum 60-jährigen Bestehen der Handwerkskammer Köln, 2. Juli 1960; in: DW, S. 495)

Diskriminierende Tarifpolitik

Soweit gewerkschaftliche Forderungen die Leistungskraft der Volkswirtschaft im ganzen übersteigen, mögen zwar hochrationali-sierte Grossbetriebe dank hoher Produktivität in der Lage sein, derartige Kostenerhöhungen noch abzufangen; ja, man hat den Ein-druck, dass gerade die höchste industrielle Leistung manchen Gewerkschaftsführern zur Orientierung ihrer Lohnbemessung dient.

Was aber folgt daraus? Die in ihrer Produktivität nachgeordneten, das sind im Regelfall mittelständische Unternehmungen, geraten wettbewerbsmässig mit zunehmendem Abstand ins Hintertreffen und liegen am Ende im geschlagenen Felde. Wenn aber die Gross-unternehmungen Preise nehmen, die auch die mittelständische Wirtschaft mitkommen lassen, dann sind die ersteren «Monopolka-pitalisten» und «Schädlinge», denen das Handwerk gelegt werden müsse. Die Rechnung geht einfach nicht auf! (Lehren der Geschichte, Ansprache auf dem 11. CDU-Bundesparteitag in Dort-mund, 4. Juni 1962, GJ, S. 753)

Trick sozialistischer Wirtschaftsmechaniker

Der dann von sozialistischer Seite immer wieder angestellte Ver-such, durch eine sogenannte «Andersverteilung des Sozialpro-dukts» die Wirkungen einer falschen Politik für die Gruppe der Arbeitnehmer nicht spürbar werden zu lassen, den Arbeitgebern hingegen immer höhere Lasten aufzubürden, hat vor allem ange-sichts der breiten mittelständischen Fundierung unserer Wirtschaft mit sozialer Gerechtigkeit nichts mehr zu tun, sondern kann nur noch als eine anarchische, die freie Gesellschaftsordnung zerstörende Politik bezeichnet werden. Mit solchen Tricks sozialistischer Wirtschaftsmechaniker lässt sich eine Volkswirtschaft nicht betrügen. (Wohlstand für Alle!, Rede vor dem 7. Bundesparteitag der CDU, Hamburg, 14. Mai 1957; in: DW, S. 341 f.)

Kollektive Sicherheit mittelstandsfeindlich

Der immer mehr wahrzunehmende Hang und Drang breiter Bevölkerungsschichten nach Schutz in kollektiver Sicherheit ist freiheitlich gesinnten Menschen nicht angeboren, sondern wesentlich Folge einer Entwicklung, die besonders mittelständische Existenzen und freiberuflich Tätige fragen und daran zweifeln lassen, ob angesichts des Geldwertschwundes ihre Lebensarbeit und -leistung zu einer Daseinsfürsorge ausreichen. (Das Ordnungsdenken in der Marktwirtschaft, Festschrift zum 90. Geburtstag von Ludwig von Mises, 1971, GJ, S. 1049)

Kartellpolitik auf Kosten des Mittelstandes

Ihr (der Industriekartelle) Ziel ist, von der vorhandenen Kaufkraftmenge einen grösseren Teil für sich, d. h. für ihr Produkt zu binden, als ihnen in einem freien Markt zukäme. Dies aber hat zur selbstverständlichen Konsequenz, dass das Mehr an Kaufkraft, das bestimmte Gruppen für sich in Anspruch nehmen, an anderer Stelle der Volkswirtschaft fehlen muss. Und sie fehlt genau dort, wo die mittelständischen Existenzen mit Hunderttausenden von kleinen und mittleren Unternehmen am Werk sind. Hier mangelt es an der Kaufkraft, welche die kartellfähigen Industriezweige auf ihre Betriebe gelenkt haben. (WA, Kapitel 7, Das Märchen vom Mittelstandsschutz, S. 187)

Warnung

Wenn die Belastungen des Mittelstandes noch weiter erhöht werden, um vielleicht irgendeinem Phantom sozialer Art nachzujagen, dann wird auch der Mittelstand zerstört. Woher nehmen sie dann die Mittel? Die Frage ist sehr einfach zu beantworten. Entweder der Staat vergrössert seine Schulden, und das bedeutet in letzter Konsequenz Inflation, oder aber wenn ihm dieser Weg verbaut zu sein scheint, dann werden die Steuern noch einmal erhöht. Der Staat kann nichts tun, kann nichts leisten, was nicht aus der Kraft seiner Bürger fliesst. (Rede von Ludwig Erhard beim Empfang des Wirtschaftsrates der CDU in Frankfurt, 17. Februar 1977, in: Erbe, S. 468)

Mehr Selbständigkeit für den «neuen Mittelstand»

Aber von nicht minderer Dringlichkeit scheint es mir zu sein, den Betätigungsmöglichkeiten der formal unselbständigen Angestellten und Arbeiter innerhalb der Grosswirtschaft jenen Spielraum zu geben, der sie an einer freien Gesellschaft teilhaben lässt. Diesen Prozess gilt es aus schon vorhandenen Ansätzen auf breiter Grundlage weiterzuentwickeln und für die Zukunft alle Möglichkeiten innerhalb der Betriebe selbst auszuschöpfen, durch eine sinnvolle Untergliederung bzw. Organisation der Arbeit für Angestellte und auch Arbeiter Gruppierungen und Verantwortungen zu schaffen, durch die der Einzelne zu dem Gefühl relativer, aber doch zunehmender Selbständigkeit gelangen kann. Hier ist die grosse Chance gegeben, in einem modernen Wortsinn einen neuen, echten Mittelstand zu schaffen. (Wirtschaftspolitik als Teil der Gesellschaftspolitik, Rede vor dem 9. Bundesparteitag der CDU, Karlsruhe, 28. April 1960; in: DW, S. 485)

9. Zu den «Sozialpartnern»

Warnung an die Tarifpartner

Was will ich denn? Ich möchte sichergestellt wissen, dass sich das alte Sprichwort «Wer nicht hören will, muss fühlen» am deutschen Volk nicht noch einmal tragisch erfüllt. Das deutsche Volk besteht eben einmal nicht nur aus Tarifpartnern. Und es widerspricht dem inneren Wesen einer demokratisch-parlamentarischen Ordnung dazu, die Stabilität der Währung, d. h. die Erhaltung des Geldwertes, und das wieder bedeutet in letzter Konsequenz die gesellschaftliche und soziale Ordnung wie auch das wirtschaftliche Schicksal eines Volkes, dem Ermessensspielraum von Tarifpartnern zu überantworten, die dann nur allzu leicht bereit sind, die Auswirkungen ihres Verhaltens der Regierung als Versagen und Schuld anzulasten. (Masshalten!, Rundfunkansprache, 21. März 1962, GJ, S. 734 f.)

Das gleiche hohe Mass an Disziplin, das das deutsche Volk mit Recht vom Staat verlangt, muss aber auch von den Sozialpartnern hinsichtlich der Preis-, Lohn- und Arbeitspolitik gefordert werden. Die Bundesregierung steht auf dem Boden freier Unternehmerentscheidung und der Tarifautonomie, die beide und zusammen unverzichtbare Bestandteile unserer freiheitlichen Wirtschafts- und Sozialordnung sind. Die Sozialpartner verletzen jedoch ihre Pflicht, wenn sie sich auf Kosten der Allgemeinheit einigen. (Sparsamkeit und Nüchternheit, Regierungserklärung, 10. November 1965, GJ, S. 951)

An einen Gewerkschaftsvertreter

Dass Arbeitnehmer, für die Herr Vetter sprechen zu dürfen glaubt, beispielsweise auch Verbraucher, Mieter, Autofahrer, Anspruchsberechtigte der Sozialversicherung, vor allem auch Sparer und noch anderes mehr sind und dass die «soziale» Wirklichkeit immer nur im Hinblick auf ein ausgewogenes Verhältnis aller Gruppen und Personen unserer Gesellschaft Gestalt gewinnt, hat Herrn Vetter offenbar noch wenig bekümmert. (Ludwig Erhard im Gespräch mit Peter Gillies, DGB-Kritik an Schmidt war fällig, Die Welt, 3. Februar 1977, in: Erbe, S. 305)

10. Plädoyer für einen starken Staat

Wirtschaftspolitisches Arsenal

Dem Staat steht vielmehr über die Steuer- und Anleihepolitik, über arbeits- und tarifpolitische Massnahmen, über die Binnen- und Aussenhandelspolitik, über die Zins- und Kreditpolitik und weitere aktive konjunkturpolitische Eingriffe ein ganzes Arsenal von Mitteln zur Verfügung, um im Hinblick auf eine gewollte Rangordnung der Bedürfnisse auch dann lenkend zu wirken, wenn ein unmittelbarer Zwang auf den wirtschaftenden Menschen nicht ausgeübt wird und dessen Freiheit und Freizügigkeit innerhalb der durch die Politik vorgegebenen wirtschaftlichen und sozialen Umweltbedingungen grundsätzlich unangetastet bleibt. Der Unterschied zwischen diesen beiden Arten von Lenkung besteht darin, dass sich die Wirtschaftsbehörde in dem einen Fall anmasst, jeden Menschen am Gängelband durch das bürokratische Gestrüpp der befohlenen Erzeugung und des gleichermassen diktierten Verbrauchs zu führen, während sie im anderen Falle durch eine wirtschaftspolitisch gewollte Veränderung der Interessenlage jeden einzelnen seine Kräfte so gut wie möglich zu entfalten und zu nützen heisst. (Rangordnung der volkswirtschaftlichen Aufgaben, in: Die Neue Zeitung, 18. und 22. August 1947; in: DW, S. 29)

Echte Staatsautorität

Was uns not tut, ist nicht die sozialistische Religion einer Vergottung der Staatsgewalt, sondern die Wiedererweckung und das lebendige Erleben einer echten Staatsautorität. Wir verabscheuen jegliche Formen eines verlogenen, materiell ausgerichteten Nationalismus, der als eine Spielart kollektivistischer Denkweise den deutschen Menschen nur an der Ausprägung seiner Persönlichkeit, seines Stolzes, seiner Würde wie seiner demokratischen Rechte und Freiheiten hindert. (Wahlaufruf zur ersten Bundestagswahl 1949, Heidenheimer Zeitung, 29. Juli 1949; in: GJ, S. 215)

Die Industriegesellschaft braucht einen starken Staat

Gerade die Industriegesellschaft braucht einen starken Staat. Je grösser der Druck der Verbände und Gruppen auf den Gang der Politik, je ungehemmter der Egoismus von Teilgewalten sich entfesselt, umso entschiedener ist es allen verantwortlichen Kräften – und in besonderem Masse der Bundesregierung – aufgegeben, für die Respektierung des Gemeinwohls Sorge zu tragen. (Politik der Mitte und Verständigung, Regierungserklärung, 18. Oktober 1963, GJ, S. 845)

Ein stabiler Ordnungsrahmen

Es muss daher immer wieder betont werden, dass es die eigentliche und vornehmste Aufgabe des Staates ist, einen Ordnungsrahmen zu schaffen, innerhalb dessen sich der Staatsbürger frei bewegen dürfen soll. Und das wieder erfordert die Handhabung einer

Wirtschaftspolitik, in der die wirtschaftenden Menschen aller sozialen Schichten dessen gewiss sein dürfen, nicht ständig unvorhersehbaren politischen Entscheidungen ausgesetzt zu sein. Es geht hier darum, die wirtschaftlichen und gesellschaftlichen Grundlagen unserer Lebensordnung nicht einem täglich auswechselbaren Instrumentarium der Politik zu überantworten. (Das Ordnungsdenken in der Marktwirtschaft, Festschrift zum 90. Geburtstag von Ludwig von Mises, 1971, GJ, S. 1052)

Gegen den Staat als Unternehmer

Es ist ... nicht Aufgabe des Staates, unmittelbar in die Wirtschaft einzugreifen; jedenfalls nicht so lange, als die Wirtschaft selbst diesen Eingriff nicht herausfordert. Auch passt es nicht in das Bild einer auf unternehmerischer Freizügigkeit beruhenden Wirtschaft, wenn sich der Staat selbst als Unternehmer betätigt. (Werkfeier der Fa. Gebr. Irle, Deuz, Krs. Siegen; in: WA, 6. Kapitel, Arbeitsteilung zwischen Staat und Wirtschaft, S. 138)

Nicht nur Nachtwächter!

... ein moderner und verantwortungsbewusster Staat kann es sich einfach nicht leisten, noch einmal in die Rolle des Nachtwächters zurückversetzt zu werden. Diese falsch verstandene Freiheit ist es ja gerade gewesen, die die Freiheit sowie eine segensreiche freiheitliche Ordnung zu Grabe gebracht hat. (Industrie- und Handelskammer, Augsburg, 3. November 1955; in: WA, 11. Kapitel, Nachtwächterstaat gehört der Vergangenheit an, S. 241)

«Seelenmassage»

Ich bin der Überzeugung, dass der von mir praktizierte psychologische Feldzug, der heute in Deutschland gemeinhin als Seelenmassage bezeichnet wird, in Zukunft nicht mehr aus dem wirtschaftspolitischen Instrumentarium wegzudenken ist. (WA, 11. Kapitel, Psychologie um Mark und Pfennig, S. 237)

Deutschlands Deformation zum Versorgungsstaat

11. Marktwirtschaft als Sozialprogramm

Erhards Ehrgeiz

Ich kann Ihnen sagen, wenn ich einen Ehrgeiz habe, dann den, in Zukunft meine ganze Anstrengung darauf zu richten, den deutschen Menschen wieder zu befreien und ihm wieder zum Bewusstsein seiner eigenen Kraft, seiner Stärke und seiner Würde zu verhelfen. (An die eigene Kraft glauben, Rede bei der Eröffnung der Technischen Messe Hannover, 26. April 1953; in: DW, S. 219 f.)

«Wohlstand für alle»

… dass ich es für abwegig halte und mich deshalb auch weigere, die hergebrachten Vorstellungen der früheren Einkommensgliederung neu aufleben zu lassen. So wollte ich jeden Zweifel beseitigt wissen, dass ich die Verwirklichung einer Wirtschaftsverfassung anstrebe, die immer weitere und breitere Schichten unseres Volkes zu Wohlstand zu führen vermag. Am Ausgangspunkt stand der Wunsch, über eine breit gestreute Massenkaufkraft die alte konservative soziale Struktur endgültig zu überwinden.

Diese überkommene Hierarchie war auf der einen Seite durch eine dünne Oberschicht, welche sich jeden Konsum leisten konnte, wie andererseits durch eine quantitativ sehr breite Unterschicht mit unzureichender Kaufkraft gekennzeichnet. Die Neugestaltung unserer Wirtschaftsordnung musste also die Voraussetzung dafür schaffen, dass dieser einer fortschrittlichen Entwicklung entgegenstehende Zustand und damit zugleich auch endlich das Ressentiment zwischen «arm» und «reich» überwunden werden konnte. (WA, 1. Kapitel, Der rote Faden, S. 7)

Für echtes Miteigentum

Während das verwaschene, anonyme und niemals zu lebendigem Bewusstsein kommende Miteigentumsrecht des Arbeiters an den Produktionsmitteln, wie es in der Sozialisierung Ausdruck findet, niemals zu einer inneren Beziehung von Mensch und Werk führen kann, streben wir die lebendige Anteilnahme und eine gesunde Interessenverbindung an und glauben, dass das individuelle Miteigentum, z.b. in Kleinaktien oder andere Formen der Gewinnbeteiligung, gute und fruchtbare Mittel der sozialen Verständigung wie auch der wirtschaftlichen Harmonie und Zusammenarbeit sein können. (Kühle Köpfe – Starke Herzen, Rede auf dem 1. Bundesparteitag der CDU, Goslar, 22. Oktober 1950; in: DW, S. 151)

Demokratisierung des Luxus

Wir erleben es aber immer wieder, dass der Luxus von heute morgen schon breit geschichteter Bedarf und übermorgen allgemeines Gebrauchsgut ist. Wir müssen den Mut haben, das soziale Ressentiment allerorts zurückzudrängen. Die einen werden vielleicht sogar ohne eigenes Verdienst früher Konsumenten werden können als andere; die letzteren ohne eigene Schuld. Wenn wir das nicht ertragen, dann müssen wir eben alle in der uns künstlich aufgezwungenen Armut verharren. Wenn niemand sich zuerst einem gehobenen Lebensstandard hingeben darf, dann kann ebendieses Erzeugnis nicht produziert werden. (An die eigene Kraft glauben, Rede bei der Eröffnung der Technischen Messe Hannover, 26. April 1953; in: DW, S. 213 f.)

Luxus von heute allgemeiner Konsum von morgen

… dass ein gehobener Bedarf sich nur dann entfalten, dass ein Luxus von heute nur dann allgemeiner Konsum von morgen werden kann, wenn wir es ertragen, dass es in der ersten Phase immer nur eine kleinere Gruppe mit gehobenem Einkommen sein kann, deren Kaufkraft an jene Güter heranreicht. Sofern indessen ein solcher Konsum als sozial anrüchig erklärt wird und die Träger des Konsums sozialer Diffamierung ausgesetzt sind, dann eben muss eine Volkswirtschaft überhaupt darauf verzichten, solche Güter zu produzieren. Das aber bedeutet, dass dann aus solcher unterlassenen Produktion auch kein Einkommen entstehen kann und mithin das Volkseinkommen im ganzen (vor allem auch der Arbeiter, denen damit potentiell Arbeitsplätze genommen werden), künstlich tiefer gehalten wird, als es nach der vorhandenen Produktivität möglich wäre … Sind aber die letzten hundert Jahre in aller Welt nicht eine eindeutige Demonstration dafür, dass noch jede Verbesserung der Lebensführung sich stufenweise ausbreitete und eine andere praktisch realisierbare Möglichkeit des Fortschreitens eines allgemeinen Wohlstandes gar nicht gedacht werden kann? (Einen Kühlschrank in jeden Haushalt, Welt der Arbeit, 16. Juni 1953; in: DW, S. 221 f.)

Gegen autonome Sozialpolitik

Die volkswirtschaftlich neutrale und autonome Sozialpolitik gehört daher der Vergangenheit an und muss einer Sozialpolitik Platz machen, die mit der Wirtschaftspolitik abgestimmt ist, d.h. die volkswirtschaftliche Produktivität nicht beeinträchtigt und den Grundprinzipien der marktwirtschaftlichen Ordnung entspricht. (Selbstverantwortliche Vorsorge für die sozialen Lebensrisiken, Versicherungswirtschaft, Januar 1965; in: DW, S. 303)

Grundsätze freiheitlicher Sozialpolitik

Wenn wir eine freiheitliche Wirtschafts- und Gesellschaftsordnung auf die Dauer aufrechterhalten wollen, ist es in der Tat ein Grunderfordernis, neben einer Wirtschaftspolitik, die dem Menschen wieder zu seiner persönlichen Freiheit verholfen hat, auch eine gleichermassen freiheitliche Sozialpolitik zu betreiben. Es widerspricht der marktwirtschaftlichen Ordnung, die die Entscheidung über Produktion und Konsum dem Einzelnen überlässt, die private Initiative bei der Vorsorge für die Wechselfälle und Notstände des Lebens auch dann auszuschalten, wenn der Einzelne dazu fähig und gewillt ist, selbstverantwortlich und eigenständig vorzusorgen. Wirtschaftliche Freiheit und totaler Versicherungszwang vertragen sich nicht. Daher ist es notwendig, dass das Subsidiaritätsprinzip als eines der wichtigsten Ordnungsprinzipien für die soziale Sicherung anerkannt und der Selbsthilfe und Eigenverantwortung so weit wie möglich der Vorrang eingeräumt wird. Der staatliche Zwangsschutz hat demnach dort Halt zu machen, wo der Einzelne und seine Familie noch in der Lage sind, selbstverantwortlich und individuell Vorsorge zu treffen. (Selbstverantwortliche Vorsorge für die sozialen Lebensrisiken, Versicherungswirtschaft, Januar 1965; in: DW, S. 303, f.)

Von der Zwangsversicherung zur Staatsbürgerversorgung

Die auf Zwang beruhende allgemeine Volksversicherung – sei sie nun ein Topf oder nach Gruppen gegliedert – unterscheidet sich allenfalls gradweise, nicht aber prinzipiell von der allgemeinen Staatsbürgerversorgung. Die Entwicklung zum Versorgungsstaat ist daher auch schon dann zu verzeichnen, wenn der staatliche Zwang über den Kreis der Schutzbedürftigen hinausgreift und wenn ihm Personen unterworfen werden, denen der Zwang und die Abhängigkeit auf Grund ihrer Stellung im Wirtschaftsleben geradezu wesensfremd ist. (Selbstverantwortliche Vorsorge für die sozialen Lebensrisiken, Versicherungswirtschaft, Januar 1965; in: DW, S. 305)

Zeit für eine andere Sozialpolitik

Es ist in gewisser Hinsicht zwar verständlich, dass der Krieg und die Währungsreform mit ihren tiefgreifenden Folgen für die Daseinssicherung auch unter den Selbständigen das Verlangen nach kollektiver Sicherheit aufkommen liessen. Es wäre aber falsch und geradezu verhängnisvoll, die künftige Sicherung gegen die Lebensrisiken auf einen derartigen, hoffentlich einmaligen, Zusammenbruch ausgerechnet zu einer Zeit abzustellen, in der wir wirtschaftliche Sicherheit und wirtschaftlichen Wohlstand wieder zurückgewonnen haben und in der wir auf einen weiteren wirtschaftlichen Fortschritt hoffen dürfen. (Selbstverantwortliche Vorsorge für die sozialen Lebensrisiken, Versicherungswirtschaft, Januar 1965; in: DW, S. 304)

Korrespondenz von Wirtschafts- und Sozialordnung

Denn eine freiheitliche Wirtschaftsordnung kann auf die Dauer eben nur bestehen, wenn auch im sozialen Sektor ein Höchstmass an Freiheit, privater Initiative und Selbsthilfe gewährleistet wird. (Selbstverantwortliche Vorsorge für die sozialen Lebensrisiken, Versicherungswirtschaft, Januar 1965; in: DW, S. 306)

Was «Soziale Marktwirtschaft» ist

«Soziale Marktwirtschaft» soll also besagen, dass der Staat nicht nur die Aufgabe, sondern sogar die Verpflichtung hat, der Wirtschaft bestimmte, politisch gewollte Maximen zu setzen und das weitgespannte Instrumentarium der Wirtschaftspolitik so zu handhaben, dass die freien Entscheidungen der wirtschaftenden Menschen aller Kategorien gleichwohl zu dem gewollten Effekt hinführen. Die Soziale Marktwirtschaft beruht auf den Grundsätzen der Freiheit und der Ordnung, die, soll Harmonie herrschen, in meiner Sicht ein untrennbares Ganzes bilden; denn wo Freiheit ohne eine fest gefügte Ordnung obwaltet, droht sie ins Chaotische zu entarten, und wo Ordnung ohne Freiheit bestehen soll, führt sie nur allzu leicht zu brutalem Zwang. (Der Aufbau Indiens, Rede vor dem Indian Council of World Affairs, Neu-Delhi, 7. Oktober 1958; in: DW, S. 399)

Wie sich Wohlstand verbreitet

Daraufhin hat man mir vorgerechnet, wieviel ein Sozialrentner verdient, und dass die Leute gar nicht in der Lage seien, an einen solchen Konsum überhaupt zu denken. Selbstverständlich kann nicht gerade der Sozialrentner damit anfangen, einen gehobenen Konsum zu tätigen. In Amerika waren es gewiss auch nicht die Allerärmsten, die zuerst Autos gefahren haben; es waren andere Schichten. Wir erleben es aber doch immer wieder, dass der Luxus von heute morgen schon zum breitgeschichteten Bedarf wird und übermorgen allgemeines Verbrauchsgut ist.

Wenn wir allerdings nicht den Mut haben, das soziale Ressentiment allerorts zurückzudrängen, wenn wir es nicht ertragen können, dass bei neu aufkommendem Bedarf im Zuge der Entfaltung der Technik die einen vielleicht sogar ohne eigenes Verdienst früher Konsumenten werden können als andere, dann müssen wir eben alle in der künstlich konservierten Armut verharren ... (An die eigene Kraft glauben, Rede bei der Eröffnung der Technischen Messe Hannover, 26. April 1953; in: WA, 3. Kapitel, Der «Durchbruch nach vorne», S. 73)

Marktwirtschaft als soziale Ordnung

Was muss sich eigentlich noch ereignen, um bestätigt zu finden, dass die Marktwirtschaft zugleich auch die leistungsfähigste soziale Ordnung begründet? Da aber Marktwirtschaft (und in ihrer moralischen Anlage vor allem die Soziale Marktwirtschaft) ein freies Unternehmertum voraussetzt, lässt sich eine unmittelbare Beziehung zwischen unternehmerischer Tätigkeit, Wohlstand und sozialer Sicherheit unter Redlichen nicht bestreiten. (Das Ordnungsdenken in der Marktwirtschaft, Festschrift zum 90. Geburtstag von Ludwig von Mises, 1971, GJ, S. 1044)

Interdependenz zwischen Wirtschafts- und Sozialleben

Eine freiheitliche Wirtschaftsordnung kann auf die Dauer nur dann bestehen, wenn und solange auch im sozialen Leben der Nation ein Höchstmass an Freiheit an privater Initiative und Selbstvorsorge gewährleistet ist.

Wenn dagegen die Bemühungen der Sozialpolitik darauf abzielen, dem Menschen schon von der Stunde seiner Geburt an volle Sicherheit gegen alle Widrigkeiten des Lebens zu gewährleisten, d.h. ihn in einer absoluten Weise gegen die Wechselfälle des Lebens abschirmen zu wollen, dann kann man von solchen Menschen einfach nicht mehr verlangen, dass sie das Mass an Kraft, Leistung und Initiative und anderen besten menschlichen Werten entfalten, das für das Leben und die Zukunft der Nation schicksalhaft ist und darüber hinaus die Voraussetzung einer auf die Initiative der Persönlichkeit begründeten «Sozialen Marktwirtschaft» bietet. (WA, 12. Kapitel, Versorgungsstaat – der moderne Wahn, S. 246)

Abstimmung zwischen Wirtschafts- und Sozialpolitik

Die volkswirtschaftlich neutrale und autonome Sozialpolitik gehört daher der Vergangenheit an; sie muss vielmehr einer Sozialpolitik Platz machen, die mit der Wirtschaftspolitik aufs engste abgestimmt ist. Die Sozialpolitik darf der volkswirtschaftlichen Produktivität nicht indirekt Abbruch tun und den Grundprinzipien der marktwirtschaftlichen Ordnung nicht widerstreben wollen. (WA, 12. Kapitel, Versorgungsstaat, der moderne Wahn, S. 247)

Soziale Gesinnung wertvoller als sozialer Kollektivzwang

Es stünde im sozialen Leben um manche Not in unserem Volke besser, wenn wir nicht zu viel sozialen Kollektivwillen, sondern mehr soziale Gesinnung und Haltung bezeugen wollten. Das eine aber schlägt das andere tot, und darum stellt sich uns zuletzt die Frage, ob wir, einig in dem Willen und der Verpflichtung, keinen deutschen Menschen mehr der Not ausgesetzt zu sehen, gut daran tun, die besten menschlichen Tugenden im perfektionierten Kollektivismus gar völlig zu ersticken oder ob wir nicht im Streben nach mehr Wohlstand und durch die Eröffnung immer besserer Chancen zur Gewinnung persönlichen Eigentums dem verderblichen Geist des Kollektivismus Todfehde ansagen sollten. Meine eigene Meinung liegt klar und eindeutig zutage; ich hoffe, dass meine Mahnung nicht ungehört verhallt. (WA, 12. Kapitel, Gute Sozialpolitik erfordert Währungsstabilität, S. 262 f.)

Die alte verstaubte Sozialpolitik

Das war doch der Sinn der Sozialen Marktwirtschaft, dass sie von Anfang an und im Prinzip nicht der alten verstaubten Sozialpolitik, die sich lediglich als Verteilungspolitik verstand, sondern echtem sozialen Denken nach Massgabe der soliden Leistungen unseres ganzen Volkes zum Durchbruch verhelfen wollte. Von kollektivistischer Methode und Gesinnung, vom Klassenkampf und ähnlichen Gespenstern der Vergangenheit hat uns die Soziale Marktwirtschaft erlöst. Unser Volk vertraut dieser Ordnung und will nicht täglich mit nichtssagenden Vokabeln und Slogans abgespeist werden. (Ludwig Erhard, Rede beim Empfang des CDU-Vorsitzenden Dr. Helmut Kohl im Hotel Königshof Bonn, 4. Februar 1977, in: Erbe, S. 300)

Vermeintliche soziale Massnahmen

Die Soziale Marktwirtschaft kann nicht gedeihen, wenn die ihr zugrundeliegende geistige Haltung, das heisst also die Bereitschaft, für das eigene Schicksal Verantwortung zu tragen und aus dem Streben nach Leistungssteigerung an einem ehrlichen freien Wettbewerb teilzunehmen, durch vermeintliche soziale Massnahmen auf benachbarten Gebieten zum Absterben verurteilt ist. (Versicherungswirtschaft, Nr. 1, 11. Jg., Januar 1956; in: WA, 12. Kapitel, Versorgungsstaat – der moderne Wahn, S. 245)

Soziale Notstände durch zu viel Staat

Und nicht minder deutlich wird uns vor Augen geführt, dass wirtschaftliche Spannungen und soziale Notstände vor allem noch dort vorherrschen, wo «zu viel Staat» der freien schöpferischen Initiative des Menschen Fesseln anlegt und darum der Effekt des Wirtschaftens nicht zu optimaler Wirksamkeit gelangen kann (Die Wirtschaftsordnung für freie Menschen, Frankfurter Allgemeine Zeitung, 1. Juni 1957; in: GJ, S. 510)

Asoziale Planwirtschaft

Es ist eine völlige Illusion, etwa zu glauben, dass die Planwirtschaft sich von sozialen Aspekten leiten liesse und dass dieses Prädikat «sozial» der Marktwirtschaft nicht zukommme. Gerade das Gegenteil ist der Fall, und die Wahrheit beruht im Gegenteil. Die Planwirtschaft ist das Unsozialste, was es überhaupt gibt, und nur die Marktwirtschaft ist sozial. (Grundlagen der deutschen Wirtschaftspolitik, Referat vor dem Zonenausschuss der CDU der britischen Zone, Königswinter, 25. Februar 1949; in: GJ, S. 192 f.)

Markt löst Versorgungsproblem am besten

Wir erleben es ja selbst, dass die differenzierteste Versorgung von 50 Millionen deutscher Menschen im Zeichen der Marktwirtschaft und freier Konsumwahl kein Problem bedeutet, während die Ausstattung von einigen hunderttausend Soldaten eine erhebliche Organisation erfordert, obwohl ihr Verbrauch «uniformiert» ist ... (Über den «Lebensstandard», Die Zeit, 15. August 1958; in: DW, S. 396)

Wahre Sozialinvestitionen

Regionale Wirtschaftspolitik, Raumordnung und Städtebau, Verkehrspolitik und Förderung des Bildungswesens – alle diese Massnahmen müssen neben ihrer speziellen Bedeutung nicht zuletzt als Sozialinvestitionen grossen Ausmasses gelten. Von der Fruchtbarmachung dieser Investitionen wird die Leistungsfähigkeit unseres Volkes abhängen, nicht von einer Steigerung des blossen Sozialkonsums. (Sparsamkeit und Nüchternheit, Regierungserklärung, 10. November 1965, GJ, S. 954 f.)

Gleichmässige Armut ist sinnlos

Wenn in einer irgendwie gearteten Ordnung alle Menschen gleich-
mässig hungern, so ist das weder eine Lösung des Problems der
gerechten Verteilung noch der Sicherung oder irgendeiner anderen Erscheinungsform der sozialen Frage; sie wird es auch dann
nicht sein, wenn diese Auswirkungen einer schlechten Ordnung
durch ethische Verbrämungen und Appelle an das Gemeininteres-
se aller Menschen schmackhaft gemacht werden sollen. (Walter
Eucken, Grundsätze der Wirtschaftspolitik, 1952; zitiert in: WA,
9. Kapitel, S. 215)

Mehrung, nicht Teilung der Güter

… wie ungleich sinnvoller es ist, alle einer Volkswirtschaft zur
Verfügung stehenden Energien auf die Mehrung des Ertrages der
Volkswirtschaft zu richten, als sich in Kämpfen um die Distribu-
tion des Ertrages zu zermürben und sich dadurch von dem allein
fruchtbaren Weg der Steigerung des Sozialproduktes abdrängen zu
lassen. Es ist sehr viel leichter, jedem Einzelnen aus einem immer
grösser werdenden Kuchen ein grösseres Stück zu gewähren, als
einen Gewinn aus einer Auseinandersetzung um die Verteilung
eines kleinen Kuchens ziehen zu wollen, weil auf solche Weise
jeder Vorteil mit einem Nachteil bezahlt werden muss. (WA,
1. Kapitel, Konjunkturzyklus überwunden, S. 10)

Warum der Wettbewerb «sozial» ist

Vielfach herrscht noch die völlig irrige Auffassung vor, dass der
freie Wettbewerb zu einer Unterdrückung sozialer Strömungen
oder doch zu wirtschaftlichen Störungen führe, während es nach
der Überzeugung aller liberal und zugleich sozial orientierten
Fachleute doch gerade die Unterdrückung der Freizügigkeit war,
die das Gleichgewicht der Wirtschaft störte und sie in immer aus-
weglosere Krisen verstrickte. Wenn künftig der Staat darüber
wacht, dass weder gesellschaftliche Privilegien noch künstliche
Monopole den natürlichen Ausgleich der wirtschaftlichen Kräfte
verhindern, sondern dass dem Spiele von Angebot und Nachfrage
Raum bleibt, dann wird der Markt den Einsatz aller wirtschaftlichen Kräfte in optimaler Weise regulieren und damit auch jene
Fehlleitung korrigieren. (Freie Wirtschaft und Planwirtschaft, in:
Die Neue Zeitung, 14. Oktober 1946, in: DW, S. 20 f.)

Fehlentwicklung im Namen des «Sozialen»

Wurde die angeblich freie Marktwirtschaft von gestern ... durch die Verfälschung des Freiheitsbegriffes vielfach von Unternehmerseite zu manipulieren versucht, so droht der Sozialen Marktwirtschaft durch eine falsche Ausdeutung des Begriffes «sozial» die Gefahr, durch einen immer stärker werdenden Dirigismus bzw. einen immer mächtiger aufkommenden Kollektivismus nunmehr von Staats wegen manipuliert zu werden. Die Bereitschaft von immer mehr Gruppen und Schichten, ihr Leben, ihre Sicherheit und ihre Zukunft im Kollektiv geborgen wissen zu wollen, entspringt weniger einem echten Verlangen, als sogar gegen innere Ablehnung der nur zu oft berechtigten Sorge, dass der Einzelne – auf sich gestellt – gar nicht mehr in der Lage ist, den Widrigkeiten, den Zufällen und Wechselfällen politischer Entscheidungen oder auch konjktureller Entwicklungen wirksam begegnen zu können. Wenn immer mehr Betriebe oder Unternehmungen von der Angst befallen werden, dass sie ohne direkte oder indirekte Unterstützung des Staates in ihrer Existenz bedroht sind, dann werden sie untertan und hörig – sie werden reif zur Flucht ins Kollektiv. (Das Ordnungsdenken in der Marktwirtschaft, Festschrift zum 90. Geburtstag von Ludwig von Mises, 1971, GJ, S. 1050 f.)

Nichts ist unsozialer als der sogenannte Wohlfahrtsstaat

Jeder ist seines Glückes Schmied. Es herrscht die individuelle Freiheit, und dies um so mehr, je weniger sich der Staat anmasst, den einzelnen Staatsbürger gängeln oder sich gar zu seinem Schutzherrn aufspielen zu wollen. Solche «Wohltat» muss das Volk immer teuer bezahlen, weil kein Staat seinen Bürgern mehr geben kann, als er ihnen vorher abgenommen hat – und das noch abzüglich der Kosten einer zwangsläufig immer mehr zum Selbstzweck ausartenden Sozialbürokratie. Nichts ist darum in der Regel unsozialer als der sogenannte «Wohlfahrtsstaat», der die menschliche Verantwortung erschlaffen und die individuelle Leistung absinken lässt. (Über den «Lebensstandard», Die Zeit, 15. August 1958; in: DW, S. 393)

Der Staat kann nur zurückgeben, was er vorher weggenommen hat

Dient es wirklich dem Wohl der Menschen, der inneren Festigung der Gesellschaft oder der Stärkung des demokratischen Gedankens, wenn es Sucht oder auch «modern» geworden ist, dem Staate immer mehr Eingriffsrechte in die private Sphäre des Bürgers zuzugestehen? Will dieser nicht erkennen, dass er vermeintliche Wohltaten mit zunehmender Abhängigkeit und Hörigkeit gegenüber dem Kollektiv bezahlt? Ja, er zahlt es sogar auch noch in bar – ob in Pfund Sterling, US-Dollar oder Deutscher Mark –, weil kein Staat seinen Bürgern mehr zurückzugeben vermag, als er ihnen abgenommen hat – gleichgültig ob durch höhere Besteuerung oder durch Inflation. (Das Ordnungsdenken in der Marktwirtschaft, Festschrift zum 90. Geburtstag von Ludwig von Mises, 1971, GJ, S. 1051)

Gegen Ausdehnung der kollektiven Sicherung

Darüber hinaus wäre es für unser gesellschaftspolitisches Leben höchst bedenklich, wenn selbst solche Staatsbürger in eine befohlene Zwangsversicherung einbezogen werden würden, von denen kraft ihrer Stellung und Funktion füglich erwartet werden darf, dass sie aus eigener Kraft und Leistung bestehen wollen. Es mag in gewisser Hinsicht zwar verständlich sein, dass Krieg und Währungsreform mit ihren tiefgreifenden Umschichtungen das Verlangen nach kollektiver Sicherheit aufkommen liessen. Es wäre aber falsch und verhängnisvoll, die künftige Sicherung gegen allgemeine Lebensrisiken auf einen derartigen und hoffentlich nie wiederkehrenden Zusammenbruch abstellen zu wollen. (WA, 12. Kapitel, Grenzen der Sozialversicherung, S. 254)

Auch gegen Kollektivsysteme von Berufsgruppen

Eine kritische Auseinandersetzung wird überdies auch nicht an der Frage vorbeigehen können, wohin es denn führen müsste, wenn heute die freien Berufe darangehen wollten – jede Gruppe für sich –, ein System kollektiver Versorgung aufzubauen. (WA, 12. Kapitel, Grenzen der Sozialversicherung, S. 256)

Gegen Rentenreform mit Inflationsperspektive

Es scheint mir in jeglicher Beziehung unmöglich, ja geradezu schuldhaft leichtfertig zu sein, eine gesellschaftliche Neuordnung wie die Rentenreform in ihrer Anlage spekulativ auf unverantwortliche Katastrophen, wie diejenige der letzten Inflation, abzustellen. Es ist ein grandioser Irrtum, wenn ein Volk oder ein Staat glaubt, eine inflationistische Politik einleiten und betreiben, sich aber gleichzeitig gegen deren Folgen absichern zu können. Dies kommt dem Versuch gleich, sich an den eigenen Haaren hochheben zu wollen. Es gilt umgekehrt, alle Kräfte darauf zu konzentrieren, eine Inflation zu verhüten und jedes schuldhafte Verhalten, das zu einer inflationistischen Entwicklung führen könnte, vor der gesamten Öffentlichkeit zu brandmarken und dadurch zu verhindern.

Die Inflation kommt nicht über uns als ein Fluch oder als ein tragisches Geschick; sie wird immer durch eine leichtfertige oder sogar verbrecherische Politik hervorgerufen. Jede Neuregelung der Altersrente, die von vornherein mit einem unentrinnbaren Schicksal steigender Preise bzw. absinkender Kaufkraft rechnet, kann nicht zu glücklichen oder auch nur tragbaren Ergebnissen führen. (WA, 12. Kapitel, Gute Sozialpolitik erfordert Währungsstabilität, S. 259)

Gegen Koppelung der Renten an die Lohnentwicklung

Die eigentliche Gefahr, ja die fast zerstörende Wirkung einer dynamischen Rente liegt denn auch nicht so sehr in ihrer Beweglichkeit an sich, sondern in ihrer Koppelung an die Lohnentwicklung, die durchaus über das mit der Stabilität des Geldes vereinbarte Mass hinausgehen kann.

Auf einer modifizierten Grundlage besteht hingegen die Möglichkeit einer beweglichen Anpassung der Rente an die sich ändernden Lebensgegebenheiten und Vorstellungen. Dies wäre z.B. dann der Fall, wenn als Bemessungsgrundlage einer solchen Rente der laufende Produktivitätszuwachs gesetzt werden würde. Damit wäre die Gewähr gegeben, dass auch der Rentner an dem echten Fortschritt, d.h. an der Leistungsverbesserung der Volkswirtschaft teilhat. (WA, 12. Kapitel, Gute Sozialpolitik erfordert Währungsstabilität, S. 261)

Gegen staatliche Totalversicherung

Eine der Kernfragen der modernen Sozialpolitik lautet dahin, ob sich die klassischen Prinzipien der Sozialpolitik zu einem allgemeinen, allumfassenden gesellschaftlichen Versicherungsprinzip verdichten sollen. Die Bundesregierung lehnt die Einführung eines derartigen staatlichen Totalversicherungssystems aus grundsätzlichen Erwägungen ab. Sie erblickt in einer Totalversicherung den Ansatz einer sich selbst nährenden inflationistischen Entwicklung. Sie möchte aber auch ein ungewolltes Hineingleiten des Einzelnen in die immer stärkere Abhängigkeit vom Staat vermeiden. (Sparsamkeit und Nüchternheit, Regierungserklärung, 10. November 1965, GJ, S. 954)

Kollektive Generalhaftung führt zur Staatsallmacht

Die einen wähnen, dass das Wohl und das Glück der Menschen in irgendeiner Form kollektiver Generalhaftung begründet liege und dass man auf diesem Wege, an dessen Ende natürlich immer die Allmacht des Staates steht, fortschreiten müsse. Das ruhige und bequeme Leben, das man damit ansteuern will, wird vielleicht nicht allzu üppig, aber dafür umso gesicherter sein. Diese Form des Lebens und Denkens findet ihren sichtbaren Ausdruck in der Konstruktion des sogenannten Wohlfahrtsstaates. (WA, 12. Kapitel, Die Hand in der Tasche des Nachbarn, S. 248)

Leben ohne Staatshilfe

Als Grundsatz muss wieder zur Geltung kommen, dass jeder arbeitende Mensch ohne gnädige Hilfe des Staates und ohne in seine Abhängigkeit zu geraten seine materielle Existenz und die Vorsorge für seine Zukunft aus eigener Kraft und Leistung heraus sicherzustellen in der Lage sein soll. Dann wird sich erst zeigen, wieviel lebendige Kraft das deutsche Volk noch zu entwickeln in der Lage ist und wie sehr es seinem innersten Wesen widerspricht, aus einem falsch verstandenen Sicherheitsbedürfnis heraus nach kollektiver Hilfe zu schreien. (Die zweite Periode der Sozialen Marktwirtschaft, Industriekurier, 20. Juni 1953; in: GJ, S. 376)

Für mehr selbständige Existenzen

So wichtig es ist, ein Gleichgewicht der verschiedenen Betriebsformen aufrechtzuerhalten, so muss es doch das Anliegen der Gesellschaftspolitik sein, nicht nur vorhandene selbständige Existenzen zu sichern, sondern vielleicht sogar mehr noch neue Selbständigkeiten zu ermöglichen, wenn sie sich nicht in einer nach rückwärts gerichteten Ideologie verfangen will. Gesellschaftspolitisch verdient das Selbständigwerden in jedweder Form sogar den Vorrang vor der blossen Bewahrung. (Wirtschaftspolitik als Teil der Gesellschaftspolitik, Rede vor dem 9. Bundesparteitag der CDU, Karlsruhe, 28. April 1960; in: DW, S. 482)

Für mehr Selbständigkeit

Eine nicht weniger wichtige Aufgabe kommt der Schaffung von Selbständigkeit zu. Dabei genügt es nicht allein, an eine Mittelstandspolitik zu denken, für deren Berechtigung wir immer eintreten werden. Die Aufgabe, Selbständigkeit im weitesten Sinne zu schaffen, kann in einer freien Gesellschaft jedoch nicht auf einzelne Gruppen beschränkt bleiben, und untauglich ist auch das Prinzip, vorhandene Positionen durch Interventionen sichern zu wollen, die einen echten Leistungswettbewerb nur zu verfälschen oder sogar zu unterbinden geeignet sind. (Wirtschaftspolitik als Teil der Gesellschaftspolitik, Rede vor dem 9. Bundesparteitag der CDU, Karlsruhe, 28. April 1960; in: DW, S. 484)

Gegen die Vermassung

Je mehr wir Menschen die Möglichkeit geben, aus eigener Kraft und aus eigener Verantwortung tätig zu sein, umso mehr wirken wir den Massenerscheinungen, der Vermassung und Kollektivierung entgegen, und um so besser und um so fest gefügter wird unser Staat sein gegenüber der Bedrohung unserer Sicherheit und unserer Freiheit. (Das Handwerk hat Zukunft, Ansprache zum 60-jährigen Bestehen der Handwerkskammer Köln, 2. Juli 1960; in: DW, S. 497)

Eigentum macht frei

Zu einer dynamischen Sozialpolitik gehört die weitere Förderung der Eigentums- und Vermögensbildung in breiten Schichten unseres Volkes, weil sie mehr als alles andere dazu geeignet ist, die Freiheit, Selbständigkeit und Verantwortlichkeit des Einzelnen in der modernen Gesellschaft zu stützen. (Sparsamkeit und Nüchternheit, Regierungserklärung, 10. November 1965, GJ, S. 956)

Überwindung des Proletariertums

Der «Proletarier», der nicht für sein Alter hat vorsorgen können oder auch nicht hat sorgen wollen und den deshalb der Staat unbedingt schützen musste, wird bei Fortführung dieser Wirtschaftspolitik bald nirgends mehr anzutreffen sein. (WA, 12. Kapitel, Grenzen der Sozialversicherung, S. 254)

Was Selbständigkeit in der Marktwirtschaft bedeutet

Selbständigkeit in der Marktwirtschaft bedeutet, aus eigenem Antrieb und auf eigene Verantwortung eine unabhängige Erwerbstätigkeit auszuüben und damit Träger der unternehmerischen oder geistigen Initiative zu sein. Den Selbständigen steht daher in besonderem Masse die Wahrnehmung der in der Wirtschaft liegenden Chancen offen, was andererseits aber auch erfordert, dass sie die damit verbundenen wirtschaftlichen Risiken selbst tragen müssen. Eine derart hervorgehobene Position im Wirtschaftsleben kann in einer Marktwirtschaft aber nicht durch den Staat garantiert werden, sondern muss – wenn sie ihren eigentlichen Sinn überhaupt erfüllen soll – allein durch wirtschaftliche Leistung, die Bereitschaft und Mut zum Wagnis und durch den Willen zu selbstverantwortlicher und individueller Lebensgestaltung täglich aufs neue erworben werden. (Selbstverantwortliche Vorsorge für die sozialen Lebensrisiken, Versicherungswirtschaft, Januar 1965; in: DW, S. 304)

Selbständigkeit auch in der Risikovorsorge

Es wäre in der Tat auch ein grundlegender Widerspruch, in einer freien Wirtschaftsordnung einerseits jedem Staatsbürger die Chance zum Ergreifen einer selbständigen Tätigkeit einzuräumen und mit den Mitteln einer entsprechenden Wirtschaftspolitik die Schaffung, Erhaltung und den Ausbau einer selbständigen Existenz zu ermöglichen, dann aber andererseits den Selbständigen durch staatlichen Zwang die Verantwortung für ihre wirtschaftlichen und sozialen Risiken sowie für ihre persönliche Lebensgestaltung abzunehmen. (Selbstverantwortliche Vorsorge für die sozialen Lebensrisiken, Versicherungswirtschaft, Januar 1965; in: DW, S. 304 f.)

Freiheit in der Lebensführung

Die stärkste Stütze einer freiheitlichen Wirtschafts- und Gesell-
schaftsordnung ist der Wille der Individuen, sich die Freiheit ihrer
Lebensführung zu bewahren und sich nicht in allen Lebensäusse-
rungen schablonisieren, uniformieren und kollektivieren zu lassen.
(Dreissig Jahre Konjunkturpolitik 1929–1959, Via Aperta Nr. 12,
Dezember 1959 / Januar 1960; in: DW, S. 470)

Dezentralisierung des Eigentums

Eigentum macht frei! Ich erkenne darin nicht zuletzt auch das Mittel, um einem Konzentrationsprozess des volkswirtschaftlichen
Produktionskapitals in Grossformen der Wirtschaft – soweit er
unabdingbar erscheint – ein Gegengewicht durch eine Dekonzen-
tration des Eigentums an solchen Vermögenswerten entgegen zu
setzen. Eine solche Entwicklung aber wird das politische und
gesellschaftliche Klima auf die Dauer grundsätzlich wandeln
und klassenkämpferischen Vorstellungen endgültig den Garaus
machen, denn nicht nur dass sich damit die Verantwortungen ver-
schieben, verändert sich auch die Interessenlage. (Gestern – Heute
– Morgen, Elektrola-Schallplatten, 9. Juni 1961; in: GJ, S. 700)

Es gibt keine Leistungen des Staates, die sich nicht auf Verzichte
des Volkes gründen. (Politik der Mitte und Verständigung, Regierungserklärung, 18. Oktober 1963, GJ, S. 818)

Echte Lösung des Steuerproblems

Wenn der von mir geforderte Ausgabenstopp durchgesetzt und die
Entwicklung des Sozialproduktes in ähnlicher Weise fortschreiten
würde, dann ist leicht einzusehen und auszurechnen, welche Sen-
kung der steuerlichen Belastung vorgenommen werden könnte.
Nur auf diese Weise ist auch ine echte und wirklichkeitsnahe
Lösung des uns alle bedrückenden Steuerproblems denkbar. (WA,
1. Kapitel, Der Schlüssel zur Steuersenkung, S. 13)

Ein sozialpolitisches Ideal

Das mir vorschwebende Ideal beruht auf der Stärke, dass der Einzelne sagen kann: «Ich will mich aus eigener Kraft bewähren, ich

will das Risiko des Lebens selbst tragen, will für mein Schicksal selbstverantwortlich sein. Sorge du, Staat, dafür, dass ich dazu in der Lage bin.» Der Ruf dürfte nicht lauten: «Du, Staat, komm mir zu Hilfe, schütze mich und helfe mir», sondern umgekehrt: «Kümmere du, Staat, dich nicht um meine Angelegenheiten, sondern gib mir so viel Freiheit und lass mir von dem Ertrag meiner Arbeit so viel, dass ich meine Existenz, mein Schicksal und dasjenige meiner Familie selbst zu gestalten in der Lage bin.» (Deutscher Handwerkskammertag, Augsburg, 15. Juni 1955; in: WA, 12. Kapitel, Am Ende steht der soziale «Untertan», S. 251 f.)

12. Richtiges und falsches Verständnis von «Sicherheit»

Fragwürdiges Verlangen nach Sicherheit

In meinen Augen bedeuten alle diese Versuche eine Sünde wider den Geist des Lebens, dessen innerstes Wesen Wandlung, Bewegung und Entfaltung ist und sich deshalb den plumpen Mitteln der planwirtschaftlichen Regulierung und Stabilisierung versagt. Während Leben – und Wirtschaft ist Leben – ohne Risiken nicht denkbar ist, verlangen die Menschen immer mehr nach Sicherheit, und leider eben nicht nur diejenigen Volksschichten, deren schwache wirtschaftliche Position ein solches Verlangen immerhin begreiflich erscheinen lässt, sondern auch Unternehmer, die am besten ermessen können sollten, wie fremd solche Wünsche vom Blickpunkt echter unternehmerischer Funktion anmuten. (Kartelle im Blickpunkt der Wirtschaftspolitik, Der Volkswirt, 16. Dezember 1949; in: DW, S. 113)

Fragen an den Unternehmer

Eine Aussage darüber, was der Unternehmer von der Politik erwartet, erscheint eben wegen der schon gekennzeichneten Differenziertheit dieser Gruppe kaum möglich. Will der Unternehmer in seinem Tun und Lassen mit allen damit verbundenen Risiken frei sein, oder richtet sich sein Verlangen mehr nach Schutz und

Sicherheit? Lehnt der Unternehmer staatliche Gängelung und Unterstützung in Form besonderer Begünstigungen ab, oder fühlt er sich, wenn auch unter Preisgabe von Teilen seiner Freiheit und Unabhängigkeit, in solcher Fürsorge besser geborgen? Will der Unternehmer in freier, individueller Selbstverantwortung im Markt und im Wettbewerb bestehen, oder möchte er Schutz in kollektiven Bindungen, wie etwa im Kartell, finden? Bejaht der Unternehmer eine liberale Politik weltweiter Offenheit, oder glaubt er in regionalen Begrenzungen der Märkte mehr Sicherheit zu finden? (Unternehmer und Politik, Bulletin des Wirtschaftsringes e.V., VI./1962, GJ, S. 764 f)

Anspruch auf bestimmten Lebensstandard?

Fast unwillkürlich wird gefolgert, dass, gemessen an dem Lohn des Arbeiters, der Angestellte soviel und der Beamte etwas mehr, der Handwerker dies, der Händler jenes und der Industrielle entsprechend noch mehr verdienen dürfe. Und aus dieser Vorstellung leitet dann der Einzelne die sittliche Berechtigung zu seinem Lebensstandard auch für die Gegenwart ab. Das aber ist eine Täuschung, die sich bitter rächen muss. Ich glaube, wir wären als gesamtes Volk und als Volkswirtschaft schon wesentlich weiter, wenn wir einzusehen bereit wären, dass diese Rechnung mit grossen Irrtümern und Fehlern behaftet ist. (Marktwirtschaft im Streit der Meinungen, Rede vor dem 2. Parteikongress der CDU der britischen Zone, Recklinghausen, 28. August 1948; in: DW, S. 74 f.)

Ein Widerspruch

Es ist beispielsweise in höchstem Masse widerspruchsvoll, wenn der Staatsbürger über die unerträgliche Höhe der Steuerlast klagt, gleichzeitig aber vom Staate Hilfen erwartet, die diesem das moralische Recht geben, noch immer höhere Steuern einzuheben. Das gilt für die staatlichen Investitionshilfen, für die staatlichen Kreditgewährungen und für alle Arten staatlicher Subventionen. Wo liegen für den Staat die Grenzen seiner eigenen Entscheidungsfreiheit? Es ist ein Missbrauch der Gewalt, wenn der Staat um politischer Ziele und Vorstellungen willen die Grundsätze einer geordneten Wirtschafts- und Finanzgebarung missachtet, wenn auf solche Weise politisches Wollen und wirtschaftliches Vermögen in unlösbaren Widerspruch geraten. (Massenmenschen aus eigener Schuld, Der Wähler, 1. Juni 1952; in: GJ, S. 345 f.)

Paradoxes Verhalten

… ich erlebe es immer wieder, dass auf der einen Seite wirtschaftliche und unternehmerische Kreise ständig an den Staat mit der Bitte herantreten, er möchte ihnen doch auf diesem oder jenem Gebiet irgendwelche Hilfe oder Unterstützung zuteil werden lassen. Es müssen nicht immer Subventionen und Zuschüsse, sondern es können auch Kreditanforderungen und ähnliches sein. Ja woher soll denn der Staat solche Ansprüche befriedigen können? Ihm fällt das Geld und das Kapital ja auch nicht vom Himmel, sondern alle Wohltaten, die er bezeugt, muss er weniger wohltätig ja dem Staatsbürger erst abnehmen. Wir kommen dann zu der grotesken Erscheinung, dass der überbesteuerte Staatsbürger als Bittsteller bei dem gleichen Staat erscheint und versucht, auf dem Kreditwege das zurückzuerhalten, was nach Recht und Moral eigentlich sein Eigentum aus dem Ertrag seiner Arbeit sein müsste. (An die eigene Kraft glauben, Rede bei der Eröffnung der Technischen Messe Hannover, 26. April 1953; in: DW, S. 216 f.)

Eine perverse Entwicklung

Wir können so reich werden, wie wir wollen; wir werden im Grunde genommen immer ärmer, immer unsicherer, immer abhängiger. Damit verlieren wir auch das Gefühl für den Wert und für die Würde der Persönlichkeit, und am Schlusse, wenn niemand mehr ganz aus sich heraus Sicherheit gewinnen kann, dann überantworten wir als ganzes Volk unsere Zukunft, unser Leben, unser Schicksal dem Staat. Zuletzt werden wir dann alle Sozialrentner, so wohlhabend wir auch sein werden! (An die eigene Kraft glauben, Rede bei der Eröffnung der Technischen Messe Hannover, 26. April 1953; in: DW, S. 219)

Der Staat kann keine Sicherheit bringen

Mit der Abhängigkeit vom Kollektiv und vom Staat gewinnt der einzelne Mensch nicht Sicherheit, sondern er geht umgekehrt ihrer verlustig. Der zur Vermassung hindrängende Wohlfahrtsstaat bringt den Menschen nicht Wohlfahrt, sondern zuletzt immer nur

Armut, Unordnung und sklavische Abhängigkeit. Staatskapitalismus und Staatssozialismus sind gleich fluchwürdige Formen des menschlichen Zusammenlebens und müssen in ihren Wurzeln ausgerottet werden. Freiheit und Sicherheit werden wir nur dann zurückerlangen, wenn auch der letzte Ruf nach materieller Hilfe des Staates einmal verhallt sein wird, denn solche Hilfe kann immer nur auf Kosten zusätzlicher Belastung des Staatsbürgers erfolgen. Jegliche staatliche Kapitalbildung und wachsender Einfluss des Staates in Bezug auf die Gewinnung und Verwendung der volkswirtschaftlichen Erträge schmälern die private Einkommensbildung und verwässern die Idee des privaten Eigentums bis zur schliesslichen Verleugnung. (Die zweite Periode der Sozialen Marktwirtschaft, Industriekurier, 20. Juni 1953; in: GJ, S. 375 f.)

Am Ende: der Sozialuntertan und Wirtschaftslähmung

Die totale Zwangsversicherung und der Versorgungsstaat sind naturgemäss besonders geeignet, den Wagemut, das Leistungsstreben, die Bereitschaft zu freier Spartätigkeit, die persönliche Initiative und das Verantwortungsbewusstsein mehr und mehr zu lähmen, ohne die eine freiheitliche Wirtschafts- und Gesellschaftsordnung nicht existieren kann. Wachsende Sozialisierung der Einkommensverwendung und um sich greifende Kollektivierung der Lebensplanung, weitgehende Entmündigung des Einzelnen und zunehmende Abhängigkeit vom Kollektiv oder vom Staat, aber auch die Verkümmerung eines freien und funktionsfähigen Kapitalmarktes, der Voraussetzung für die Expansion und Stabilität der Marktwirtschaft ist, wären die Folgen dieses gefährlichen Weges, an dessen Ende der «soziale Untertan» und die bevormundende Garantie der materiellen Sicherheit durch den allmächtigen Staat sowie die damit verbundene Lähmung des wirtschaftlichen Fortschritts in Freiheit stünde. (Selbstverantwortliche Vorsorge für die sozialen Lebensrisiken, Versicherungswirtschaft, Januar 1965; in: DW, S. 306)

Wir geraten auf eine falsche Bahn

Wenn aber eine Wirtschaftsordnung ... nicht mehr um das Ganze weiss, wenn sie das Gefühl der Verantwortung verkümmern lässt und nichts mehr von Nächstenliebe atmet, kann und darf sie nicht auf Resonanz und Anerkennung hoffen. Eine Wirtschaftsordnung hat wohl in ihren Methoden, nicht aber in ihren Zielen wertefrei zu sein. Auch von der Politik her drohen wir auf eine falsche Bahn zu geraten, wenn wir den Wohlfahrtsstaat immer mehr perfektionieren wollen, dabei aber die menschlichen Beziehungen und Verantwortungen innerhalb der Wirtschaft und Gesellschaft gar vollends veröden lassen. Ich spüre wohl die Unsicherheit der Menschen; ich glaube, ihre seelische Not zu kennen und bin mir deshalb auch bewusst, dass wirtschaftlicher Fortschritt und materielle Sicherheit allein nicht ausreichen werden, um unserer Bevölkerung in der Bundesrepublik – d. h. Ihnen allen – das Gefühl eines sinnerfüllenden Lebens vermitteln zu können. (Besinnung und Verantwortung in der Volkswirtschaft, Rundfunkansprache, 12. März 1956; in: DW, S. 309 f.)

Überraschender Schrei nach immer mehr Kollektivsicherheit

Dem steht allerdings die bedenkliche Entwicklung gegenüber, die soziale Sicherheit in allen Vorstellungsformen mit starkem kollektivistischen Trend immer mehr perfektionieren zu wollen. Dass das der Ausprägung des Leistungswillens und der Persönlichkeit nicht gerade förderlich ist und dass eine Überspitzung solchen Denkens die anschauliche Beziehungen zwischen Aufwand und Ertrag, Leistung und Einkommen in trügerischer Weise zu überdecken geeignet ist, kann füglich nicht bestritten werden. Das ist das überraschende Phänomen unserer Zeit, dass in dem gleichen Masse, in dem durch die Mehrung des Wohlstands die soziale Sicherheit aus eigener Kraft sich verbessert und die Gleichförmigkeit einer nicht mehr von Risiken bedrohten ständigen wirtschaftlichen Aufwärtsentwicklung das Gespenst sozialer Notstände gebannt hat, der Schrei nach noch immer mehr kollektiver Sicherheit nur immer lauter erschallt. Dafür mag es besonders im Hinblick auf tragische politische Erfahrungen manche Erklärungen geben, aber gleichwohl gehen sie am eigentlichen Kern des Problems vorbei, weil kein Staat und keine Volkswirtschaft mehr soziale Gaben ausstreuen können, als ein Volk erarbeitet. Gegen politische Katastrophen insbesondere gibt es keine soziale Sicherheit. Das haben wir nach dem Zusammenbruch erfahren müssen und uns deshalb im Zuge eines erfolgreichen Wiederaufbaus in mannigfachen Formen um Wiedergutmachung und sozialen Ausgleich bemüht. (Dreissig

Jahre Konjunkturpolitik 1929–1959, Via Aperta Nr. 12, Dezember 1959/Januar 1960; in: DW, S. 468)

Staat verbreitet soziale Unsicherheit

Die Sicherheit des einzelnen Menschen hat mit der Überantwortung seines Schicksals an den Staat oder an das Kollektiv nicht zugenommen, sondern abgenommen. (Gottfried Heller zitiert Ludwig Erhard, in: Erhards «Unvollendete», Entfesselung der Wirtschaft statt Bündnis für Arbeit, in: MVV, S. 244)

Beste Sicherheit ist die Selbstsicherheit

So ohne weiteres glaube ich nicht, dass irgendein Mensch, wie ihn der liebe Gott so geschaffen hat, bereit wäre, sein Schicksal anderen zu überantworten und seine Sicherheit im Kollektiv zu finden. Ich glaube, die beste Sicherheit ist die, wenn der einzelne Mensch wieder zu dem Bewusstsein und zu der Gewissheit gelangt, dass er auf Grund seiner Leistungen und seiner Arbeit sein Schicksal selbst gestalten kann. (An die eigene Kraft glauben, Rede bei der Eröffnung der Technischen Messe Hannover, 26. April 1953; in: DW, S. 216)

13. Stabile Währung als Grundrecht

Rückblick auf die grosse Inflation

In der Zwischenzeit aber, d. h. bis zur Währungsreform vom November 1923, musste das deutsche Volk zum ersten Male in tragischer Weise erfahren, was Inflation bedeutet, wie sie eine gewachsene volks- und gesellschaftwirtschaftliche Struktur im Innersten zerstört, wie sie das Schiebertum gedeihen und die ehrliche Arbeit sinnlos werden liess, wie sie das Vertrauen in die staatliche Ordnung zerstörte und substanzlosen Schwärmern und Scharlatanen Auftrieb gab, wie die materielle und seelische Not des Volkes zu politischer Falschmünzerei missbraucht wurde und selbst redliche Menschen in Verwirrung und Schuld stürzte.

Zudem waren Bande der Welt zerrissen, und darum darf ich es heute, fern von jeder Anklage, wohl aussprechen, dass in jener Epoche nicht nur wir Deutsche irrten, sondern auch andere Völker und unter ihnen fast zwangsläufig die Siegermächte von ehemals, die zur Erreichung eines politischen Zieles brauchbare ökonomische Möglichkeiten gröblich verkannten. Sie haben damit ungewollt die Weltwirtschaft in ihren Grundfesten zerstört, ohne ihren Zielen nützen zu können. (Gestern – Heute – Morgen, Elektrola-Schallplatten, 9. Juni 1961; in: GJ, S. 687 f.)

Wichtigkeit der Preisstabilität

Die Soziale Marktwirtschaft ist ohne eine konsequente Politik der Preisstabilität nicht denkbar. Nur diese Politik gewährleistet auch, dass sich nicht einzelne Bevölkerungskreise zu Lasten anderer bereichern. (WA, 1. Kapitel, Die wirtschaftlichen Grundrechte, S. 15)

Wichtigkeit stabiler Preise

Stabile Preise sind die Grundlage einer sozialen Befriedigung, sind die Grundlage einer organischen Spartätigkeit und die Grundlage der politischen Ordnung. (Im Schatten des Korea-Konfliktes, Rede vor dem Deutschen Bundestag, 14. März 1951; in: GJ, S. 281)

Gegen inflatorische Konjunkturpolitik

Die Stabilität der Währung ist oberstes Gebot. Jene geistige Verwahrlosung, die in einer fortdauernden, wenn auch nur leichten Verwässerung der Kaufkraft unseres Geldes sogar einen Konjunkturimpuls erkennen möchte, muss ausgerottet werden, und so wenig die Bundesregierung an Preis- und Lohnstopp denkt, muss sie gleichwohl deutlich machen, dass die Wahrung der Stabilität des deutschen Preisniveaus Voraussetzung jeder gedeihlichen Ordnung und Bedingung jedes wirtschaftlichen und sozialen Fortschritts ist. (Unternehmer und Konjunktur, Rundfunkansprache, 14. Oktober 1955; in: DW, S. 288)

Währungsstabilität und Lohnforderung

Es erscheint auch heute noch dringend geboten, jedem einzelnen Staatsbürger den unmittelbaren Zusammenhang zwischen der Stabilität der Währung und seinem eigenen Verhalten bewusst zu machen; sei es, um zu verhindern, dass zu stark erhöhte Löhne Preissteigerungen auslösen, sei es auch, um hinsichtlich der Preisstellung eine bedenkenlose Ausnutzung der Hochkonjunktur zu vermeiden. Ohne diesen von mir gepflegten, nahezu ununterbrochenen Kontakt wäre es kaum denkbar gewesen, das Gedankengut der Sozialen Marktwirtschaft den breiten Schichten der Bevölkerung verständlich zu machen. (WA, 13. Kapitel, Politik nicht vom grünen Tisch, S. 265)

Gegen «relative» Inflation

Es ist falsch und gefährlich, von einer relativen Inflation zu sprechen. Ich meine, man kann sich im Leben immer auf Menschen berufen, die noch sündiger sind, als man selber ist. Das tut unsere Regierung, aber das nützt nichts. (Die Welt, 4. Februar 1972, Gespräch Ludwig Erhards mit Herbert Kremp und Georg Schröder, Die Inflation ist der schlimmste Feind, in: Der Geburtstag, S. 221)

Inflation als Betrug am Bürger

Die Inflation muss vielmehr als das hingestellt werden, was sie wirklich ist, nämlich als Betrug am Staatsbürger, der um einen Teil seines Einkommens aber noch mehr um seine Ersparnisse gebracht wird. Die Inflation schmälert nicht nur die Einkommen, sondern zerstört die Existenzgrundlagen. Eng damit zusammen hängt die Illusion, dass die Inflation wachstumsfördernd und somit Garant der Arbeitsplätze sei. Die These, die immer wieder von der jetzigen Bundesregierung verbreitet wird, dass man sich entweder für die Preisstabilität oder für die Vollbeschäftigung entscheiden müsse, ist weniger eine wissenschaftliche Erkenntnis als vielmehr das Alibi für konjunkturpolitische Abstinenz. Es handelt sich hierbei um die in der ökonomischen Theorie unter dem Namen «Phillips-Kurve» bekannte Relation zwischen Preisveränderungen und Arbeitslosenkurve. (Saarbrücker Landeszeitung, 29. Januar 1972, Ludwig Erhard im Gespräch mit Hanno Schoene, Inflation ist Betrug am Bürger, in: Der Geburtstag, S. 244)

14. Die Selbstzerstörung des Versorgungsstaates

Die Hand in der Tasche des anderen

Ich bin in der letzten Zeit allenthalben erschrocken, wie übermächtig der Ruf nach kollektiver Sicherheit im sozialen Bereich erschallt. Wo aber sollen wir hinkommen, wenn wir uns immer mehr in eine Form des Zusammenlebens von Menschen begeben, in der niemand mehr die Verantwortung für sich selbst zu übernehmen bereit ist und jedermann Sicherheit im Kollektiv gewinnen möchte. Ich habe diese Flucht vor der Eigenverantwortung drastisch genug gekennzeichnet, wenn ich sagte, dass, falls diese Sucht weiter um sich greift, wir in eine gesellschaftliche Ordnung schlittern, in der jeder die Hand in der Tasche des anderen hat. Das Prinzip heisst dann: ich sorge für die anderen und die anderen sorgen für mich. (WA, 12. Kapitel, Die Hand in der Tasche des Nachbarn, S. 248)

Was der Versorgungsstaat menschlich zerstört

Die Blindheit und intellektuelle Fahrlässigkeit, mit der wir dem Versorgungs- und Wohlfahrtsstaat zusteuern, kann nur zu unserem Unheil ausschlagen. Dieser Drang und Hang ist mehr als alles andere geeignet, die echten menschlichen Tugenden: Verantwortungsfreudigkeit, Nächsten- und Menschenliebe, das Verlangen nach Bewährung, die Bereitschaft zur Selbstvorsorge und noch vieles Gute mehr allmählich, aber sicher absterben zu lassen – und am Ende steht vielleicht nicht die klassenlose, wohl aber die seelenlos mechanisierte Gesellschaft. (WA, 12. Kapitel, Die Hand in der Tasche des Nachbarn, S. 248 f.

«Wahnwitz»

Man kann es nur als einen Wahnwitz bezeichnen, die vermeintliche Ungerechtigkeit der Vermögensverteilung durch eine Politik der Überforderung der Volkswirtschaft heilen zu wollen. Dieses Verhalten führt vielmehr unausweichlich zu einer fortdauernden Schwächung unsrer Leistungs- und Wettbewerbskraft, zu einer Minderung der volkswirtschaftlichen Aktivität, zu einer anhaltenden Schmälerung der Erträge, zu einer rückläufigen Investitions-neigung und -fähigkeit, zur Gefährdung eines ausreichenden Steueraufkommens und am Ende zur Zerstörung der Vollbeschäftigung und zur Gefährdung der Arbeitsplätze. Auf solche Weise kann man den arbeitenden Menschen nicht nutzen. (Masshalten!, Rundfunkansprache, 21. März 1962, GJ, S. 731 f.)

Leistungssteigerung oder mehr Freizeit?

Im Grunde genommen lautet die Alternative dahin: Wollen wir in Deutschland angesichts der noch mannigfach zu lösenden Aufgaben und starker Belastungen unter Wahrung der seitherigen Arbeitszeit die steigende Produktivität in einer Verbesserung der Lebensmöglichkeiten und in einer Mehrung des Wohlstandes zur Auswirkung kommen lassen, oder aber wollen wir bei dem derzeitigen Zustand Genüge finden und eine steigende Produktivität zu mehr Musse und Freizeit nutzen? Diese Frage kann vom wirtschaftspolitischen Standpunkt allein nicht beantwortet werden. Persönlich bin ich der Meinung, dass wir in dem Bestreben, uns mit der Weltwirtschaft immer enger zu verbinden und in ihr eine gesicherte Position zu erhalten, zunächst noch an Leistungssteigerung und nicht an Leistungsminderung denken sollten. (Zur Arbeitszeitfrage, Bunte Illustrierte, Mai 1955; in: GJ, S. 441)

Lähmung des individuellen Leistungswillens

Wir lehnen den Wohlfahrtsstaat sozialistischer Prägung und die allgemeine kollektivistische Staatsbürgerversorgung nicht nur deshalb ab, weil diese anscheinend so wohlmeinende Bevormundung Abhängigkeit schafft, die zuletzt nur Untertanen züchtet, die freie staatsbürgerliche Gesinnung aber abtöten muss, sondern auch darum, weil diese Art von Selbstentäusserung, d. h. die Preisgabe menschlicher Verantwortung mit der Lähmung des individuellen Leistungswillens zu einem Absinken der volkswirtschaftlichen Leistung im Ganzen führen muss. (Wohlstand für Alle!, Rede vor dem 7. Bundesparteitag der CDU, Hamburg, 14. Mai 1957; in: DW, S. 341)

Geistige Verwirrung

«Weniger arbeiten», «besser leben», «mehr verdienen», «schneller zu Reichtum gelangen», über Steuern klagen, aber dem Staat höhere

Leistungen abzuverlangen – das alles kennzeichnet zusammen eine geistige Verirrung und Verwirrung, die kaum noch zu überbieten ist und die, auf die Spitze getrieben, die Grundfesten unserer gesellschaftlichen Ordnung zu zerstören geeignet wäre. (Gebt dem Staate, was des Staates ist, Die Zeit, 21. November 1957; in: DW, S. 373)

Paradoxie

Es ist doch eigentlich merkwürdig, dass in den letzten Jahren, in denen aus dem Nichts heraus der Wohlstand von Jahr zu Jahr sich so sichtbar vermehrt hat, jeder Mensch aus eigener Kraft an eigener Freiheit gewinnen konnte, der Ruf nach dem Kollektiv nur immer dringender wird. Ist etwa das die einzig schlüssige Antwort, dass ein Volk, das fast in einer Generation zwei Inflationen erlebt hat, das Selbstvertrauen verloren hat? (Das Handwerk hat Zukunft, Ansprache zum 60-jährigen Bestehen der Handwerkskammer Köln, 2. Juli 1960; in: DW, S. 497 f.)

Falsches Motto

Solange man auf der politischen Ebene nach dem Motto verfährt: Lasst uns weniger arbeiten, auf dass wir mehr konsumieren können! Sind wir auf dem falschen Wege. (Bundesverband der Deutschen Industrie, Stuttgart, 15. Mai 1955; in: WA, 10. Kapitel, Die letzten Ziele, S. 233)

Umverteilung

Meine Damen und Herren, das Wort Umverteilung kann ich nicht mehr hören. Das wird allmählich zu einem Gesellschaftsspiel, mit dieser Vokabel ist doch nichts mehr anzufangen. (Rede von Ludwig Erhard beim Empfang des Wirtschaftsrates der CDU in Frankfurt, 17. Februar 1977, in: Erbe, S. 467)

Dem Glück nicht gewachsen

Das war noch immer die geschichtliche Tragik der Deutschen, dass sie ihre höchsten Tugenden in der Not entfalteten, sich aber den Stunden des Glückes nicht gewachsen zeigten. Während die gute Ernte sichtbar heranreift, befällt uns die Ungeduld, dann reissen wir die Früchte unreif vom Baum und verfallen in neue Not. Wer einem solchen selbstzerstörerischen Flagellantismus Vorschub oder Folge leistet, wird mitschuldig an der dann unausbleiblichen Tragik der Entwicklung. Hat etwa das seichte Gerede von dem «deutschen Wunder» in unseren Köpfen wirklich die mystische Vorstellung erweckt, dass wir zaubern könnten? (Besinnung und Verantwortung in der Volkswirtschaft, Rundfunkansprache, 12. März 1956; in: DW, S. 308 f.)

Hypochondrie

Das deutsche Volk bietet heute der Welt das gewiss nicht alltägliche Schauspiel, dass es auf der Woge einer ausgesprochenen Hochkonjunktur nichts Besseres weiss, als sich über angebliche Notstände, über vermeintliche Unzulänglichkeiten und Widrigkeiten seines wirschaftlichen und sozialen Seins zu zerstreiten. Ja, man kann füglich behaupten, dass die Stimme der Unzufriedenen umso lauter schallt, je bessere Fortschritte erzielt wurden, und dass Begehrlichkeit und Missgunst in dem gleichen Masse anwachsen, als wir – Not und Elend überwindend – auf dem Wege zu neuem Wohlstand erfolgreich fortschreiten. (Besinnung und Verantwortung in der Volkswirtschaft, Rundfunkansprache, 12. März 1956; in: DW, S. 307)

Planwirtschaft durch die Hintertür

Die SPD bringt zwar aus verständlichen Gründen nicht mehr den Mut auf, Planwirtschaft zu predigen; sie versäumt jedoch keine Gelegenheit, dieses ihr Dogma über die Hintertür wieder in die deutsche Wirtschafts- und Gesellschaftsordnung hereinzuschmuggeln. Es wird daher unserer ganzen Wachsamkeit bedürfen, dem deutschen Volke diese tödliche Gefahr immer wieder vor Augen zu führen, die ihm Wohlstand und Freiheit kosten würde. (Wohlstand für Alle!, Rede vor dem 7. Bundesparteitag der CDU, Hamburg, 14. Mai 1957; in: DW, S. 346)

Hohe Staatsquote gefährdet freiheitliche Ordnung

Glauben Sie, der Staat könne mehr leisten, als er vorher dem Volke abgenommen hat? Wir sind mit einem Anteil der öffentlichen Hand von 40 Prozent am Sozialprodukt schon fast das Land, das in der nichtkommunistischen Welt an der Spitze liegt. Je mehr gefordert wird, desto mehr muss der Staat Ihnen abverlangen, und dann werden diese 40 Prozent auf 45 und auf 50 Prozent gesteigert werden. Glauben Sie weiter, dass dann noch eine freiheitliche Ordnung denkbar ist, dass unser Volk dann noch aus Menschen besteht, die in geistiger und materieller Unabhängigkeit echte Staatsbürger im demokratischen Sinne bleiben können?! (Das Handwerk hat Zukunft, Ansprache zum 60-jährigen Bestehen der Handwerkskammer Köln, 2. Juli 1960; in: DW, S. 495 f.)

Nur noch gradueller Unterschied von totalitären Systemen

Es sind entweder göttliche Rechte, auf die die Interessenten pochen – sie fordern immer nur im Namen der Gerechtigkeit –, oder aber es ist das allgemeine Wohl, das die Erfüllung ihrer Wünsche verlangt. Ich bin gewiss für Leben und Bewegung, aber was im Zeichen einer (völlig missverstandenen) Dynamik an immer neuen Forderungen – ja, an Überforderungen der Volkswirtschaft durchzusetzen versucht wird, kann nur allzu leicht mit einem Katzenjammer enden. Die Ansprüche an den Staat wachsen in dem gleichen Masse, wie das Gefühl für Eigenverantwortung verkümmert und schliesslich erstickt. Jeder glaubt, zu kurz zu kommen, woraus folgt, dass was dem einen recht ist, auch jedem anderen billig sei. So aber schliddern wir zusehends und zunehmend in den perfekten Wohlfahrtsstaat, der jedes wahre Menschentum unterhöhlt und uns in eine gesellschaftliche Ordnung hineintreibt, die sich nicht mehr grundsätzlich, sondern nur noch graduell von totalitären Systemen unterscheidet. (Die wahren Feinde des deutschen Volkes, Frankfurter Allgemeine Zeitung, 27. August 1960; in: DW, S. 505 f.)

Gefühl für das Mögliche verloren

Wir haben offenkundig das Gefühl für das Mögliche verloren und schicken uns an, eine Sozialpolitik zu betreiben, die vielleicht das Gute will, aber mit Gewissheit das Böse – nämlich die Zerstörung einer guten Ordnung – schafft. So manches Mal frage ich mich wirklich, ob denn dieses deutsche Volk mit wachsendem Wohlstand immer weniger ansprechbar, immer weniger bereit ist, die Wahrheit zu hören. (Masshalten!, Rundfunkansprache, 21. März 1962, GJ, S. 733)

«Klagen, ohne zu leiden»

Obwohl wir aus dem Geschehen der letzten 15 Jahre angesichts auch des Fortschritts in der individuellen Lebensführung von Zuversicht und Vertrauen in unsere Kraft getragen sein müssten, will dennoch eine Stimmung des Sich-selbst-Bemitleidens und eines selbstquälerischen Pessimismus um sich greifen. So gehört es zum guten Ton, «überarbeitet» zu sein, «keine Zeit» zu haben, «zu klagen ohne zu leiden». (Politik der Mitte und Verständigung, Regierungserklärung, 18. Oktober 1963, GJ, S. 832 f.)

Gegen strukturlose Expansion von Sozialsubventionen

Deshalb ist es das Ziel der deutschen Sozialpolitik, alle sozialen Gruppen vor einer Entwicklung zu bewahren, in der sie zunehmend bloss Objekte staatlicher Fürsorge sind. Die Bundesregierung verkennt dabei nicht die Notwendigkeit, eine Politik umfassender Daseinsvorsorge für unsere gesamte Gesellschaft zu treiben. Aber dieses Ziel lässt sich nur durch eine weitsichtige Strukturpolitik der Gesellschaft erreichen, nicht durch eine strukturlose Expansion sozialer Subventionen. (Sparsamkeit und Nüchternheit, Regierungserklärung, 10. November 1965, GJ, S. 954)

Zivilcourage schwindet bei Staatsabhängigkeit

Wenn das Gefühl der Abhängigkeit vom Staat und seiner Gnade oder von Kollektiven überhand nimmt, kann man auch keine Zivilcourage erwarten. Aber auf diesem Wege werden freie Bürger zu Untertanen degradiert. Wieder bestätigt ein Vergleich zwischen der Lebensordnung in totalitären Staaten und freien Ländern die Gültigkeit dieser Aussage. (Das Ordnungsdenken in der Marktwirtschaft, Festschrift zum 90. Geburtstag von Ludwig von Mises, 1971, GJ, S. 1049)

Armseligkeit für alle als Endstation

… als der Wohlfahrtsstaat nach allen vorliegenden Erfahrungen alles anders als «Wohlfahrt», sondern letztlich «Armseligkeit» für alle bedeuten muss. WA, 12. Kapitel, Am Ende steht der soziale «Untertan», S. 253)

Wer ist ein «guter Europäer»?

15. Ordnungspolitik und Machtpolitik

Rückblick auf die Weltwirtschaftskrise

Die Weltwirtschaftskrise ... resultierte nicht aus einer zu engen Verbindung der Volkswirtschaften, sondern aus zu geringen und dazu noch falsch angelegten Beziehungen. Man kurierte an den Symptomen, anstatt die Wurzeln des Übels freizulegen, und man begnügte sich mit der Errichtung einer technisch gerade noch manipulierbaren Scheinordnung, statt die Einsicht und den Mut zu freiheitlichen und organischen Lösungen aufzubringen. Die allumfassende, d. h. die anpassende, in sich selbst ruhende, gleichgewichtige nationale und zwischenstaatliche Ordnung wurde preisgegeben und durch ein vielmaschiges Netz mechanistischer Teillösungen ersetzt, die, unter sich mehr oder minder beziehungslos, in ihrer Gesamtheit das ganze Chaos deutlich werden liessen. Das war die Geburtsstunde der Devisenzwangswirtschaft, die Unfreiheit und Unmoral auslöste und die letzten Reste des Aussenhandels noch zum Tummelplatz diskriminierender Praktiken und staatlicher Verfälschungen echter Werte und Leistungsbeziehungen machte. Unter den immer stärker aufkommenden planwirtschaftlichen Vorstellungen erstickte jede schöpferische Initiative, und das Gefühl der Ausweglosigkeit und Hilflosigkeit schuf eine Atmosphäre tiefer Resignation. Der immer grösser werdenden Arbeitslosigkeit mit einer Deflationspolitik begegnen zu wollen, musste sich naturnotwendig als ein verhängnisvoller Fehler erweisen, der der Wirtschaft gar noch die letzten Impulse raubte. (Dreissig Jahre Konjunkturpolitik 1929–1959, Via Aperta Nr. 12, Dezember 1959/Januar 1960; in: DW, S. 466)

Aus der Geschichte lernen

Lernen wir aus der Geschichte! Nicht zuletzt kam in den letzten 50 Jahren so viel Unheil über die Welt, weil die Völker und Staatsmänner eine Synthese zwischen Freiheit und Verantwortung nicht zu finden vermochten, weil sich weder der Wille zur Freiheit und zur Abwehr jedweder Gewalt deutlich genug ausprägte, noch sich über partielle oder nationale Interessen hinaus eine höhere gemeinsame Verantwortung manifestierte. (Lehren der Geschichte, Ansprache auf dem 11. CDU-Bundesparteitag in Dortmund, 4. Juni 1962, GJ, S. 743)

Marktwirtschaft sprengt Nationalwirtschaft

Während der staatsrechtliche Zusammenschluss von sozialistisch strukturierten Nationalwirtschaften aus besagten Gründen mit Spannungen geradezu geladen sein muss, sprengen die Marktwirtschaften aus dem System heraus die nationale Enge und begründen damit echte, erlebte und dauerhafte Gemeinschaften. Wo immer wir hinblicken, wird es sinnfällig, dass die Freiheit ein unendlich viel besseres und wirksameres Element der Ordnung verkörpert, als es der Zwang mit all seinen Organisationskünsten je sein kann. (Wirtschaftspolitischer Ausklang, Frankfurter Allgemeine Zeitung, 31. Dezember 1951; in: GJ, S. 317)

Irrwahn der Autarkie

Wir wollen gewiss nicht überheblich sein und wähnen, dass wir den Stein der Weisen gefunden hätten, aber das eine dürfen wir der Gegenwart wohl als Gewinn und Verdienst anrechnen, dass die Völker das Gespenst des nationalistischen Irrwahns gebannt haben. Die Not hat uns gelehrt, dass kein Land und Volk, so gross und mächtig es auch sei, noch glückliche Lösungen nur für sich selbst und seine Umweltbeziehungen finden könnte. Das mögen vielleicht noch totalitäre Staaten glauben, aber auch deren Übermut wird noch zuschanden werden. (Gestern – Heute – Morgen, Elektrola-Schallplatten, 9. Juni 1961; in: GJ, S. 603)

Schicksal der Völker nicht mehr nationalstaatlich zu begrenzen

Anders als in früheren Zeiten, als die Völker in ihrer nationalstaatlichen Bindung oder sogar Isolierung zwar immer wieder einmal in kriegerische Konflikte gerieten, aber im Grundsatz doch immer wieder ihr nationales Eigenleben fortführten, erkennen wir heute, dass diese Epoche vorbei ist. Die einen mögen darüber bestürzt sein, den anderen mag es eine Hoffnung bedeuten. Aber wie dem auch sei, wir müssen uns mit dieser Entwicklung und in ihr mit einer glücklichen Gestaltung unserer Zukunft auseinandersetzen. Das Leben der einzelnen Völker mag und soll sogar seine Eigenständigkeit, seine Vielfältigkeit bewahren – die Schicksale der Völker aber sind nicht mehr nationalstaatlich zu begrenzen. Wir wissen um die neuen Formen zwischenstaatlicher Bindungen und übernationaler Zusammenarbeit, aber vergessen wir darüber nicht, dass es mit Organisationen und Institutionen allein nicht getan ist, sondern dass diese politischen Wandlungen und Umschichtungen nicht im Sinne des historischen Materialismus zu deuten sind, sondern von geistigen Kräften geformt und getragen werden. (Gestern – Heute – Morgen, Elektrola-Schallplatten, 9. Juni 1961; in: GJ, S. 704)

Isolierter Nationalstaat unfruchtbar

Nicht nur wir Deutsche spüren es angesichts unserer nationalen Not, dass in der angestossenen weltweiten Auseinandersetzung auf allen Ebenen des Lebens der isolierte Nationalstaat zur Unfruchtbarkeit, wenn nicht gar zum Untergang verurteilt ist. Das aber wiederum heisst, dass wir nicht nur aus der Interessenlage des Augenblicks und auch nicht um materieller Vorteile willen politische Entscheidungen zu treffen haben, sondern in unlösbarer Bindung an höchste gemeinsame Werte und um ihrer Verteidigung willen einen klaren Standort beziehen müssen. (Lehren der Geschichte, Ansprache auf dem 11. CDU-Bundesparteitag in Dortmund, 4. Juni 1962, GJ, S. 744 f.)

Interdependenz der Ressorts

Man glaubte noch wie zu Metternichs Zeiten, dass z. B. Wirtschaft nur «Wirtschaft» und Politik eben «Politik» sei, dass jeder Ausdruck des menschlichen Lebens sozusagen ressortmässig manipuliert werden könne, und dabei noch eine ewig gültige Rangordnung vorgegeben wäre. So kam es über die Weltwirtschaftskrise, Massenarbeitslosigkeit, nationalistisch-egoistische Inzucht und die Auflösung aller Bande der Völkergemeinschaft fast zwangsläufig dahin, dass verbrecherische Elemente auf dem Hintergrund wirtschaftlicher und sozialer Krisen jenes schreckliche Inferno auslösen konnten, dessen lebendige Zeugen wir waren und dessen Trümmer wir vorfanden, als wir politische Verantwortung in Deutschland übernahmen. (Lehren der Geschichte, Ansprache auf dem 11. CDU-Bundesparteitag in Dortmund, 4. Juni 1962, GJ, S. 743 f.)

Aussenpolitik nicht mehr zu isolieren

Die Aussenpolitik, so hören wir jeden Tag, soll unser Schicksal sein. Ich widerspreche dem nicht, wenn darunter das ganze, das alle Lebensbereiche umfassende Schicksal eines Volkes verstanden und zu einer Einheit zusammengefügt werden soll. Aber ich widerspreche mit aller Entschiedenheit einer Auffassung, die glauben machen möchte, dass losgelöst von allen Lebensformen und Seinsbereichen der Völker und der Menschen die Aussenpolitik als eine Politik in sich selbst Wert, Sinn und zuletzt Erfolg haben könnte (Haben wir aus der jüngsten Geschichte gelernt?, Die Zeit, 5. Dezember 1961; in: DW, S. 607)

Neuer Charakter der Aussenpolitik

Damit, dass ein Phänomen als eine politische oder wirtschaftliche Frage charakterisiert wird, kann man der Komplexität des Lebens der Völker nicht mehr gerecht werden. Hier geht es nicht um Rangordnungen, sondern um Zuordnungen. Je mehr bei der modernen Entwicklung jedwede nationale Entscheidung auch über die Grenzen eines Landes hinaus Wirkungen zeitigt, so dass im isolierten nationalen Raum überhaupt keine glücklichen gesellschaftspolitischen Lösungen mehr denkbar sind, desto mehr wird offenkundig, dass sich der Charakter und der innere Gehalt der Aussenpolitik kaum mehr abgrenzen lässt, sondern ein neuer politischer Stil der Gestaltung der Völkerbeziehungen erforderlich wird. (Wir leben nicht mehr in Metternichs Zeiten, Die Zeit, 25. Dezember 1959; in: DW, S. 458)

Rolle der Wirtschaft in den Aussenbeziehungen

Es ist ja schliesslich nicht mehr zu übersehen, wie sehr das Schwergewicht der zwischenstaatlichen Beziehungen heute auf wirtschaftlichem Gebiet liegt, und wie sehr vor allen Dingen die Freundschaften zwischen den Völkern darauf beruhen, dass durch einen freien Güteraustausch und Kapitalverkehr die Wohlfahrt und die soziale Sicherheit der Völker befruchtet werden. Bei der Erfüllung dieser Aufgabe handelt es sich beileibe nicht um technische Massnahmen, wie etwa die Gestaltung eines internationalen Fahrplans, sondern um eine eminent politische Frage, die für das Freundschafts- oder Spannungsverhältnis zwischen den Nationen von immer grösserer Bedeutung ist. (Wir leben nicht mehr in Metternichs Zeiten, Die Zeit, 25. Dezember 1959; in: DW, S. 458 f.)

Gegen Devisenzwangswirtschaft

Devisenzwangswirtschaft bedeutet Protektionismus und Nationalismus, bedeutet Isolierung und Verharren in der Primitivität, Verhinderung des Fortschritts und des Wohlstandes, aber es ist das Mittel dazu, um die freie Welt noch einmal in verschiedene Bereiche und Zonen aufzuspalten. (Nach dem Scheitern der Europäischen Verteidigungsgemeinschaft, Bulletin, 22. September 1954; in: DW, S. 246)

«Macht» und «Stärke» nicht verwechseln

An dieser Stelle sei mir ein Exkurs erlaubt, der das Begriffspaar «Macht» und «Stärke» ausdeuten möchte. Vielleicht fühle ich mich mit dieser Fragestellung sogar persönlich angesprochen, weil man mir allenthalben keinen Instinkt für Macht nachsagt. Das mag insoweit richtig sein, als in meinen Vorstellungen «Macht» auch immer mit dem Odium des Missbrauchs und der Gewalt verbunden ist und aus solchem Geist heraus Dritten gegenüber auch immer eine Bedrohung darstellt. Macht weist in meiner Sicht vorwiegend aggressive Züge auf, wie sie besonders deutlich in dem politischen Machtanspruch einzelner Völker und Nationen über andere zutage treten. Soll solcher verderblichen Macht nun andere Macht oder nicht besser ruhige, selbstbewusste und überzeugende Stärke entgegengesetzt werden? Macht gegen Macht treibt, wie die Geschichte lehrt, nur zu oft ins Verhängnis, während sich blosse Macht an Stärke brechen kann. Vielleicht sind das nur freie Auslegungen von Begriffen, aber diese Unterscheidung offenbart doch mein inneres Wesen, das nicht nach Macht, sondern nach Kraft und Stärke verlangt, um das Rechte vollbringen zu können. (Gestern – Heute – Morgen, Elektrola-Schallplatten, 9. Juni 1961; in: GJ, S. 699)

Handelspolitik nicht als Machtpolitik

Ich glaube, dass es der Denkkategorie einer hoffentlich überwundenen Vergangenheit angehört, die Handelspolitik als eine Dienerin der Aussenpolitik oder gar als ein Instrument staatlicher Machtpolitik aufzufassen. (WA, 13. Kapitel, Handelspolitik im neuen Stil, S. 266)

Sachgesetzlichkeit setzt sich durch

Selbst wenn wir wider alle Vernunft handeln und gegen alle Warnungszeichen blind und taub bleiben – die inneren Gesetze eines weltweiten freien Marktes werden uns zur Besinnung und zur Wiederherstellung einer gedeihlichen Ordnung zwingen. (Lehren der Geschichte, Ansprache auf dem 11. CDU-Bundesparteitag in Dortmund, 4. Juni 1962, GJ, S. 759)

Vorteil der Goldwährung

Wenn unter den Spielregeln der Goldwährung die Möglichkeit einer Kapitalaufnahme oder diejenige des Goldabstroms erschöpft war, dann gab es keine Macht der Welt, die den Wechselkurs dieses Landes hätte vor dem Absinken bewahren können. In Zeiten der Goldwährung sind weder durch Institutionen noch durch Personen Befehle erteilt worden. Es gab den anonymen Befehl, der aus dem Ordnungsprinzip, aus dem System heraus erteilt wurde. Dieser war indessen nicht belastet mit Vorstellungen nationaler Souveränität, nicht mit dem Wahnglauben an eine mögliche wirtschaftspolitische Autonomie oder was es sonst noch alles an Vorurteilen oder Empfindlichkeiten geben mag. Soweit sind wir leider noch nicht wieder. (WA, 14. Kapitel, Stability begins at home, S. 296)

16. Gegen einen europäischen Superstaat

Der moderne Mensch ist tatsächlich so sehr daran gewöhnt, sich eine echte Ordnung nur dann vorstellen zu können, wenn diese in Organisationen oder in einem Heer von Beamten Ausdruck findet und womöglich noch der Sand in der Maschine hörbar wird. So kommt es denn auch, dass der von mir vorgeschlagene Weg der Freiheit immer wieder dem Angriff ausgesetzt ist, ich wäre ein schlechter Europäer. (WA, Kapitel 14, Wer ist ein guter Europäer?, S. 308)

Soweit alle Bemühungen, zur Integration Europas zu gelangen, überhaupt auf einen Nenner gebracht werden können, so auf den: Verwirklicht die Freiheit in allen Lebensbereichen! (WA, Kapitel 14, Die Freiheit ist unteilbar, S. 305)

Falsch gestellte Fragen

Die Frage, wer ein guter oder schlechter Europäer sei, ist falsch gestellt. Ich jedenfalls bin nicht willens, mir meine europäische Gesinnung und auch nicht meine Gläubigkeit aberkennen zu lassen, weil ich die Frage anders gestellt und allen Beteiligten zu prüfen anheimgegeben habe, ob es denn nur einen Weg und eine Methode hin zu Europa gäbe oder ob nicht andere Mittel vielleicht schneller und wirksamer zum Ziele führten. (Wer ist ein guter Europäer?, Deutsche Korrespondenz, 21. Juli 1955; in: GJ, S. 443 f.)

«Funktionale Integration» ohne institutionelle Befehlsgewalt

Ich spreche damit die Setzung einer internationalen Ordnung an, bei der nicht institutionelle oder personelle Befehlsgewalten in Erscheinung treten müssen, um ein bestimmtes Verhalten der einzelnen Nationalstaaten oder ihrer Regierungen zu erreichen; ich meine ein System, das aus seinem inneren Ordnungsgefüge heraus ein bestimmtes Verhalten der einzelnen Länder und Volkswirtschaften gewissermassen erzwingt, wenn und solange die einzelnen Volkswirtschaften innerhalb dieser Ordnung eine glückliche Entwicklung nehmen wollen. Das beste Beispiel bietet der Gedanke der Konvertierbarkeit der Währungen. Sie brauchen sich nur in die Zeit der Goldwährung zurückzuversetzen, um sich an diesem Beispiel deutlich zu machen, dass es innerhalb dieses Systems keine irgendwie geartete Befehlsgewalt gegeben hat, um die einzelnen Volkswirtschaften und Staaten zu einer bestimmten Ordnung, zu dem einer gleichgewichtigen Volkswirtschaft angemessenen Verhalten zu zwingen. Dieses Verhalten wurde eben durch die Ordnung des Systems an sich, d. h. also in anonymer Weise erreicht. (Europäische Einigung durch funktionale Integration, Rede vor dem Club «Les Echos», Paris, 7. Dezember 1954; in: DW, S. 257)

Wirtschaft kennt keine Grenzen

Damals, als noch Städte und Landkreise untereinander Tauschhandel trieben, Kartoffeln gegen Rasierklingen, Heringe gegen Kohlen nicht nach Preisen, sondern nach Quantitäten gehandelt wurden, verstieg ich mich als Bayerischer Wirtschaftsminister schon zu der ketzerischen Aussage, dass ich mir unter einer bayerischen Wirtschaft im wirtschaftspolitischen Sinn beim besten Willen nichts vorstellen könne, ja, dass mir unter den Zeichen der Zeit, die wir erkennen sollten, selbst der Begriff einer deutschen Wirtschaft zu eng gefasst erschiene und es darum unsere Aufgabe wäre, über die nationale Begrenzung hinaus in europäischen Kategorien zu denken. Das war 1945/46, als die «guten» Europäer noch nicht geboren waren, die mich damals als einen «schlechten» Europäer bezeichnen zu dürfen glaubten, weil ich mir in Bezug auf das Werden und die Gestalt Europas das Recht der eigenen Meinung und auch das der Kritik vorbehielt. (Gestern – Heute – Morgen, Elektrola-Schallplatten, 9. Juni 1961; in: GJ, S. 694 f.)

Integration der Ordnungsvorstellungen

Wir brauchen eine Form der westlichen Integration, die sich nicht in isolierten und nebeneinander stehenden Teilbereichen erschöpft und daher kaum mehr als die Fortführung einer konventionellen Nationalpolitik mit besserer internationaler Kooperation bedeutet. Was not tut, ist die Integration der politischen, wirtschaftlichen und sozialen Ordnungsvorstellungen als Fundament unseres freiheitlichen westlichen Lebens. (Haben wir aus der jüngsten Geschichte gelernt?, Die Zeit, 5. Dezember 1961; in: DW, S. 606)

Vergleich mit dem Deutschen Zollverein

Führt die Verstärkung der wirtschaftlichen Zusammenarbeit sozusagen «automatisch» zu einer engeren politischen Übereinstimmung oder Einheit? Diese Frage ist gewiss nicht ketzerisch gemeint, denn jedwede Integration – auf welchem Felde auch immer – verstärkt das Bewusstsein eines gemeinsamen Schicksals in allen Lebensbereichen. Auf Deutschland bezogen ist die Problemstellung wegen der Ausdeutung auf den europäischen Raum nicht uninteressant, ob etwa der Deutsche Zollverein, d.h. also eine wirtschaftliche Integration, zu der politischen Formierung unseres Landes geführt hat oder ob nicht umgekehrt das politische Bewusstsein um die Zusammengehörigkeit zerrissener deutscher Länder und Stämme den Deutschen Zollverein erzwang. Ich neige jener letzteren Auffassung zu und ziehe daraus die Konsequenz, dass auch aus der EWG nicht «automatisch» eine neue, fest gefügte politische Gestalt Europas erwachsen muss, wenn sie nicht von einer europäischen Idee, einem neuen europäischen Leitbild und vor allem von einem starken politischen Willen getragen wird. (Lehren der Geschichte, Ansprache auf dem 11. CDU-Bundesparteitag in Dortmund, 4. Juni 1962, GJ, S. 747)

Auf Freiheit und Freizügigkeit kommt es an

Die Integration Europas ist notwendiger denn je, ja sie ist geradezu überfällig geworden. Aber die beste Integration Europas, die ich mir vorstellen kann, beruht nicht auf der Schaffung neuer Ämter und Verwaltungsformen oder wachsender Bürokratien, sondern sie beruht in erster Linie auf der Wiederherstellung einer freizügigen internationalen Ordnung, wie sie am besten und vollkommensten in der freien Konvertierbarkeit der Währungen zum Ausdruck kommt. Konvertierbarkeit der Währung schliesst selbstverständlich die volle Freiheit und Freizügigkeit des Waren-, Dienstleistungs- und Kapitalverkehrs ein. (Eröffnung der Internationalen Frankfurter Herbstmesse, 2. September 1956; in: WA, 14. Kapitel, S. 283)

Freiheit statt bürokratischer Manipulation

Ein Europa, das nicht in der Gläubigkeit der menschlichen Herzen lebt, das nicht als eine echte Schicksalsgemeinschaft empfunden wird, für das sich Opfer zu bringen lohnt, ein Europa, das nicht die Freiheit obenan setzt, sondern sie gängeln und bändigen möchte, und ein Europa schliesslich, das nicht in seinen geistig-seelischen und politischen Konturen schon heute erkennbar wird, kann weder die Welt noch die europäischen Völker selbst bewegen. Ein bürokratisch manipuliertes Europa, das mehr gegenseitiges Misstrauen als Gemeinsamkeit atmet und in seiner ganzen Anlage materialistisch anmutet, bringt für Europa mehr Gefahren als Nutzen mit sich. (WA, 14. Kapitel, Gegen ein bürokratisch manipuliertes Europa, S. 289 f.)

Ordnung, nicht Organisation

Man kann und darf Europa vom wirtschaftlichen Standpunkt aus nicht so sehr als eine Organisation oder als eine Institution verstehen, sondern man muss es als eine Funktion auffassen. Dann aber ist die Frage dahin zu stellen, was wir tun können, um dieses Europa zur Entfaltung freier Funktionen zu befähigen. Es ist eine fast tragische Erkenntnis, glauben zu müssen, dass wir innerlich bereits derart verkrampft sind, Ordnung nur noch in der Vorstellung der «Organisation» begreifen zu können. Wir haben den Sinn für echte Ordnung verloren, die gerade dort am stärksten ist und dort am reinsten obwaltet, wo sie als solche überhaupt nicht bemerkt und verzeichnet wird. (Mont Pélerin Society, Seelisberg, Schweiz, 12. September 1953; in: WA, 14. Kapitel, S. 291)

Die Institution muss vielmehr dienen – und zwar ausschliesslich –, um die Funktion des gemeinsamen Marktes zu unterstützen; sie muss helfen, Freiheit zu eröffnen. Wenn dagegen die Institution selbst «ordnen» will, ist sie fehl am Platze. (WA, Kapitel 14, Wer ist ein guter Europäer?, S. 308)

Gegen europäischen Überstaat

Es bedeutet nicht einen Verzicht auf staatliche Souveränität, wenn sich die Völker Europas – oder besser gesagt die Gewerbetreibenden aller europäischen Länder – zu einem möglichst freien Güteraustausch auf einem umfassenderen europäischen Markte bekennen, sondern es bedeutet nach meiner Überzeugung gerade umgekehrt einen Missbrauch der staatlichen Macht, wenn diese die Staatsbürger an der freien Entfaltung ihrer Kräfte und Fähigkeiten hindern will. Gerade eine marktwirtschaftliche Wettbewerbsordnung sichert den Fortbestand und die Selbständigkeit der Volkswirtschaften. Ein auf solche Weise föderativ aufgebautes und gegliedertes Europa verhindert im Gegensatz zu einer planwirtschaftlichen Ordnung die Setzung eines zentralistischen Überstaates. Würde Europa nach sozialistischen Ideen aufgebaut werden und würde demzufolge die nationale Planwirtschaft durch eine europäische Planwirtschaft ersetzt werden, so bedeutete das, weil Planwirtschaft immer zum strengsten Zentralismus drängt, dass eine europäische zentralistische Gewalt über die geschichtlichen, geistigen und kulturellen Gegebenheiten der europäischen Völker hinweg ihren unheilvollen Einfluss auf die Wirtschaftsindividuen aller Länder ausüben dürfte. Wem es also – aus welchem Grunde auch immer – um die Erhaltung der Selbständigkeit der europäischen Länder und ihrer Volkswirtschaften geht, der muss sich konsequenterweise zu einer marktwirtschaftlichen Wettbewerbsordnung innerhalb dieses werdenden Europas bekennen (Marktwirtschaft und gesunde Währung, Industriekurier, 26. Juni 1950; in: GJ, S. 234 f.)

Planification – kein Modell für Europa

Wir wollen ein künftiges Europa doch nicht etwa als einen zentralistischen Staat aufbauen, sondern wir wollen … ein föderatives, möglichst reich gegliedertes Europa, in dem die einzelnen Länder und, wenn Sie wollen, die Stämme – ich brauche ja nur mein eigenes Vaterland anzusehen – noch hinreichend Gelegenheit haben, ein ihren Vorstellungen entsprechendes Eigenleben zu führen, ohne dass damit die Geschlossenheit und Einheitlichkeit des Gemeinsamen Marktes oder auch der politischen Kraft Schaden leiden müsste. (Planification – kein Modell für Europa, Rede vor dem Europäischen Parlament in Strassburg, 20. November 1962, GJ, S. 771)

Mannigfaltigkeit das für Europa Typische

Wehe dem, der glaubte, man könnte Europa etwa zentralstaatlich zusammenfassen, oder man könnte es unter eine mehr oder minder ausgeprägte zentrale Gewalt stellen. Nein – dieses Europa hat seinen Wert auch für die übrige Welt gerade in seiner Buntheit, in der Mannigfaltigkeit und Differenziertheit des Lebens. Das sind die Elemente, die unserem Dasein Farbe geben und das Leben lebenswert machen. Die rein rationalistische Betrachtung, dass es etwa nur darauf ankäme, nach dem ökonomischen Prinzip mit den geringsten Mitteln ein Maximum an Gütern zu erzeugen und demzufolge aus der blossen Addition des Konsums das Glück der Menschen erwachsen würde, führt ins Leere. (Europa und Schweden, Auszüge aus einer Rede in Stockholm, 23. März 1963, GJ, S. 799)

Ein Europa von unten

Jede echte Funktion ist unteilbar. Es ist darum nicht meine Flucht vor, sondern meine Sorge um Europa, wenn ich befürchte, dass durch eine solche Art von Additionen und Akkumulationen weder das ökonomische noch das politische Ziel erreicht werden wird. Des weiteren widerstrebe ich nicht europäischen Bindungen, sondern möchte umgekehrt die Voraussetzung hierfür schaffen, wenn ich mahne, dass zuvörderst die innere Ordnung der Volkswirtschaften in nationaler Verantwortung sicherzustellen sei, weil sonst die Integration zu einem übernationalen Dirigismus führen müsste. (WA, Kapitel 14, Er ist ein guter Europäer?, S. 309)

Falsche Vorstellungen

Die Vorstellungen, dass fortschreitend einzelne Sachbereiche der nationalen Souveränität entzogen und supranationaler Verwaltung übergeben werden sollten und dass dann von einem bestimmten Augenblick an das Gewicht des supranationalen Einflusses automatisch zu einer totalen Überwindung nationaler Zuständigkeiten führen würde, erscheint mir wenig realistisch und hält einer wirtschaftstheoretischen Durchleuchtung nicht stand. Die Ganzheit der volkswirtschaftlichen Funktion lässt sich nicht in Zuständigkeiten aufspalten. Jeder derartige Versuch müsste dahin führen, dass alle Volkswirtschaften zwischen den Stühlen sitzen, und niemand mehr weiss, wer Koch oder Kellner ist. (WA, 14. Kapitel, Ordnung auf leichten Sohlen, S. 291 f.)

Gegen Nivellierung

Mir will scheinen, dass der ein wahrhaft guter Europäer ist, der diese Gemeinsamkeit des Handelns und Verhaltens zur Verpflichtung der beteiligten Staaten erhoben wissen will. Die Vorstellung, dass ein gemeinsamer Markt gleiche Wettbewerbsbedingungen im Sinne gleicher Belastungen, gleicher Löhne, gleicher Arbeitszeit oder gleicher Teilkosten voraussetzt und deshalb ein System von Ausgleichskassen in Richtung einer Nivellierung wirksam werden müsste, ist mit den praktischen Erfahrungen und den theoretischen Erkenntnissen vom Wesen einer internationalen Arbeitsteilung nicht in Einklang zu bringen. (Wer ist ein guter Europäer, Deutsche Korrespondenz, 21. Juli 1955; in: GJ, S. 445)

«Harmonisierung»?

Es wäre allerdings eine falsche und gefährliche Konsequenz, aus dieser Aussage schliessen zu wollen, dass zwischen den Völkern untereinander eine sogenannte Harmonisierung der Kosten und Lasten Platz greifen müsste, um zwischenstaatlichem Wettbewerb Raum geben zu können. Jeder Versuch einer Gleichmacherei auf wirtschaftlichem und sozialem Gebiet müsste nur ein neues Störungselement in die Wirtschaft tragen, denn man kann den Zusammenhang von Ursache und Wirkung nicht in das Gegenteil verkehren wollen. (Dreissig Jahre Konjunkturpolitik 1929–1959, Via Aperta Nr. 12, Dezember 1959/Januar 1960; in: DW, S. 467)

Das wirklich Organische

Ich kann meine Sorge nicht beschwichtigen, dass wir uns trotz aller möglichen Vorhaben in der Sucht des alles Organisieren- und Harmonisierenwollens verstricken und dabei nicht nur das Gefühl für das wirklich Organische und Harmonische verlieren, sondern uns von diesem Zustand immer weiter entfernen. (Dreissig Jahre Konjunkturpolitik 1929–1959, Via Aperta Nr. 12, Dezember 1959/ Januar 1960; in: DW, S. 469)

Fragwürdige «Harmonisierung»

… solche Vorstellungen, die ebenso abwegige Gedanken unter einem anderen Motto, dem der «Harmonisierung», verfolgen und unter dieser Flagge eine Gleichmacherei aller ökonomischen Verhältnisse betreiben wollen. Ich übertreibe nicht, wenn ich berichte, dass man dabei an die Löhne, die Sozialleistungen, die Urlaubsregelung, an die Bezahlung der Überstunden denkt. Ist man aber bereit, die These der sozialen Harmonisierung anzuerkennen, dann gibt es logisch keine Grenze, und mit gleicher Berechtigung könnte dann die Forderung auf Einbeziehung der Energie- und Transportkosten oder der Steuern erhoben werden.

Wollte man den Versuch unternehmen, alle betriebswirtschaftlichen Kostenelemente von Land zu Land und über einen grösseren Bereich von Ländern hinaus so zu harmonisieren, d.h. auszugleichen, dass der Wettbewerb keine «störenden» Wirkungen zeitigen kann, bedeutet dies nicht Integration, sondern eine Desintegration schlimmsten Ausmasses. (WA, 14. Kapitel, Sizilien liegt nicht an der Ruhr, S. 286 f.)

Unter dem Stichwort «Harmonisierung» ging das Ansinnen sogar so weit, dass am Ende der Übergangsperiode die Lohnniveaus der einzelnen Mitgliedsstaaten angeglichen und ihre Gesamt-Arbeitskosten «äquivalent» sein müssten. Man könnte über diese Forderung hinweggehen, weil sie volkswirtschaftlich einfach nicht realisierbar ist, denn von Sizilien bis zum Ruhrgebiet kann es keine gleiche Produktivität und mithin auch keine gleichen Arbeitskosten geben. (WA, 14. Kapitel, Sizilien liegt nicht an der Ruhr, S. 287)

Fragwürdige Fondswirtschaft

Wer dieser Harmonisierungstheorie folgt, darf nicht der Frage ausweichen, wer die Opfer bringen und womit die Zeche bezahlt werden soll. In der praktischen Konsequenz muss ein solcher Wahn naturnotwendig zur Begründung sogenannter «Töpfchen» führen, d.h. von Fonds, aus denen alle diejenigen, die im Nachteil sind oder es zu sein glauben, entweder entschädigt oder künstlich hochgepäppelt werden. Das aber sind Prinzipien, die mit einer Marktwirtschaft nicht in Einklang stehen. (WA, 14. Kapitel, Sizilien liegt nicht an der Ruhr, S. 289)

Europas kleine Länder

Ich selbst habe ja auch stets die Auffassung vertreten, dass es mir eine Illusion zu sein scheine, über die wirtschaftliche Integration automatisch zu einem europäischen Staatsgebilde hinzufinden.

Und Röpke dachte dabei wohl noch besonders auch an das Schicksal der kleineren Länder, die, von gleichem freiheitlichen Geist erfüllt, einmal vor die Entscheidung gestellt sein könnten, sich in wirtschaftliche Grossräume flüchten oder am Ende gar untergehen zu müssen. (Wilhelm Röpke zum Gedächtnis, Rede vor der Universität Marburg, 17. Juni 1967, GJ, S. 1035)

Für ein Europa der Nationen

Ich erachte den Aufbau der Schweiz als ein wunderbares Beispiel dafür, wie ein künftiges glückliches Europa strukturiert sein müsste. Ich glaube, es wäre unmöglich und dazu tragisch, alles das, was das Eigenleben der Völker bedeutet, was da an geschichtlicher, traditioneller und kultureller Bindung mitspielt, was an landsmannschaftlicher Eigenart sich entfalten und bewahren will, in einem zentralistischen Überstaat niederwalzen zu wollen. Das wäre ein Verbrechen an den europäischen Völkern. Diese Konstruktion ist meiner Ansicht nach aber auch gar nicht notwendig. Ich jedenfalls kann mir nur mit Grauen vorstellen, was ein solcher zentralistischer Überstaat an echten Werten alles vernichten würde, wenn er aus dem System heraus über nationale Eigenarten und geographische Notwendigkeiten hinweg mit brutaler Hand dirigierend eingreifen wollte oder müsste. Wir würden Marionetten werden gegenüber Mächten, von denen wir nichts wissen. Wer soll denn überhaupt dieser Überstaat sein, wer soll in ihm verkörpert werden? Soll da etwa ein Gremium paritätischer Zusammensetzung über unser Schicksal entscheiden? Nein, Europa kann nur gebaut werden, indem wir zwischen den einzelnen Ländern und Nationen die Schranken niederzureissen bereit sind. ... Derjenige, der die Devisenzwangswirtschaft überwindet, hat als Beginn mehr für Europa getan als alle Gremien, Institutionen, Parlamente und Regierungen zusammengenommen. (Die deutsche Wirtschaftspolitik im Blickfeld europäischer Politik, Rede vor dem Schweizerischen Institut für Auslandsforschung, Zürich, 6. Februar 1952; in: DW, S. 192)

17. Erhard, der «Atlantiker»

Atlantisch denken

Das Verlangen der Menschen nach Frieden, Freiheit und Sicherheit findet keine letzte Antwort in der Europäischen Wirtschaftsgemeinschaft noch in einer europäischen Einigung überhaupt, sondern verlangt nach einer Verklammerung der atlantischen Welt, die unserer Generation und denen, die nach uns kommen, Schutz und Sicherheit bietet. (Lehren der Geschichte, Ansprache auf dem 11. CDU-Bundesparteitag in Dortmund, 4. Juni 1962, GJ, S.746 f.)

Für eine atlantische Gemeinschaft

Wenn ich von der Verteidigung «unserer» Welt sprach, dann klang damit schon durch, dass aus solcher Sicht auch Europa kein letzter und absoluter Wert sein kann, sondern schon eine noch umfassendere Gestalt, wie etwa eine Atlantische Gemeinschaft sichtbar wird, die nicht nur politisch und militärisch zu verstehen ist, sondern mehr und mehr auch ökonomischen und sozialen Gehalt gewinnen wird. (Gestern – Heute – Morgen, Elektrola-Schallplatten, 9. Juni 1961; in: GJ, S.699)

Bündnis mit den Vereinigten Staaten

So geschlossen und stark aber auch dieses freie Europa sein mag – seine weltweite, historische Aufgabe wird es doch nur in einem engen Zusammenhalt mit den Vereinigten Staaten von Amerika erfüllen können. Die Welt soll wissen, dass wir Deutsche zu diesem Bündnis stehen, und dass wir den uns daraus erwachsenden Verpflichtungen getreulich nachkommen werden. (Lehren der Geschichte, Ansprache auf dem 11. CDU-Bundesparteitag in Dortmund, 4. Juni 1962, GJ, S.846)

Vorrang der internationalen Bindungen

Ich kann Ihnen jedenfalls die feierliche Versicherung geben: Die Bundesrepublik und die Bundesregierung fassen diesen Vertrag in dem Sinne auf und werden ihn auch so handhaben, dass selbstverständlich alle internationalen Bindungen und Verpflichtungen, sei es in europäischen oder atlantischen Verträgen, den Vorrang behalten, dass mithin jene Zusammenarbeit nicht die mindeste Störung oder Beeinträchtigung erfahren wird. (Europa und Schweden, Auszüge aus einer Rede in Stockholm, 23. März 1963, GJ, S. 804)

«Die Amerikaner liegen mir»

Wenn ich nicht als Deutscher zur Welt gekommen wäre, möchte ich Amerikaner sein. ... Die Amerikaner liegen mir. Obwohl wir in verschiedenen Zungen sprechen, haben wir die gleiche Sprache, und das ist mehr, als ich von einigen meiner eigenen Landsleute behaupten kann. (Ludwig Erhard, in: Lukomski, S. 107)

Deutschland und Frankreich

Die Aussöhnung zwischen den beiden Nationen wurde in Adenauer und de Gaulle verkörpert, aber die Versöhnung wurde in Wirklichkeit von den Völkern gewünscht und herbeigesehnt; sonst bestünde auch die Gefahr, dass die Übereinstimmung, die wir jetzt erreicht haben, wieder verloren ginge, wenn diese Staatsmänner von der Bühne abtreten.

Ich versuche nicht, das Verdienst dieser beiden Männer zu schmälern. Aber, um es noch einmal zu sagen, es war nicht die persönliche Politik dieser beiden, die uns die Aussöhnung brachte. Die Kraft, der Wille, die dahinterstehen, gingen vom Volk aus. (Kontinuität, Gespräch mit William R. Hearst jun., 20. Dezember 1962, GJ, S. 896)

Ich bin nämlich überzeugt davon, dass die Freundschaft zwischen dem französischen und dem deutschen Volk vor allem im wachen Bewusstsein und im Erleben der Menschen selbst liegt. Neunzig Millionen Menschen wollen weg von den Schatten der Vergangenheit. Ich möchte sagen, das Blut von Millionen Menschen, das zum Himmel schreit, war sicher mächtiger als der politische Einfluss und auch als die Verdienste, die sich viele Männer von Briand und Stresemann bis hin in die Gegenwart um die deutsch-französische Verständigung erworben haben. Die weltpolitische Konstellation hat ein übriges dazu getan, um den Fortbestand einer deutsch-französischen Erbfeindschaft fast gespenstisch und in sich so widerspruchsvoll erscheinen zu lassen, dass sie keine Glaubwürdigkeit mehr finden konnte. (Das französische Veto, Interview mit Hans Ulrich Kempski, Süddeutsche Zeitung, 5. Februar 1963, GJ, S. 788)

Gegen deutsch-französische Blockbildung

Wenn dieser Geist die deutsch-französische Freundschaft auf dem politischen Feld weiterhin beflügelt, dann wird das ein Gewinn sein. Dann wird der deutsch-französische Vertrag in dem Geiste Auslegung finden, der niemals eine Blockbildung innerhalb Europas erstrebte und nie zu einem Element werden dürfte, das Europa trennen und zerspalten könnte. Umgekehrt wird eine recht verstandene deutsch-französische Freundschaft immer wieder und auf jeglichem Felde wirklich eine belebende Kraft, das Ferment einer europäischen Politik sein. (Deutschland – Frankreich, Ansprache bei der deutsch-französischen Konferenz, Bonn Bad Godesberg, 26. Mai 1963, GJ, S. 811)

Jenseits von Angebot und Nachfrage

18. Über den «Wohlstand» hinaus

Konsum ist nicht alles

Ja, wir spüren es fast handgreiflich, dass mehr Konsum die Menschen nicht glücklich werden lässt und dass mehr materieller Wohlstand noch keine Bürgschaft für ein harmonisches Zusammenleben der Menschen und Völker bietet. (Die Wirtschaftsordnung für freie Menschen, Frankfurter Allgemeine Zeitung, 1. Juni 1957; in: GJ, S. 511 f.)

Worauf es ankommt

Erst eine sorgfältig und verantwortungsbewusst geleitete Bildung und Erziehung, d.h. die systematische Schulung des Könnens und Wissens, die Weckung der Geistesgaben und Geisteskräfte, die es ermöglichen, grössere Zusammenhänge zu überschauen, die Pflege der Willens- und Charaktereigenschaften, die den Menschen befähigen, in freiwillig übernommener Pflichterfüllung Verantwortung zu tragen, verbürgen ein Heranreifen jener sittlich gefestigten Persönlichkeiten, die gewillt sind, sich im freien Wettbewerb der Kräfte zu messen und zu bewähren. (Wirtschaft und Bildung, Der Volkswirt, 17. August 1957; in: DW, S. 356)

Das Ausserökonomische hat Vorrang

Heute droht uns die Wirtschaft wieder einmal zum Schicksal zu werden. Diese These ist immer Ausdruck der Not, aber sie darf nicht anerkannter Grundsatz sein. So wie der einzelne Mensch des physischen Lebens bedarf, um jene geistigen und seelischen Kräfte entfalten zu können, die ihn erst zum Menschen werden lassen, so bedürfen auch ein Volk und seine Volkswirtschaft der materiellen Sicherung, aber sie bedürfen dieser auch nur als der Grundlage zur

Erreichung ausserökonomischer, höherer Ziele, deren Setzung der Staatspolitik obliegt. Ihr Vorrang ist unbestritten. (Der Weg in die Zukunft, Rede vor der 14. Vollversammlung des Wirtschaftsrates des Vereinigten Wirtschaftsgebietes, Frankfurt a. M., 21. April 1948; in: DW, S. 60)

Andere Wertakzente

Während in der Aufbauphase unserer Wirtschaft die dräuende Not materiellen Fragen zwangsläufig einen Vorrang gab, werden sich – ohne deren Vernachlässigung – mit dem Blick auf die Zukunft die Wertakzente mehr auf eine menschenfreundlichere Gestaltung der Umwelt verlagern. (Wirtschaftspolitik als Teil der Gesellschaftspolitik, Rede vor dem 9. Bundesparteitag der CDU, Karlsruhe, 28. April 1960; in: DW, S. 487)

Wohlstand kein ausreichendes Leitbild

Wohlstand ist eine Grundlage, aber kein Leitbild für die Lebensgestaltung. Ihn zu bewahren ist noch schwerer, als ihn zu erwerben. Deshalb erwächst uns die schwierige Aufgabe, ihn geistig zu bewältigen. Wir müssen die Ansprüche disziplinieren, die Forderungen an uns selbst steigern und die an die Allgemeinheit, verkörpert in Wirtschaft und Staat, mässigen. Dass die Jugend in den Gebieten der technischen Zivilisation zuweilen randaliert und oft betonte Indifferenz hervorkehrt, ist zutiefst darin begründet, dass das heftige Streben nach materiellem Wohlergehen sie anödet, und dass sie vom Leben mehr verlangt als weniger Arbeit und mehr Lohn, geringes Risiko und hohen Profit nebst staatlicher Fürsorge von der Wiege bis zum Grabe. (Was junge Leute wissen sollten, Schreiben an die Oberprima des Martin-Butzer-Gymnasiums Dierdorf / Westerwald, 1. März 1961; in: DW, S. 559 f.)

Wohlstand ist nicht genug

Es sind in unserem gesellschaftlichen Leben freilich auch schon Zeichen der Versöhnung zu erkennen. Wenn wir den Wohlstand mehren und der Einzelne fortdauernd besser leben kann, dann wird früher oder später ein Punkt der Sättigung erreicht. Hier wirkt das Gesetz des abnehmenden Nutzens. Die Reize stumpfen sich ab, und mit jedem weiteren Aufwand wird das Glücksgefühl, das damit erreicht wird, die innere Befriedigung, relativ immer kleiner. Da gibt es dann einen Punkt, wo sich sozusagen die Woge bricht, wo der Aufwand an materiellen Mitteln, an Fleiss, an körperlicher und geistiger Kraft sich nicht mehr lohnt. Auf solche Weise kommen wir – statistisch freilich nicht registrierbar – dem Zeitpunkt näher, zu dem der Einzelne sich sagt: «Das kann nicht der Sinn des Lebens sein.» Und dann müssen wir bereit und in der Lage sein, ihm darauf eine Antwort zu geben. Darin sehe ich unsere christliche Verpflichtung (Freiheit und Verantwortung, Ansprache vor dem Evangelischen Arbeitskreis der CDU, Hamburg, 2. Juni 1961; in: DW, S. 594 f.)

Die rechten Relationen

Je mehr sich die Produktivität unserer Arbeit erhöht, desto grösser wird auch die Chance, dass sich der Wohlstand auch in die Möglichkeit des Genusses geistiger und seelischer Güter ummünzen lässt, und damit ohne Staat eine Umverteilung des Sozialprodukts zugunsten jener Platz greift, die uns die Werte der Erziehung und der Bildung, der Kunst und der Wissenschaft vermitteln, ohne dass wir selbst auf ein auch im materiellen Sinne besseres Leben zu verzichten brauchen. Hier geht es nur um die Masse und die rechten Relationen, die einem neuen Lebensgefühl unseres Volkes zu entsprechen haben werden. (Gestern – Heute – Morgen, Elektrola-Schallplatten, 9. Juni 1961; in: GJ, S. 701 f.)

Neuer Lebensstil

Was wir aber ausserdem brauchen, ist ein neuer Stil unseres Lebens. Die wachsende Produktion allein hat keinen Sinn. Lassen wir uns von ihr völlig in Bann schlagen, geraten wir in solcher Jagd nach materiellen Werten in den bekannten Tanz um das Goldene Kalb. In diesem Wirbel aber müssten die besten menschlichen Eigenschaften verkümmern: Der Gedanken an den «anderen», an den Menschen neben uns. Das Gefühl für Dinge, die sich – wie etwa die Vorsorge für die Zukunft unserer Kinder – nicht unmittelbar zu lohnen scheinen. (Formierte Gesellschaft, Rede vor dem 13. Bundesparteitag der CDU, Düsseldorf, 31. März 1965, GJ, S. 921)

Moralisches Fundament und Sinngebung der Marktwirtschaft

Die höheren und im letzten bestimmenden Werte liegen also jenseits der Marktwirtschaft oder besser gesagt: Das System der Marktwirtschaft findet erst dann einen klar erkennbaren gesellschaftspolitischen Ausdruck, wenn ihr moralisches Fundament wie auch ihre Sinngebung und Zielsetzung klar zu erkennen sind. (Wilhelm Röpke zum Gedächtnis, Rede vor der Universität Marburg, 17. Juni 1967, GJ, S. 1033)

Nicht nur «Wohlstand für alle»

Schon der Titel dieses Buches «Wohlstand für Alle» ist voller Problematik, denn es entspricht beileibe nicht meiner Überzeugung, dass selbst mit der Erreichung dieses Ziels dem deutschen Menschen auch schon Glück und Zufriedenheit beschert wäre und Wohlstand für Alle ausreichen könnte, um die gesellschaftliche Harmonie zu verbürgen. (WA, 16. Kapitel, Die Grundlagen der neuen Regierung, S. 330)

Freiheit «für», nicht nur Freiheit «von»

Vielleicht ist auch aus der jüngsten Geschichte ein etwas falscher Zungenschlag in den Begriff der Freiheit gekommen, indem man immer nur gehört hat, «Freiheit von ...», zum Beispiel: Freiheit von Hunger, Freiheit von Not, aber nie «Freiheit wofür ...». Ich glaube aber, im Begriff oder in der Frage nach der «Freiheit für etwas» liegt eigentlich der wirkliche Kern; denn da wird der Einzelne selbst angesprochen, da leuchten dann die eigentlichen Bindungen der Nächstenliebe, der Pflicht, der Menschenwürde und anderer hoher Werte auf. (Freiheit und Verantwortung, Ansprache vor dem Evangelischen Arbeitskreis der CDU, Hamburg, 2. Juni 1961; in: DW, S. 588 f.)

Freiheit und Ordnung

Die Freiheit darf also nicht zu einem Götzendienst werden, ohne Verantwortung, ohne Bindung, ohne Wurzel. Die Verbindung zwischen Freiheit und Verantwortung bedarf vielmehr der Ordnung. Ich hätte eigentlich fast lieber über das Begriffspaar: Freiheit und Ordnung gesprochen, denn die Verantwortung ist für mich ein

Ordnungsbegriff, ein sittlicher Ordnungsbegriff, denn nur, wenn die Freiheit in einer Ordnung von der Verantwortung gebändigt ist, dann etwa finden wir den richtigen christlichen und gesellschaftspolitischen Standort für solche Werte. Ohne Zweifel droht die Freiheit für sich, d.h. ohne Ordnung, im Chaotischen zu entarten, wie umgekehrt die Ordnung, wenn man sie nur als einen äusseren Rahmen, nur als Form nimmt, allzu leicht im Zwang erstickt. (Freiheit und Verantwortung, Ansprache vor dem Evangelischen Arbeitskreis der CDU, Hamburg, 2. Juni 1961; in: DW, S. 589)

Freiheit und Bindung

Wir laufen Gefahr, in einem beziehungslosen Individualismus zu ersticken. Und zwar deshalb, weil wir den Begriff der Freiheit falsch verstehen und uns gegen besseres Wissen und wohl auch gegen unser Gewissen aus reinem Egoismus einreden wollen, dass mit der Freiheit auch das Recht verbunden sei, ohne Rücksicht auf die Gemeinschaft und den Staat das zu tun oder zu lassen, was dem Einzelnen oder der Interessengruppe gerade frommt. Das aber heisse ich eine falsch verstandene Freiheit.

Freiheit, die sozialökonomisch oder politisch nicht in ein umfassendes Ordnungssystem eingespannt und damit gebändigt ist, oder auch Freiheit, die um keine moralische Bindung weiss, wird immer im Chaotischen entarten, während – umgekehrt – Menschen, die um den Wert und Sinn der Freiheit wissen, vor der Verantwortung erschrecken, die ihnen damit aufgebürdet ist; sie sind darum auch vor der Versuchung des Missbrauchs gefeit. (Gebt dem Staate, was des Staates ist, Die Zeit, 21. November 1957; in: DW, S. 371)

Warnung vor Masslosigkeit

Ich habe darum keine Hemmungen, es deutlich auszusprechen: Das sind die Feinde des deutschen Volkes, die seiner bequemen Neigung entgegenkommen, sich im Masslosen zu verlieren und um der Gunst des Augenblicks willen das Glück und die Zukunft derer, die nach uns kommen, aufs Spiel setzen. (Die wahren Feinde des deutschen Volkes, Frankfurter Allgemeine Zeitung, 27. August 1960; in: DW, S. 506)

Wert der Arbeit an sich

Der Mensch, der sich über seine Arbeit nicht mehr freuen kann und der schon die Stunden zählt, wann diese «Plage» wieder zu Ende ist, den kann ich nur bedauern. Wer nur die 40-Stunden-Woche deshalb will, weil er glaubt, 44 Stunden wären eine Qual, und sich schon darauf freut, wieder etwas mehr Freizeit zu haben, ohne recht zu wissen, was er damit anfangen soll – der ist wirklich ein armer Mensch. Ich möchte aber beileibe nicht sagen, dass jede Arbeit schon ein Wert an sich wäre, und ich gebe gerne zu, dass zwischen «Arbeit» und «Arbeit» erhebliche Unterschiede bestehen. Aber jede Arbeit ist nicht nur ihres Lohnes wert, sondern jede Arbeit sollte auch ihren Segen in sich selbst tragen. (Das Handwerk hat Zukunft, Ansprache zum 60-jährigen Bestehen der Handwerkskammer Köln, 2. Juli 1960; in: DW, S. 496 f.)

Gefühl für das rechte Mass

So Erstaunliches das deutsche Volk mit letzter Hingabe geleistet hat, droht ihm mit zunehmendem Wohlstand und sozialer Sicherheit immer wieder das Gefühl für die rechten Masse, für Besinnung und Verantwortung verloren zu gehen. Es scheint nur allzu leicht geneigt, der seichten Verführung der Gruppen zu erliegen, deren Funktionäre um des Nachweises ihrer eigenen Existenzberechtigung willen den Wahn der Unzufriedenheit und des Unbehagens nähren; sie stören durch eine ständige Überforderung der Volkswirtschaft nicht nur deren inneres, sinnvolles Gefüge, sondern sie gefährden am Ende ihre Leistungen selbst. (Gestern – Heute – Morgen, Elektrola-Schallplatten, 9. Juni 1961; in: GJ, S. 697 f.)

Fragwürdige Arbeitszeitverkürzung

Wenn die Menschen nicht mehr ausreichen, d. h. das Arbeitskräftereservoir erschöpft ist und die menschliche Arbeitskraft Seltenheitswert erlangt, dann müsste fast göttliche Tugend dazugehören, wenn keine Entartungserscheinungen aufträten. Bei aller Toleranz habe ich kein Verständnis dafür, wenn ausgerechnet in dieser Zeit die Arbeitsleistung in der Zeiteinheit verkürzt wird. Das ist geradezu Unverstand, wenn in einer Phase, da wir die Chancen auf dem deutschen Markt und auf dem Weltmarkt kaum wahrnehmen können, uns alle durch vorschnelle Arbeitszeitverkürzungen selbst zu schaden beginnen. Ich frage: Gehört es wirklich unabweisbar zum deutschen Schicksal, dass wir die Tage des Glücks nicht ertragen und der Hybris anheimfallen, die das mühsam Aufgebaute wieder zu zerstören droht? (Das Handwerk hat Zukunft, Ansprache zum 60-jährigen Bestehen der Handwerkskammer Köln, 2. Juli 1960; in: DW, S. 495)

Würde der Arbeit

Der Mann, der die kleinste Arbeit verrichtet, kann eine grössere Würde ausstrahlen als irgendeiner, der mit Hunderttausenden herumwirft, aber seelenlos und nur aus Sucht und aus falschem Geist heraus tätig ist. (Das Handwerk hat Zukunft, Ansprache zum 60-jährigen Bestehen der Handwerkskammer Köln, 2. Juli 1960; in: DW, S. 497)

«Keine Zeit?»

Dass die Zeiteinteilung eine Willensentscheidung ist, also «im Kopfe ist», begreifen allmählich auch Leute, die sich nicht mit Philosophie befasst haben. Je kürzer die Arbeitszeit wird, je länger damit die Freizeit (nicht immer eins mit freier Zeit) und je mehr Pferdestärken für die beschleunigte Fortbewegung strapaziert werden, desto weniger Zeit hat alle Welt. Zeit hat eben nur, wer sie sich nimmt oder lässt. Der Mensch, der sich Zeit nimmt zum Lernen und zum Arbeiten, der sozusagen im Geiste zu Fuss geht, kommt auch bei vieler Arbeit zur Musse, diesem seltenen Gut, und bleibt von Freizeitgestaltung verschont. (Was junge Leute wissen sollten, Schreiben an die Oberprima des Martin-Butzer-Gymnasiums Dierdorf/Westerwald, 1. März 1961; in: DW, S. 561)

Gemeinverbindliche Wertung des Lebens

Wir kennen zwar die Zwecke, aber es wird uns nicht deutlich genug bewusst, dass das, was Zweck ist, nicht mit dem Sinn identisch sein kann. So ist zum Beispiel der Zweck des Wirtschaftens gewiss der Verbrauch, aber sicher ist das nicht auch der Sinn unseres Tuns. Was uns mangelt, das ist die gemeinverbindliche Wertung des Lebens. Aber schon dass wir das empfinden und als eine innere Not erkennen, ist bereits ein halber Gewinn und bringt uns wenigstens auf den rechten Weg. (Die Wirtschaftsordnung für freie Menschen, Frankfurter Allgemeine Zeitung, 1. Juni 1957; in: GJ, S. 511)

19. «Formierte Gesellschaft» – der grosse Wurf

Gesamtinteresse vor Einzelinteresse

Die parlamentarische Demokratie darf nicht länger den organisierten Interessen unterworfen sein; im Gegenteil verlangt gerade der bewusste Schritt in eine Formierte Gesellschaft die grössere Autonomie unseres Parlamentarismus. (Formierte Gesellschaft, Rede vor dem 13. Bundesparteitag der CDU, Düsseldorf, 31. März 1965, GJ, S. 917)

Überwindung des Gruppendenkens

Gleichwohl erachten wir es als unsere Aufgabe und Verpflichtung, mit der Mehrung des Wohlstandes einen sozialen Gestaltungswillen lebendig werden zu lassen, der uns neben der Weckung eines reiferen und bewussteren individuellen Lebensgefühls als Volk zu einem neuen Lebensstil verhilft. Das setzt voraus, dass wir nicht mehr in Klassen oder auch nur in Gruppen denken, dass wir über den Schatten unserer Interessengebundenheit zu springen vermögen und uns im Bewusstsein einer echten Lebensgemeinschaft, fernab jeder verlogenen Phraseologie, auch gemeinsam für das Schicksal und die Zukunft unseres Landes und Volkes verantwortlich fühlen. Aus diesem Grunde spreche ich heute weder Berufs- noch Interessengruppen an, denn niemals dürfen wir als eine echte Volkspartei gerade vor einer so wichtigen Wahl der billigen Verlockung erliegen, jedem alles versprechen zu wollen. Wir können nur als Volk gedeihen, oder wir werden alle verlieren. (Wohlstand für Alle!, Rede vor dem 7. Bundesparteitag der CDU, Hamburg, 14. Mai 1957; in: DW, S. 345)

Jenseits vom Gruppenkampf

Diese Gesellschaft von heute ist keine Gesellschaft von kämpfenden Gruppen mehr. Sie ist immer mehr im Begriff, Form zu gewinnen, das heisst, sich zu formieren. Aber auch in dieser Formierten Gesellschaft – ich präge diesen Begriff sehr bewusst – werden die Gruppen die Parteien nicht ersetzen können. (Formierte Gesellschaft, Rede vor dem 13. Bundesparteitag der CDU, Düsseldorf, 31. März 1965, GJ, S. 916)

Was Formierte Gesellschaft heisst

Was also heisst dann: Formierte Gesellschaft? Es heisst, dass diese Gesellschaft nicht mehr aus Klassen und Gruppen besteht, die einander ausschliessende Ziele durchsetzen wollen, sondern dass sie, fernab aller ständestaatlichen Vorstellungen, ihrem Wesen nach kooperativ ist, das heisst, dass sie auf dem Zusammenwirken aller Gruppen und Interessen beruht. Diese Gesellschaft, deren Ansätze im System der Sozialen Marktwirtschaft bereits erkennbar sind, formiert sich nicht durch autoritären Zwang, sondern aus eigener Kraft, aus eigenem Willen, aus der Erkenntnis und dem wachsenden Bewusstsein der gegenseitigen Abhängigkeit.

Ergebnis dieser Formierung muss sein ein vitales Verhältnis zwischen sozialer Stabilität und wirtschaftlicher Dynamik, die Konzentration auf eine fortdauernde Erhöhung der Leistung, die Sicherheit einer expansiven Weiterentwicklung der Wirtschaft sowie auf die Förderung und Nutzbarmachung des technischen und wissenschaftlichen Fortschritts. Es ist eine Gesellschaft des dynamischen Gleichgewichts, nicht erstarrtem Eis, sondern bewegter See vergleichbar. Eine solche Gesellschaft ist nicht autoritär zu regieren; sie kann ihrem inneren Wesen nach nur demokratisch sein. Aber sie braucht dazu andere, modernere Techniken des Regierens und der politischen Willensbildung. (Formierte Gesellschaft, Rede vor dem 13. Bundesparteitag der CDU, Düsseldorf, 31. März 1965, GJ, S. 916 f.)

Formierte Gesellschaft als Einsicht

Wollen wir auf dem Weg des bisherigen Erfolges, des Fortschritts, des politischen und sozialen Friedens bleiben, so muss die deutsche Gesellschaft weitere Schritte in jene moderne Ordnung tun, die wir Formierte Gesellschaft nennen. Sie wird nicht durch eine Aktion geschaffen, sondern entfaltet sich aus einem Prozess. Sie ist auch nicht ständestaatlich gegliedert; vielmehr beruht sie auf der Überzeugung, dass die Menschen nicht nur durch Gesetze, sondern aus Einsicht das ihrem eigenen Wohle Dienende zu tun bereit sind.

Die «Formierte Gesellschaft» ist alles andere als eine philanthropische Vision. Sie geht also nicht von einem weltfremden, idealtypischen Menschenbild aus. Diese moderne Leistungsgesellschaft ist gewiss auch nicht frei von Interessengegensätzen. Aber diese sind nicht mehr Elemente des Zerfalls ihrer Einheit, sondern werden immer mehr Motor eines permanenten Interessenausgleichs unter dem Gesichtspunkt des allgemeinen Wohls. (Sparsamkeit und Nüchternheit, Regierungserklärung, 10. November 1965, GJ, S. 944)

Die «formierte» setzt die «informierte» Gesellschaft voraus

Eine so formierte Gesellschaft setzt eine informierte Gesellschaft voraus. Der Bürger kann sich nur richtig entscheiden, wenn er umfassend informiert ist. Über Handlungen und Absichten des Staates muss er rasch, korrekt und umfassend unterrichtet werden. Da die Informationsnotwendigkeit auch in umgekehrter Richtung für den Staat besteht, ist die Ausnutzung neuester technischer Möglichkeiten sowie die rasche Auswertung wissenschaftlicher Erkenntnisse erforderlich. (Sparsamkeit und Nüchternheit, Regierungserklärung, 10. November 1965, GJ, S. 945)

Zur «Formierten Gesellschaft»

Erhard: Aber was wollte ich mit der «Formierten Gesellschaft»? Ich wollte das deutsche Volk vom Geistigen her dazu bringen, dass seine Gruppen nicht mehr danach trachten, mit der bekannten Nasenlänge Vorsprung vor anderen durchs Ziel zu gehen. Denn das gibt ein fades Rennen, bei dem auf die Dauer niemand gewinnt, sondern aus dem nur eine Inflation erwächst. Ich sage: Wenn wir alle einmal eingesehen haben werden, dass wir – für welche Zwecke auch immer: für den privaten Konsum, für die notwendigen unternehmerischen Investitionen, für die Finanzierung der öffentlichen Ausgaben – nicht mehr zur Verfügung haben, als wir gemeinsam erarbeitet haben, dann müsste es mit dem Teufel zugehen, wenn man sich über die Frage der Rangordnung oder der Aufteilung der Mittel nicht verständigen könnte. Dann würde das gegenseitige Überreizen aufhören.

Welt: Wie wollen Sie die «Formierte Gesellschaft» verstanden wissen?

Erhard: Ich wollte eine formierte – keine uniformierte – Gesellschaft so verstanden wissen, dass sie sich ihrer Position in den einzelnen Gruppen bewusst ist, dass aber klassenkämpferische Reminiszenzen keinen Platz mehr haben. Und das alles im Sinn eines Prozesses: Die Gesellschaft, die zu einer grösseren Reife und zu einem besseren gegenseitigen Verständnis hinfindet. Das ist nicht beachtet worden – auch nicht von meiner eigenen Partei. Ich will gar nicht die Gründe nennen. Schiller ist mit einer «konzertierten Aktion» gekommen. Im Grunde wollte er dasselbe, aber er wollte es in Aktionen machen, während mir jede Aktion ferngelegen hat. Ich sah den Prozess, nicht die Aktion. Ich glaube nicht, dass das vom Staat gemanagt werden kann, das muss wachsen. Dazu kann man einiges tun – aber nicht dadurch, dass man Herrn Berg und Herrn Dietz, und wie sie alle heissen, an einen Tisch setzt. (Die Welt, 4. Februar 1972, Gespräch Ludwig Erhards mit Herbert Kremp und Georg Schröder, Die Inflation ist der schlimmste Feind, in: Der Geburtstag, S. 217 f.)

Leitbild entscheidend

Wenn wir von Wirtschafts- und Agrarpolitik, von Sozial-, Steuer- oder Verkehrspolitik sprechen und in der ressortmässigen Behandlung dieser Fragen Fortschritte zu erzielen suchen, so wird diese Arbeit vom Ganzen her gesehen doch erst sinnvoll und fruchtbar, wenn sie sich an einem gesellschaftlichen Leitbild orientiert. Es geht schlechthin um die Fortgestaltung unserer Lebensordnung, aus deren Bejahung einem Volke ein waches Lebensgefühl und ein starker Lebensmut zufliessen. Wir sind vielleicht auf diesem Wege zu sehr im Technischen stecken geblieben. (Regierungserklärung von Bundeskanzler Ludwig Erhard am 18. Oktober 1963, in: Lebensbilder, S. 31)

Helgoland als Beispiel einer Formierten Gesellschaft im Kleinen

Das, was ich mit dem Begriff der Formierten Gesellschaft als der neuen Stufe unserer sozialen und politischen Realität zu bezeichnen versuchte, lässt sich in einem kleinen eingegrenzten Bereich am Exempel Helgolands und der Helgoländer belegen. Ich nenne die Formierte Gesellschaft diejenige, in der die gegensätzlichen Interessen nicht mehr im sozialen Kampf ausgetragen, sondern in einem an übergeordneten Prinzipien orientierten Kompromiss befriedigt werden, eine Gesellschaft, in welcher die Einzelnen nicht dem bürokratischen Zwang eines starren Plans unterworfen noch der Anarchie eines grenzenlosen Pluralismus ausgeliefert sind. Helgoland ist das Beispiel eines Aufbaus, in dem es galt, menschliche Beziehungen völlig neu zu gestalten, sie in allen ihren Zusammenhängen neu zu durchdenken und zu ordnen. Das heute sichtbare Ergebnis des Wiederaufbaus war nur möglich, weil die Einwohner sich freiwillig dem Erfordernis eines Gemeinschaftswerks anschlossen, eine Zusammenfassung von Grundstücken sowie eine sinnvoll gegliederte Typenbeschränkung beim Hausbau vornahmen, dergestalt, dass die grösste Vielfalt bei harmonischer Grundstruktur durch ein Maximum an individueller Freiheit Ausdruck fand. Kein Einzelinteresse ist geschädigt worden, dem Interesse aller wurde gedient, der freie Wille aller Einzelnen hat sich vielmehr zum gemeinsamen Werk formiert. (Helgoland, Ansprache bei der 75-Jahr-Feier der Eingliederung der Insel Helgoland in das Deutsche Reich, 10. August 1965, GJ, S. 937 f.)

Gemeinschaft, nicht Kollektivismus

Wir müssen etwas von unser aller Willen deutlich machen, dass uns Gemeinschaft etwas anderes als Kollektivismus bedeutet und dass uns Freiheit ein Begriff ist, der von extremer Entartung in Zügellosigkeit nichts wissen will. Gerade eine Gemeinschaft freier Menschen muss sich über alle parteipolitischen Zänkereien Ziele setzen können, die von jedem einzelnen geglaubt und erlebt werden und die uns über das Materielle hinaus auf die Erfüllung gemeinsamer Aufgaben vertrauen lassen. (Besinnung und Verantwortung in der Volkswirtschaft, Rundfunkansprache, 12. März 1956; in: DW, S. 310)

«Gemeinschaftsaufgaben»

Angesichts der durch die Steuerprogression relativ stärker ansteigenden Einnahmen der öffentlichen Haushalte halte ich es für vertretbar, dass Bund und Länder einen Teil ihrer Steuermehreinnahmen bis zu einer Grössenordnung von rund 1 Prozent des Bruttosozialproduktes oder auch darüber für die Verwirklichung vordringlicher Gemeinschaftsaufgaben zur Verfügung stellen. Das bedeutet, dass je nach der wirtschaftlichen Entwicklung für solche Zwecke jährlich Beträge zwischen 4 und 6 Mrd. DM aufgebracht werden können. Aus diesen Mitteln soll ein Sondervermögen – ich schlage vor, es Deutsches Gemeinschaftswerk zu nennen – mit eigener Wirtschafts- und Rechnungsführung gebildet und fortlaufend gespeist werden. (Formierte Gesellschaft, Rede vor dem 13. Bundesparteitag der CDU, Düsseldorf, 31. März 1965, GJ, S. 918)

«Deutsches Gemeinschaftswerk»

Dieser Fonds soll vornehmlich solche öffentlichen Aufgaben finanzieren, die für die Gesamtheit des Volkes bedeutsam sind und angesichts der Notwendigkeit mittelfristiger Planung innerhalb der jeweils auf ein Jahr begrenzten Haushalte in diesen keinen Ansatz finden, bzw. für die Folgezeit nicht garantiert werden können. (Formierte Gesellschaft, Rede vor dem 13. Bundesparteitag der CDU, Düsseldorf, 31. März 1965, GJ, S. 918 f.)

Dieses Deutsche Gemeinschaftswerk soll in voller Wahrung des föderalistischen Prinzips die Zusammenarbeit zwischen Bund und Ländern bei der gemeinsamen Programmierung und Finanzierung von überregionalen Gemeinschaftsaufgaben fördern. Insbesondere soll das Gemeinschaftswerk mehrjährige Investitionsprogramme aufstellen, die im Rahmen einer sachlichen und zeitlichen Dringlichkeitsforderung auch eine Grundlage für eine antizyklische Ausgabenpolitik der öffentlichen Hand bilden können. (Sparsamkeit und Nüchternheit, Regierungserklärung, 10. November 1965, GJ, S. 950 f.)

Kümmern um die öffentlichen Dinge

Die Formierte Gesellschaft fordert ein soziales und politisches Verhalten jedes Einzelnen, das sich nicht nur in der Sorge um seine private Sphäre und in dem Vertrauen auf seine Gruppenvertretung erschöpft, sondern sich vielmehr mit wachem Interesse um öffentliche Dinge kümmert. Sie fordert verantwortliches Handeln, die Anerkennung von Wertmassstäben und dazu noch Besonnenheit. Sie will den selbstbewussten Bürger, der sich nicht aus Bequemlichkeit oder mangelnder Zivilcourage willenlos dem Kollektiv unterordnet und damit das menschliche Gewissen in sich erstickt. (Neue Aufgaben, Rede vor dem CDU-Bundesparteitag, Bonn, 22. März 1966, GJ, S. 985)

Aktive Strukturpolitik

Unserem gesellschaftspolitischen Leitbild entspricht eine Ergänzung der Wettbewerbspolitik durch eine aktive Strukturpolitik. Es ist keineswegs deren Ziel, durch dauernde Abschirmung nicht mehr wettbewerbsfähige Unternehmen oder Branchen künstlich zu erhalten. Es geht vielmehr darum, die Anpassung an Strukturveränderungen zu erleichtern, um die knappe Arbeitskraft so produktiv wie nur möglich einzusetzen. (Sparsamkeit und Nüchternheit, Regierungserklärung, 10. November 1965, GJ, S. 952)

Die gemeinsamen Aufgaben, nicht Kollektivismus

Das gesellschaftliche Spannungsverhältnis findet heute weniger in dem Dualismus «Sozialismus – Kapitalismus» als in der Entscheidung für Kollektivismus oder Freiheit zeitnahen Ausdruck. Dabei soll durchaus berücksichtigt werden, dass die rasch voranschreitende Technik und auch die Anwendung neuer naturwissenschaftlicher Erkenntnisse in Verbindung mit steigendem Wohlstand sowohl die Lebensformen als auch die Lebensmöglichkeiten wesentlich verändert haben. Das, was wir heute in der Bundesrepublik Deutschland unter «Gemeinschaftsaufgaben» verstehen, entspringt und entspricht nicht nur einer kollektivistischen Geisteshaltung, sondern dient umgekehrt dem Nutzen des Individuums, in jenen Bereichen – ich füge beispielhaft an: Wissenschaft und Bildung, öffentliches Gesundheitswesen, Strassenbau und Verkehr –, die das menschliche Einzelwesen aus eigener Kraft nicht mehr glücklich zu bewältigen oder zu ordnen vermag. Soweit daraus zwangsläufig die Notwendigkeit einer stärkeren Beteiligung des Staates am Sozialprodukt bzw. Volkseinkommen resultiert, sollte die Gesellschaft das zu akzeptieren bereit sein. (Das Ordnungsdenken in der Marktwirtschaft, Festschrift zum 90. Geburtstag von Ludwig von Mises, 1971, GJ, S. 1051)

20. «Materialismus» nicht durch Armut zu überwinden!

Wohlstand als Gefahr?

Manche Kritiker fragen aber, ob nicht der materielle Fortschritt etwa mit der Vernachlässigung oder gar dem Verfall sittlicher Werte einhergeht und daher zu teuer erkauft wird. Ich gehöre nicht zu jenen Pessimisten, die im Wohlstand eine Gefahr erblicken. Ich vertraue auf die seelischen Kräfte im Menschen, die ihn dazu bewegen, im materiellen Wohlergehen und in der persönlichen Freiheit eine sittliche Verpflichtung und nicht ein letztes Ziel zu sehen. (Vorwort zu dem Buch «Der Christ und die Soziale Marktwirtschaft» von Patrick Boarman, 1955, GJ, S. 429)

Genuss nicht verwerflich

Was hat sich denn ereignet? Ein darbendes und hungerndes Volk, das der primitivsten Lebensmöglichkeiten beraubt war und unter der seelenlosen Herrschaft eines staatlichen Wirtschaftsdirigismus jegliche individuelle Freiheit hinsichtlich der Gestaltung des eigenen Lebens entbehren musste, gewann in einer relativ kurzen Zeitspanne, wesentlich durch eigene Kraft und Leistung, sein Leben und seine Freiheit gleichzeitig zurück. Was liegt da menschlich näher, als sich im Vollgefühl der wieder erstarkten Lebenskraft ausleben, verbrauchen und auch geniessen zu wollen. (Soziale Marktwirtschaft und Materialismus, Sonntagsblatt, 29. Januar 1956; in: GJ, S. 467)

Die Pharisäer

Mutet es da nicht allenthalben pharisäerhaft an, wenn sich die wohlhabenderen oder gar reicheren Schichten unseres Volkes über die Genusssucht und Begehrlichkeit derjenigen ereifern, die im Grunde genommen keinen anderen Wunsch haben, als es jenen gleich zu tun. Gegen solches Pharisäertum führe ich deshalb auch einen leidenschaftlichen Kampf. (WA, 10. Kapitel, Keine deutsche Austerity-Politik, S. 226)

Pharisäertum der Begüterten

Mutet es da nicht allenthalben … pharisäerhaft an, wenn sich die wohlhabenderen oder gar reicheren Schichten unseres Volkes über die Genusssucht und die Begehrlichkeit derjenigen ereifern, die im Grunde genommen kein anderes Ziel haben, als es jenen gleichzutun? Bedeutet der Rundfunkempfänger, der Staubsauger, der Kühlschrank usf. im Hause eines Begüterten etwas anderes als z.B. in der Wohnung des Arbeiters? Ist er einmal Ausdruck der Zivilisation und das andere Mal Zeugnis materialistischer Gesinnung? Aus solcher Haltung heraus wird also dem echten und berechtigten Anliegen, unser Volk vor einer materialistischen Verflachung des Lebens bewahrt zu sehen, nicht begegnet werden können. (Soziale Marktwirtschaft und Materialismus, Sonntagsblatt, 29. Januar 1956; in: GJ, S. 467)

Armut macht unfrei

Kein Einwand wird mich davon abbringen, daran zu glauben, dass die Armut das sicherste Mittel ist, um den Menschen in den kleinen materiellen Sorgen des Alltags verkümmern zu lassen. Vielleicht mögen Genies sich über solche Drangsale erheben; im allgemeinen aber werden die Menschen durch materielle Kümmernisse immer unfreier und bleiben gerade dadurch materiellem Sinnen und Trachten verhaftet. … Seien wir nicht so grausam, anzunehmen, dass Tugend nur aus Not erwachsen könnte. Es kommt vielmehr darauf an, uns des Glückes und des Segens einer erfolgreichen und friedlichen Arbeit würdig zu erweisen. Für einen Wirtschaftspolitiker wie mich ist es eine teuflische Zumutung, von ihm um eines falsch verstandenen ethischen Prinzips willen gar verlangen zu wollen, dass er etwa die Überwindung der Armut verhüten sollte.

(WA, Kapitel 10, Gegen falsche Unduldsamkeit, S. 227 f.)

Wohltätige Wirkung des materiellen Fortschritts

Wenn z.b. die Menschen in schönen Wohnungen leben, wenn sie etwas von dem Fortschritt, der sie in dem Betrieb umgibt, auch im eigenen Heim verspüren, wenn die Mütter und Frauen des Abends nicht mehr abgehetzt in der Küche stehen müssen, sondern sich dank des zivilisatorischen Fortschritts ihrer Familie widmen können, dann dürfte gerade damit viel für die Entfaltung seelischer Kräfte getan sein. (WA, Kapitel 10, Gegen falsche Unduldsamkeit, S. 229)

Armut macht materialistisch

Trotz der vorgebrachten Klagen glaube ich, dass die Armut das sicherste Mittel ist, um den Menschen im Materiellen verkümmern zu lassen. Vielleicht mögen Genies sich über solche Drangsale erheben können, die Menschen im allgemeinen aber werden durch materielle Kümmernisse nur immer unfreier und bleiben immer mehr dem materiellen Sinnen und Trachten verhaftet. So geht also meine Überzeugung dahin, dass wir den Prozess der Vermehrung und Verbreiterung des Wohlstandes mit Geduld und Zuversicht abrollen lassen können, denn das, was sich heute gelegentlich als ein Missstand ausprägt, trägt zugleich den Keim der Heilung in sich. (Soziale Marktwirtschaft und Materialismus, Sonntagsblatt, 29. Januar 1956; in: DJ, S. 468)

Marktwirtschaft und Kulturniveau

Es ist aber geradezu grotesk, wenn Professor Alfred Weber die Marktwirtschaft für die fragwürdige Qualität der literarischen Kulturversorgung der Bevölkerung verantwortlich machen möchte. Dieses Übel muss wohl auf andere Weise geheilt werden, wobei ich allerdings der Meinung bin, dass es nicht zur Aufgabe der Wirtschaftspolitik gehört, im Volke den Sinn für guten Geschmack zu wecken oder ihm eine Bundes-Einheitsliteratur aufzuoktroyieren. Auch hier soll jeder nach seiner Façon selig werden, und es bleibt die Aufgabe der von Prof. Weber zitierten «Intellektuellen», die Dinge zum Besseren zu wenden. (Soziale Marktwirtschaft, Die Neue Zeitung, 8. Januar 1950, in: GJ, S. 230 f.)

Unzufriedenheit als moralischer Notstand

Wenn aber im Jahre 1956 alle Menschen, die im Jahre 1948 das mittlerweile Erreichte für völlig unvorstellbar erachtet hätten, heute dennoch mit ihrem Schicksal unzufrieden sind und nur immer noch mehr begehren, dann handelt es sich hier um einen echten moralischen Notstand, der uns wegen der inneren Unwahrhaftigkeit der Gesinnung zur Gefahr zu werden droht. (Soziale Marktwirtschaft und Materialismus, Sonntagsblatt, 29. Januar 1956; in: DJ, S. 468)

Des Glückes würdig sein

Verfallen wir also nicht in den Fehler, Materialismus durch Armut überwinden zu wollen; seien wir nicht so grausam, annehmen zu wollen, dass Tugend nur aus der Not erwachsen kann – seien und bleiben wir vielmehr des Glückes und des Segens einer erfolgreichen, friedlichen Arbeit würdig. (Soziale Marktwirtschaft und Materialismus, Sonntagsblatt, 29. Januar 1956; in: DJ, S. 470)

Wirtschaft als Bildungsfaktor

Die besondere Betonung des Wertes der Wirtschaft als wichtigen Teilbereich der Kultur ist deshalb notwendig, weil ein übersteigertes humanistisches Bildungsdenken bisher vielfach die Möglichkeit einer echten Erziehung und Bildung des Menschen für wirtschaftliche Aufgaben und an Bildungsgütern, die dem Bereich der Technik und Wirtschaft entnommen wurden, leugnete. Ebenso wurden in der Vergangenheit der wahre Sinn und das Wesen der Wirtschaft sowohl durch die Theorien des frühen Kapitalismus als auch des historischen Materialismus verkannt und entstellt. Damit wurden im öffentlichen Denken eine Unterbewertung und Missdeutung des wirtschaftlichen Handelns und der wirtschaftlichen Aufgaben eingeleitet, die sich bis in die Gegenwart hinein schädlich auswirken. (Wirtschaft und Bildung, Der Volkswirt, 17. August 1957; in: DW, S. 355)

Für das Seelenheil ist der Wirtschaftsminister nicht zuständig

Ich scheue mich nicht, es auszusprechen, wie sehr ich es wünschte, dass das deutsche Volk sichtbarere Wandlungen zu einem gehobenen Konsum mehr geistiger Art hin vollziehen würde. Ich lehne es aber ab, diesbezügliche Befehle zu erteilen. Auch gibt es Zeichen dafür, wie fast selbstverständlich der Luxus von heute zum alltäglichen Gebrauchsgut von morgen wird. Mit diesen zunächst rein materiell anmutenden Wandlungen ändern sich aber auch die Auffassungen über das, was zu einer gehobenen Lebensführung gehört, was gesellschaftliche Geltung und soziales Ansehen verleiht.

In meiner Eigenschaft als Wirtschaftsminister kann mir füglich nicht zugemutet werden, für das Seelenheil des ganzen Volkes verantwortlich zu sein. In dieser Funktion habe ich eine ganz spezifische Aufgabe zu erfüllen. Diese lautet unter dem hier gekennzeichneten Aspekt dahin, aus der Volkswirtschaft so viel an Kraft und Leistung herauszuholen, dass die Menschen frei von Sorgen und Nöten leben können, dass sie die Möglichkeit gewinnen, Eigentum zu erwerben und dadurch unabhängig zu werden, dass sie mehr an menschlicher Würde entfalten können, weil sie dann nicht mehr auf die Gnade anderer, auch nicht auf die Gnade des Staates angewiesen sind. Mir will scheinen, dass mit der Erreichung eines solchen Zieles der Wirtschaftsminister seinen vollen Beitrag zur Überwindung eines vermeintlichen oder tatsächlichen Materialismus geleistet haben würde. (Industrie- und Handelskammer zu Berlin, 18. Juni 1955; in: WA, 10. Kapitel, Geist lässt sich nicht befehlen, S. 229 f.)

21. Geist und Macht

Die Spannung von Geist und Macht

Der Politiker, der nicht nur an seiner Macht interessiert ist, und der Intellektuelle, der sich für das Ganze verantwortlich fühlt, erleiden die Spannung von Geist und Macht als unentrinnbares Schicksal. Die Spannung zu kennen, sie zu ertragen und doch den Mut zur Entscheidung nicht zu verlieren, ist ein Charisma, eine Gnadengabe, die sich weder erringen noch erhandeln lässt. Der Staat ist glücklich, der viele Politiker in seinem Dienst hat, die eine solche

Begabung auszeichnet. Wo immer sie auftreten, da zeichnen sie sich durch zwei Dinge aus: durch die Macht ihres Geistes und durch den Geist, in dem sie mit der Macht umgehen (Der Widerstreit von Macht und Geist, Festschrift für Eugen Gerstenmaier, 27. Mai 1966, GJ, S. 1012)

Über die Macht

Macht ist das Prinzip des Seienden überhaupt, denn sie ist die Möglichkeit dessen, was ist, dem Nichtsein zu widerstehen und es zu überwinden. Alles, was ist, trägt in sich die Tendenz, über seine eigenen Grenzen hinauszuschreiten und den eigenen Bereich auszuweiten. Deshalb ist das Leben die Begegnung von Seinsmächtigkeit und Seinsmächtigkeit, von Macht und Macht. Der Machtkampf ist also ein dem Leben selbst zugehöriges Element, und die Konkurrenz ist nicht ein widernatürliches Prinzip des Lebens, sondern allem Seienden als solchem zugeordnet. (Der Widerstreit von Macht und Geist, Festschrift für Eugen Gerstenmaier, 27. Mai 1966, GJ, S. 1006)

Macht und Ordnung

Macht strebt zu ihrer Selbstbehauptung nach Ordnung, aber sie ist zugleich gefährdet, wenn Ordnung zu ihrem einzigen Zweck wird. Alle Ordnung muss ihren instrumentalen Charakter behalten, da sonst der Träger der Macht und der Ordnung seine Vitalität verliert. Ein Unternehmer, der seine ganze Zeit nur darauf verwendet, seinen Betrieb zu ordnen, wird letztlich nicht konkurrenzfähig bleiben; ein Wirtschaftspolitiker, der seine ganze Kraft dafür einsetzt, den Wirtschaftsablauf zu ordnen, wird ihn letztlich ersticken. Ein Wissenschaftler, der sich nur darauf beschränkt, Fakten zu ordnen, kann zwar in einer bestimmten Phase der Entwicklung seines Gebietes Grosses leisten. Eines Tages wird er aber dazu übergehen müssen, die Fakten zu deuten, wenn er der Forschung selbst dienen will. (Der Widerstreit von Macht und Geist, Festschrift für Eugen Gerstenmaier, 27. Mai 1966, GJ, S. 1007)

Gegen Machtmissbrauch

Man wirft mir ja allenthalben vor, dass ich kein richtiges Verhältnis zur Macht hätte. Nun, ich möchte das anders ausdrücken: Ich habe kein Verständnis für den Missbrauch der Macht und gehe deshalb damit pfleglich um. Ich glaube zudem, dass es zu einer guten Politik gehört zu verhindern, dass Machtpositionen sich überhaupt ausprägen können, dass Macht gegen Macht ausgespielt wird. (Franz Oppenheimer, dem Lehrer und Freund, Rede zu Oppenheimers 100. Geburtstag in der Freien Universität Berlin, 30. April 1964, GJ, S. 863)

«Freiheitliche Ordnung»

Der Unterschied zwischen Geist und Macht liegt in der Tendenz, der jeweiligen Dynamik. Während sie bei der Macht auf Ordnung abzielt, hebt sie beim Geist auf Freiheit ab, so dass Ordnung und Freiheit in der gleichen Weise aufeinander bezogen sind wie Macht und Geist. Ihre Beziehung ist überall dort ausgewogen, wo sich «freiheitliche Ordnung» oder «geordnete Freiheit» findet. Freiheitliche Ordnung ist kein Widerspruch in sich selbst, sondern eine der Grundpolaritäten allen menschlichen Seins. Sie ist eine der Spannungen, in denen sich individuelles Leben und das Leben der Gesellschaft begegnen. Die Ausgeglichenheit beider Pole ist einer der Träume der Menschheit, von dem tagaus, tagein gehofft wird, dass er Wirklichkeit werden möchte. (Der Widerstreit von Macht und Geist, Festschrift für Eugen Gerstenmaier, 27. Mai 1966, GJ, S. 1012)

Geistiges Leben und Freiheit

Als die den Menschen und seine Welt transzendierende Kraft ist Geist zugleich Freiheit. Wo die Freiheit eingeschränkt ist, da kann sich auch der Geist nicht entfalten, wo sie fehlt, da stirbt das geistige Leben. (Der Widerstreit von Macht und Geist, Festschrift für Eugen Gerstenmaier, 27. Mai 1966, GJ, S. 1010)

Der Geist braucht Freiheit, so wie die Macht die Ordnung braucht. (Der Widerstreit von Macht und Geist, Festschrift für Eugen Gerstenmaier, 27. Mai 1966, GJ, S. 1010)

Schaffende Zerstörung

Der Menschen Grenze und auch seine Tragik liegen darin, dass er nur schaffen kann, indem er auch zerstört. Der Chemiker, der einen neuen Stoff produziert, zerstört die Struktur der Grundstoffe. Der Ingenieur, der eine Strasse baut, greift tief in die Ordnung der Natur ein. Der Künstler, der eine neue kulturelle Entwicklung in Gang setzt, zerstört die Einheit dessen, was geworden ist. In jedem geistigen Akt ist also auch ein Element Ungeist enthalten, ein Element jenes Geistes, der stets verneint und zerstört. Dieses Element ist verschieden stark, manchmal aber so stark, dass es das Schöpferische überwiegt. Deshalb sprechen wir auch nicht nur vom Geist einer Zeit, sondern auch vom Ungeist einer Periode der Geschichte. (Der Widerstreit von Macht und Geist, Festschrift für Eugen Gerstenmaier, 27. Mai 1966, GJ, S. 1009 f.)

Wichtigkeit wirtschaftlicher Bildung

Wie gelingt es uns, die Jugend stärker mit den Grundfragen der Wirtschaft und des wirtschaftlichen Alltags vertraut zu machen? Ich will damit weiss Gott keiner Ökonomisierung des Lebens das Wort reden; aber ich bin doch etwas erschrocken, wenn ich sehe, wie wenig Schulentlassene, ja auch Erwachsene, von diesen Dingen – auch nur vom allgemeinsten her – verstehen, obgleich das Wirtschaftliche ihr Leben und das des ganzen Volkes mitformt und mitbestimmt. Es ist nicht Hohn und Spott, wenn ich dazu sage, dass das vielleicht der Grund dafür ist, warum sich in Wirtschaftsfragen alle für sachverständig halten. (Die Wirtschaftspolitik in der öffentlichen Meinung, Rundfunkansprache zu einer Repräsentativbefragung des Bayerischen Rundfunks über das wirtschaftliche Verhalten der westdeutschen Bevölkerung, 28. November 1960; in: DW, S. 523 f.)

Anmassung

… dass Leute, die sich wahrscheinlich lächerlich vorkommen würden, wenn sie als Laien etwa über technische, medizinische oder physikalische Probleme urteilen wollten, keinerlei Hemmungen zeigen, sich in wirtschaftspolitischen Fragen als Sachverständige oder gar als Schiedsrichter aufspielen zu können. (Die Wirtschaft ist kein Übungsplatz für Dilettanten, Rundfunkansprache, 15. Januar 1960; in: DW, S. 472)

Steht der Geist «links»?

«Der Geist steht links», das ist die weit verbreitete und vielfach bei sehr unterschiedlichen Geistern anerkannte Ortsbestimmung des deutschen Geistes. Auch diese fragwürdige Aussage ist nichts anderes als eine Waffe im ideologischen Streit, die den einen dazu dient, den Gegner, den man rechts von sich stehen sieht, als ungeistig zu qualifizieren, und den anderen dazu, den Geist überhaupt zu diffamieren. (Der Widerstreit von Macht und Geist, Festschrift für Eugen Gerstenmaier, 27. Mai 1966, GJ, S. 1006)

Gegen Hochhuth als Politiker

Heute ist das ja Mode, dass die Dichter unter den Sozialpolitikern sind. Wenn sie das tun, das ist natürlich ihr gutes, demokratisches Recht, dann müssen sie sich aber auch gefallen lassen, so angesprochen zu werden, wie sie es verdienen, nämlich als Banausen und Nichtskönner, die über Dinge urteilen, von denen sie einfach nichts verstehen. …Ich habe keine Lust, mich mit Herrn Hochhuth zu unterhalten über Wirtschafts- und Sozialpolitik, um mal ganz deutlich zu sagen, das Kind beim Namen zu nennen. Ich würde mir auch nicht anmassen, Herrn Professor Heisenberg gute Lehren zu erteilen über Kernphysik. Ich meine, das ist alles dummes Zeug. Die sprechen von Dingen, von denen sie von Tuten und Blasen keine Ahnung haben. Die begeben sich auf die Ebene, auf die parterreste Ebene eines kleinen Parteipolitikers und wollen mit dem hohen Grad eines Dichters ernst genommen werden. Nein, so haben wir nicht gewettet. Da hört der Dichter auf, da fängt der ganz kleine Pinscher an, der in dümmster Weise kläfft. (Ludwig Erhard, zitiert nach «Die Weltwoche», 2. September 1965, in: Hentschel, S. 572 f.)

22. Pragmatiker und Staatsmänner

Ein Politiker muss philosophieren

Vor einiger Zeit hat mich ein Pressevertreter gefragt, ob das nicht blosse Philosophie sei. Ich habe ihm geantwortet, dass ein Politiker, der nicht mehr philosophieren, das heisst über die Existenz seines Volkes und ihre Bedingungen nachdenken dürfe, seinen Beruf am besten an den Nagel hängen solle. Wir Deutschen sollten uns also nicht angewöhnen, bei dem Wort Philosophie schon ängstlich zu werden. Das entspräche auch nicht den Traditionen unseres Volkes. (Über die Wandlung unserer Gesellschaft, Rede vor dem Deutschen Industrie- und Handelstag, Bonn, 3. März 1966, GJ, S. 976)

Gegen Pragmatiker, Opportunisten, Konformisten

Es war das Verdienst der Freiburger Schule, Walter Euckens und seiner Freunde, die Volkswirtschaftslehre wieder zu strengem Ordnungsdenken zurückgeführt zu haben – nicht allein, um das Schreckgespenst staatlicher Planwirtschaft zu bannen oder die aufkommende Ökonometrie auf den ihr gemässen Platz zu verweisen, sondern mehr noch, um dem öden geistlosen Pragmatismus die Zucht geistiger Ordnung entgegenzusetzen. Ich stehe für meine Person nicht an, die heute viel gerühmte pragmatische Verhaltensweise als Kapitulation vor der Wahrheit bzw. als Feigheit vor der Wirklichkeit ins rechte, aber gewiss nicht strahlende Licht zu rücken. Wer nicht mehr weiter weiss, wer vor Entscheidungen zurückschreckt, der gilt heute vielfach als klug und wird dazu noch als fähiger Politiker gewertet, wenn er «pragmatisch» handelt, d. h. dem Zufall des Augenblicks Rechnung trägt. Den Pragmatikern folgen auf dem Fusse die blossen Opportunisten und schliesslich auch noch die überhaupt gesinnungslosen Konformisten. (Das Ordnungsdenken in der Marktwirtschaft, Festschrift zum 90. Geburtstag von Ludwig von Mises, 1971, GJ, S. 1046)

Gegen Pragmatismus

Man preist heute so oft den Pragmatismus als staatsmännische Weisheit. Ich weiss natürlich auch, dass man notfalls auch einmal Kompromisse schliessen muss. Aber an die Probleme schon mit der Einstellung heranzugehen: «wie es auch kommt, ich werde mich schon durchmogeln», ist vielleicht ein etwas banaler Ausdruck für das, was in meinen Augen unter Pragmatismus verstanden wird. Ich will es hier wiederholen ..., dass ich nie ein Opportunist oder gar ein Konformist gewesen bin. Auch in Zukunft brauchen wir wohl Männer, die in der Gestaltung unseres Schicksals, aber darüber hinaus auch der Welt, in der wir leben, nicht schwankend werden – Menschen, die Gesinnung üben, Gesinnung bezeugen und nicht irre werden an den Werten freiheitlichen Menschentums. (Rede von Ludwig Erhard anlässlich der Überreichung der Festschrift zu seinem 75. Geburtstag am 3. Februar 1972 in Bonn Bad Godesberg, in: Der Geburtstag, S. 17)

Drei Typen Mensch, die Erhard nicht mochte

Es gibt drei Kategorien von Menschen, die ich, im Grunde genommen und zurückhaltend ausgedrückt, einfach nicht leiden kann. Das eine sind die Nur-Pragmatiker. Zwar weiss ich auch, dass man nicht immer durch die Wand gehen kann; aber Pragmatiker aus geistiger und charakterlicher Haltung zu sein ist der Verachtung wert. Den Pragmatikern, die sich sogar weise dünken, folgen die Opportunisten, denen nur mit Abscheu zu begegnen ist. Und schliesslich sind da noch die Konformisten als das wahrscheinlich ärgste Übel zu nennen. So viel an Widerwärtigkeit kann kein anständiger Mensch vertragen. (Ludwig Erhard, Rede beim Empfang des CDU-Vorsitzenden Dr. Helmut Kohl im Hotel Königshof Bonn, 4. Februar 1977, in: Erbe S. 298)

Von Pragmatikern strahlt kein Licht aus

Haben wir doch ... den Mut, falscher und verlogener Verschwommenheit entschlossenen Kampf anzusagen, auch wenn sie sich in den Mantel neuzeitlicher Sozialpolitik hüllen möchte. In gleicher Weise sind die sogenannten Pragmatiker abzulehnen; die bewältigen vielleicht die Lage des Augenblicks, aber von ihnen strahlt kein Licht aus, das einem Volk den Weg weisen, das Gläubigkeit wecken könnte. (Gestern – Heute – Morgen, Elektrola-Schallplatten, 9. Juni 1961; in: GJ, S. 702)

Nicht nur von heute auf morgen leben

Die Völker sind aufgewacht und schicken sich an, neue Standorte zu beziehen und ihr Leben neu zu ordnen. Starke Kräfte in aller Welt drängen immer mehr zur Beseitigung nichtdemokratischer und kollektivistischer Herrschaftsformen. Der sogenannte Realist mag solche Vorstellungen als Wunschdenken empfinden. Aber gefährlicher als der Mut, vorauszublicken und vorauszudenken ist es, Kräfte und Bewegungen nicht begreifen zu wollen, die die Welt von morgen zu bestimmen in der Lage sind. Das rechtzeitige Wahrnehmen politischer, wirtschaftlicher und gesellschaftlicher Prozesse und ihre richtige Beurteilung, ihre Einordnung in das Leben der Gemeinschaften ist in meiner Sicht als Voraussetzung dafür zu werten, dass man die geltenden Bedingungen für das eigene Verhalten erkennen kann. Wer solchen Wahrnehmungen gegenüber stumpf ist, wer nur vom Heute zum Morgen lebt, läuft Gefahr, sich selbst und alles zu verlieren. Das gilt auch für Völkerschicksale. (Haben wir aus der jüngsten Geschichte gelernt?, Die Zeit, 5. Dezember 1961; in: DW, S. 606 f.)

Mut zur Unpopularität

Zu einer guten Wirtschaftspolitik gehört deshalb vor allem der Mut zum Widerstand und auch zur Unpopularität. Der für die Wirtschaftspolitik verantwortliche Minister ist darum auch nicht der Sachwalter der Unternehmer, ja, ihm obliegt nicht nur die Ordnung der Wirtschaft als solche, sondern er wird sie als das Instrument begreifen müssen, um dem Wohle jedes Staatsbürgers zu dienen. (Unternehmer und Politik, Bulletin des Wirtschaftsringes e. V., VI./1962, GJ, S. 765)

Politik nicht, um Wähler zu gewinnen

Manche Leute sagen, wir brauchen Erhard, um die nächsten Wahlen zu gewinnen. Die begehen einen schweren Irrtum. Ich mache meine Politik nicht, um Wahlen zu gewinnen, sondern für Deutschland und für das ganze deutsche Volk. Wer eine andere Politik will, muss ein Misstrauensvotum einbringen. Der Bundeskanzler bestimmt laut der Verfassung die politische Linie – ohne Wenn und Aber. (Ludwig Erhard auf dem CDU-Parteitag, Juli 1964, München, zitiert in: Volkskanzler, S. 296)

Warnung

Wehe aber einem Volk, dessen Wirtschaft ressortmässig von einem Manne geleitet wird, der geistig bestechlich wäre oder immer nur den Weg des geringsten Widerstandes gehen will. (Ludwig Erhard, Rede beim Empfang des CDU-Vorsitzenden Dr. Helmut Kohl im Hotel Königshof Bonn, 4. Februar 1977, in: Erbe S. 299)

Nur für die Wahrheit

Ich habe mir jedenfalls geschworen: Wenn ich jetzt zum achten Mal in eine Legislaturperiode eintrete, künftig nur die Wahrheit und nichts anderes zu sagen und gegen alles zu protestieren, was wider die Wahrheit steht. Ich glaube, das ist das Beste, was ich zum Beschluss meiner politischen Laufbahn dem deutschen Volk noch als Mahnung auf den Weg mitgeben kann. (Ludwig Erhard, Rede bei der Vorstellung der «Denkschrift 1943/44» in Bonn, 27. Januar 1977, in: Erbe S. 231)

Erhard und die CDU

Mich hat auch, so bewusst ich mich durch zwölf Jahre hindurch stets zur Christlich-Demokratischen Union bekannt habe, im letzten doch keine Partei gekürt, sondern es war fast so, dass ich mich in einer entscheidenden Stunde mit einer Partei verbündete und mit ihr zusammen die schweren Kämpfe durchstand. (Ludwig Erhard 1962, zitiert von Georg Schröder, Er gab den Deutschen wieder Mut, Die Welt, 6. Mai 1977, in: Erbe, S. 142)

Zu seiner Meinung stehen!

Denn wenn ein Minister es fertigbringt, zu einem Gegenstand – zu welchem auch immer – jeden Tag – wie bei den Heeresberichten – etwas Neues und anderes zu verkünden, dann ist er nicht glaubhaft. Jeder Mensch kann irren, und ich habe mich selbstverständlich auch mal geirrt, aber es ist unerträglich, wenn ein Volk nicht sicher sein kann, dass die Leute, die zur Führung berufen sind, zu ihrer Meinung stehen. Und wenn sie jeden Tag Variationen an ihrer Meinung anbringen, dann ist etwas nicht in Ordnung. (Rede von Ludwig Erhard beim Empfang des Wirtschaftsrates der CDU in Frankfurt, 17. Februar 1977, in: Erbe S. 464)

Voraussetzung einer «guten Ordnung»

Darum wird das deutsche Volk von mir immer wieder hören, was es hören muss, aber nicht gerne hören will – dies nämlich, dass wir unsere gute Ordnung nur dann erhalten, wenn wir alle für uns selbst und als Vertreter von Gruppen Besinnung üben. Man mag darüber lächeln, man mag mich in Karikaturen verhöhnen, schlechte Witze reissen; das interessiert mich alles nicht, wenn es darum geht, die Grundlagen unserer Gesellschaftsordnung zu erhalten und Unheil vom deutschen Volke abzuwenden. (Wo steht Europa?, Rede vor der CSU-Landesversammlung, München, 12. Juli 1964, GJ, S. 890)

Haltung zur «Realität»

Man sagt uns, die Teilung unseres Landes sei eine «Realität», die hingenommen werden müsse. Sicher haben wir es hier mit einer Realität zu tun, aber mit einer unerträglichen. Auch eine Krankheit ist eine Realität, und doch wird es niemandem einfallen, den zu tadeln, der sich vor ihr zu schützen, sie zu heilen sucht. Auch Unrecht ist Realität, und doch wird man alles daransetzen müssen, es zu beseitigen. Vor allem aber ist, wenn schon die Teilung unseres Landes als eine Realität hingestellt wird, der Wille des deutschen Volkes zur Wiederherstellung seiner Einheit eine weit stärkere Realität, denn die Geschichte lehrt, dass der elementare Drang eines Volkes, um seine Einheit und Freiheit zu ringen, zu den mächtigsten Kräften überhaupt gehört. (Politik der Mitte und Verständigung, Regierungserklärung, 18. Oktober 1963, GJ, S. 820)

Klischees in der Öffentlichkeit

Wer wie ich seit einigen Jahrzehnten im politischen Leben steht, weiss, wie stark das Meinungsbild von Politikern in der Öffentlichkeit auf Klischees zurückgehen kann, die die Autoren von Zeitungsartikeln und Büchern dann voneinander übernehmen. Manchmal ist man Nutzniesser dieser Übung. Ich war oft auch der Leidtragende. (Was uns trennte, was uns einte, Zu Konrad Adenauers 100. Geburtstag, Deutsche Zeitung, 26. Dezember 1975, GJ, S. 1054 f.)

Freude an der Verantwortung

Also wäre der Wirtschaftspolitiker ein philosophisch gestimmter und phantasievoller Sachverständiger, der in der Lage wäre, klugen Rat zu geben, wohl wissend, dass nicht alles, was «machbar» ist, auch in den «Ordo» der Nation hineinpasst? Nein, noch eins muss hinzutreten: die Freude an der Verantwortung und am bewussten Gestalten-Wollen. Das ist vielleicht die schwerste Anforderung an den Wirtschaftspolitiker: die Verbindung des Strebens nach Einsichten mit dem Willen, bestimmte Absichten im Dienste des allgemeinen Besten zu erreichen. (Vorwort zur Festgabe «Wirtschaft, Gesellschaft und Kultur» für Alfred Müller-Armack, Berlin 1961; in: GJ, S. 705 f.)

In der Politik zählt schliesslich das Ergebnis

Aber in der Politik zählt schliesslich doch das Ergebnis. Erfolg oder Misserfolg werden gemessen an dem Wohlergehen von Staat und Volk, dem inneren und äusseren Frieden, seiner Freiheit und Sicherheit. In dieser Hinsicht ist unsere Bilanz nicht schlecht, wenn wir auch die Spaltung Deutschlands nicht überwinden konnten. (Was uns trennte, was uns einte, Zu Konrad Adenauers 100. Geburtstag, Deutsche Zeitung, 26. Dezember 1975, GJ, S. 1053)

Nutzanwendung von Wirtschaftspsychologie

Oft genug bin ich getadelt worden, weil ich angeblich zu systemtreu bin. Man sollte mich deshalb nicht schelten, wenn ich als Wirtschaftspolitiker von dem Idealtypus der reinen Ökonomie einmal abweiche. In meinen Augen liegt hier kein Verstoss gegen den richtig verstandenen Ordnungsgedanken einer Marktwirtschaft vor. Es handelt sich schlicht und einfach um die Nutzanwendung der Wirtschaftspsychologie: Das wirtschaftliche Geschehen läuft nicht nach mechanischen Gesetzen ab. Die Wirtschaft hat nicht ein Eigenleben im Sinne eines seelenlosen Automatismus, sondern sie wird von Menschen getragen und von Menschen geformt. Wenn dem so ist – und das kann füglich nicht bezweifelt werden –, dann wird sich das Gepräge, d.h. die Struktur und das Bild der Wirtschaft, je nach unserem Handeln und Verhalten deutlich spürbar verändern, ja sogar verändern müssen. Man soll daher die Methode psychologischer Einwirkungen nicht gering schätzen. (Kölner Hausrat- und Eisenwarenmesse, Köln, 10. September 1959; in: WA, 11. Kapitel, Psychologie um Mark und Pfennig, S. 235 f.)

Nicht jeden Tag etwas Neues

So möchte ich z. B. auch fragen, ist es eigentlich richtig, wenn die Parteien glauben, sie müssten jedes Jahr, zu jedem Parteitag ein neues Programm aufstellen und ständig bestrebt sein, etwas Neues zu bieten. Man kann nicht jeden Tag etwas Neues in die Welt setzen, und wer das will, der macht sich schuldig an der Zerstörung unserer die Demokratie tragenden Wertordnung. (Rede von Ludwig Erhard beim Abendessen des Bundespräsidenten Walter Scheel, Bonn, 14. Februar 1977, in: Erbe S. 436)

Für gradlinige Politik

Die deutschen Interessen erfolgreich zu wahren, verlangt vielmehr in erster Linie Stehvermögen, Beharrlichkeit und Geduld. Ich kann nur warnen zu glauben, Politik bestehe darin, sich jeden Tag etwas Neues einfallen zu lassen. Nicht die Zahl und die Grösse von Schlagzeilen, die ein Politiker macht, sind Gradmesser für eine richtige Politik, sondern eher die innere Sicherheit, sich in der Gradlinigkeit seines politischen Handelns nicht von billigen Schlagzeilen beirren und vom rechten Wege abdrängen zu lassen. (Abschied als Bundeskanzler, Fernsehansprache, 30. November 1966, GJ, S. 1022)

Verschiedenes

23. Biographisches

Die Jugendzeit

Noch kurz vor der Jahrhundertwende (1897) in der Fürther Stern-
strasse geboren, umfing mich in meiner Jugendzeit die Atmosphäre
bürgerlicher Beschaulichkeit und Sorgenlosigkeit, die keine Zweifel und Skrupel über die Angemessenheit einer scheinbar fest
gefügten gesellschaftlichen Ordnung aufkommen liess. Dass ich
nach dem Willen meiner Eltern Kaufmann werden und demgemäss erzogen werden sollte, nahm ich darum auch mehr als
Selbstverständlichkeit hin – das sollte und musste eben wohl so
sein. Der Gedanke an die Zukunft hatte – abgesehen davon, dass
jene Zeit überhaupt wenig von jener heilsamen geistigen Unruhe
erfüllt war – für mich im besonderen schon gar nichts Erregendes,
denn mein Leben als Kaufmann mittelständischen Gepräges in
Fürth zu verbringen, schien vorausbestimmt zu sein. (Erinnerungen an Fürth, Sonderausgabe des Amtsblattes der Stadt Fürth und
des Landratsamtes Fürth aus Anlass der Verleihung der Goldenen
Bürgermedaille der Stadt Fürth, 21. Februar 1958; in: GJ, S. 528)

Über die Eltern

Ich schildere dieses kleinbürgerliche Milieu auf materiell sorgenlo-
ser Grundlage deshalb so bewusst, weil ich mich oft nach meinen
eigenen Wurzeln frage. Die Schule hinterliess in mir weder im
Guten noch im Bösen sonderliche Eindrücke, aber umso deutli-
cher entsinne ich mich, dass mein Vater, obrigkeitsgläubig und
selbstverständlich auch kaiser- und königstreu, mit seinen Freunden dennoch lebhafte politische Gespräche führte, die ihn als
einen Freisinnigen, dessen Mann Eugen Richter war, in Gegensatz
zu konservativen Freunden nationalliberaler Prägung brachten.
Mein Vater, dem ein hoher Offizier oder Beamter allein institutio-
nell verehrungswürdig erschien, wollte gleichwohl dem Bürger zu
höherer politischer Geltung und zu gleichen staatsbürgerlichen
Rechten verhelfen. Die soziale Frage aber hat ihn seinerzeit kaum

noch angerührt. In meinen Eltern aber finde ich mich wieder in der Überzeugung, dass ohne Fleiss und volle Hingabe kein Werk gedeihen kann, dass der Erfolg zuweilen wohl Wagemut erfordert, aber dass nur das Selbsterarbeitete und nicht der leichte Spekulationsgewinn von echtem Wert ist. Gegen solche Menschen, die ohne gemässe Leistung möglichst viel verdienen wollen, hatte man in meinem Elternhause immer nur Verachtung übrig, und davon ist in mir viel haften geblieben. Aber während mein Vater schon etwas gelten wollte und in diesem Sinne sozialen Ehrgeiz besass, war meine Mutter fast scheu, jeder Art von Öffentlichkeit abhold. Auch das spüre ich, wie in meinem Wesen das aktivistische und das besinnliche Element, das Verlangen nach öffentlicher Bestätigung und die Sehnsucht nach Beschaulichkeit Teil dieses Erbes sind. (Gestern – Heute – Morgen, Elektrola-Schallplatten, 9. Juni 1961; in: GJ, S. 684 f.)

Das Ende der bürgerlichen Epoche

Kurz vor der Jahrhundertwende in Fürth/Bayern geboren, gehöre ich zu jener Generation, die mit dem Ersten Weltkrieg noch bewusst genug das Ende einer geruhsam-bürgerlichen Epoche erlebte, ja, deren Jugendjahre noch unbeschwert und unbelastet durch eben diesen Geist geprägt waren. Das Bürgertum als Stütze der Monarchie, aber nicht weniger auch unter ihrem Schutze stehend, wurde von revolutionären Ideen vielleicht einmal kurz aufgeschreckt, aber es war von des Gedankens Blässe nicht angekränkelt und betrachtete die gesellschaftlichen und sozialen Zustände mehr oder minder als gottgewollt und für die Ewigkeit bestimmt. Mein Vater, als Bauernbub aus der armen Rhön kommend, hatte schliesslich ein Einzelhandelsgeschäft gegründet, an dessen guter Entwicklung meine Mutter als die heute viel zitierte «mithelfende Ehefrau» ohne Steuerbegünstigung teilhatte. (Gestern – Heute – Morgen, Elektrola-Schallplatten, 9. Juni 1961; in: GJ, S. 684)

Als kaufmännischer Lehrling

Noch von dem Zeitgeist einer fest gefügten politischen und gesellschaftlichen Ordnung erfüllt, begann ich also meinen beruflichen Werdegang als kaufmännischer Lehrling ohne Pensionsberechtigung und hatte auch nicht das Gefühl, dass eine Sechs-Tage-Woche mit 60stündiger Arbeitszeit meine Gesundheit erschüttern könnte oder ein unerträgliches soziales Los bedeutete. (Gestern – Heute – Morgen, Elektrola-Schallplatten, 9. Juni 1961; in: GJ, S. 685 f.)

Neigung zur Wissenschaft

Das war vielleicht die entscheidende und glücklichste Stunde meines Lebens, als ich 1919, noch an einer schweren Verwundung leidend, zunächst als eine vorübergehende Beschäftigung gedacht, die eben in Nürnberg neugegründete Handelshochschule besuchte und dort in einer wahren Beseligung meine Liebe und wohl auch einige Begabung zur Wissenschaft entdeckte. Mein Leben war auf eine neue Bahn geraten, und schliesslich waren mit dem Zusammenbruch des elterlichen Geschäfts in beruflicher Sicht gar noch vollends alle Brücken zur Vergangenheit abgebrochen. (Erinnerungen an Fürth, Sonderausgabe des Amtsblattes der Stadt Fürth und des Landratsamtes Fürth aus Anlass der Verleihung der Goldenen Bürgermedaille der Stadt Fürth, 21. Februar 1958; in: GJ, S. 529)

Wilhelm Rieger und Franz Oppenheimer

Ein früherer Lehrer, Wilhelm Rieger – übrigens auch ein Verehrer von Franz Oppenheimer –, hat mich zur Wissenschaft hingeführt, aber wissenschaftlich denken gelehrt in straffer innerer Zucht hat mich Franz Oppenheimer. (Franz Oppenheimer, dem Lehrer und Freund, Rede zu Oppenheimers 100. Geburtstag in der Freien Universität Berlin, 30. April 1964, GJ, S. 859)

«Neoliberaler»

Man reiht mich gemeiniglich ein in die Kategorie der «Neoliberalen». Es mag so geschehen; ich wehre mich gar nicht dagegen, denn Gelehrte, von Walter Eucken angefangen über Wilhelm Röpke, Alexander Rüstow zu Hayek und Franz Böhm, um nur einige zu nennen, haben im tiefsten Grunde Oppenheimersches Gedankengut in sich aufgenommen und in unsere Gegenwart übersetzt, indem sie einen leidenschaftlichen Kampf gegen die Beschränkung des Wettbewerbs und vor allen Dingen gegen Monopole führten. Sie zerstörten wie Oppenheimer den Optimismus sowohl der klassischen Lehre als auch des üblichen Liberalismus, dass die prästabilierte Harmonie ein Eigengewächs der wirtschaftlichen Entwicklung wäre. Nein, wenn und wo nicht ein vollständiger Wettbewerb besteht, wo immer Konkurrenz durch faktische oder rechtliche Massnahmen unterbunden, unterdrückt oder geschmälert wird, gibt es keine Freiheit – dort gibt es auch keine Gerechtigkeit. Ich habe es mir angewöhnt, das Wort Gerechtigkeit fast immer nur in Anführungszeichen auszusprechen, weil ich erfahren habe, dass mit keinem Wort mehr Missbrauch getrieben wird als gerade mit diesem höchsten Wert. (Franz Oppenheimer, dem Lehrer und Freund, Rede zu Oppenheimers 100. Geburtstag in der Freien Universität Berlin, 30.April 1964, GJ, S. 861 f.)

Hommage an Franz Oppenheimer

Solange ich lebe, werde ich Franz Oppenheimer nicht vergessen! Ich werde glücklich sein, wenn die Soziale Marktwirtschaft – so vollkommen oder so unvollkommen sie auch sein mag – weiter zeugen wird auch für das Werk, für den geistigen Ansatz der Gedanken und die Lehre von Franz Oppenheimer. Ich glaube, dass viele Menschen es nicht zu ermessen wissen, wie viel sie einem einzigen Manne zu verdanken haben. Ich weiss es, und ich habe dem auch dadurch Ausdruck gegeben, dass in meinem Arbeitszimmer über lange Zeit nur ein Bild stand, das meines Lehrers Franz Oppenheimer. (Franz Oppenheimer, dem Lehrer und Freund, Rede zu Oppenheimers 100. Geburtstag in der Freien Universität Berlin, 30.April 1964, GJ, S. 863)

Brücke zwischen Theorie und Erfahrung

… erkannte meine Aufgabe immer mehr darin, zwischen dem geistigen Hochmut der Wissenschaft und ihrem Hang zur Isolierung und Absolutierung die Brücke zum tätigen Leben zu schlagen, zwischen wissenschaftlicher Erkenntnis und praktischer, aber zur Verflachung neigender Erfahrung die fruchtbare Synthese zu finden. (Erinnerungen an Fürth, Sonderausgabe des Amtsblattes der Stadt Fürth und des Landratsamtes Fürth aus Anlass der Verleihung der Goldenen Bürgermedaille der Stadt Fürth, 21. Februar 1958; in: GJ, S. 529)

Aussenseiter

So war ich mir auch dessen bewusst, dass ich in fast allen Lagern als ein krasser Aussenseiter ohne reale Chancen galt – aber ich wollte ja auch nichts werden und war immer noch ohne politischen Ehrgeiz. (Erinnerungen an Fürth, Sonderausgabe des Amtsblattes der Stadt Fürth und des Landratsamtes Fürth aus Anlass der Verleihung der Goldenen Bürgermedaille der Stadt Fürth, 21. Februar 1958; in: GJ, S. 531)

Als «berufener Fachmann»

Abgesehen davon, dass ich trotz des unermesslichen Leides des deutschen Volkes und des hoffnungslosen Verfalls des politischen, wirtschaftlichen und sozialen Lebens gleichwohl glücklich war, an einer geistigen Erneuerung und einem wirtschaftlichen Wiederaufbau mitarbeiten zu dürfen, fühlte ich mich doch auch in dieser Zeit nicht als Politiker, sondern nur als berufener Fachmann. Das aber war meine Welt, als ich, nicht in parteipolitischen Kategorien denkend, gleichwohl von der Vorstellung, von der Zuversicht besessen war, dass ein durch hartes Leid geläutertes Volk zum Bewusstsein seiner Freiheit und Eigenverantwortlichkeit gelangen würde, und keine kollektivistischen Vorstellungen und Ideologien jemals mehr den freiheitlichen Willen freier Menschen erschüttern könnten. (Erinnerungen an Fürth, Sonderausgabe des Amtsblattes der Stadt Fürth und des Landratsamtes Fürth aus Anlass der Verleihung der Goldenen Bürgermedaille der Stadt Fürth, 21. Februar 1958; in: GJ, S. 531)

24. Historische Bemerkungen

Drei Wirtschaftsphasen

In einer Periode von knapp fünfzig Jahren erlebte ich mit vielen meiner Mitbürger sozusagen drei entscheidende Phasen einer Wirtschaftsepoche – angefangen vom reinen Wirtschaftsliberalismus der Jahrhundertwende über eine Pseudorevolution, die die gleichen Prinzipien der sich gegenseitig verhärtenden und von politischen Wunsch- und Machtträumen erfüllten Nationalwirtschaften aufpfropfen wollte, bis hin zu einem totalitären Staat, dem

Wirtschaft und Gesellschaft nur Werkzeuge zum Missbrauch verbrecherischer Machtinstinkte waren. Solches Geschehen musste jedes staatsbürgerliche Bewusstsein zerstören, das Vertrauen in die Obrigkeit erschüttern und am Ende den Untertan zeugen, der nicht mehr denkend und fühlend, aber, in Organisationen gezwungen, umso lauter schreiend das Bild einer Geschlossenheit darbieten sollte, die – das sei zur Ehre des deutschen Volkes gesagt – tatsächlich niemals bestand. (Gestern – Heute – Morgen, Elektrola-Schallplatten, 9. Juni 1961; in: GJ, S. 692)

Ein Vorschlag in der grossen Wirtschaftskrise

Die Reichsbank könnte dekretieren, dass sie künftighin oder bis auf weiteres Warenwechsel im gleichen Umfang zu diskontieren bereit ist, dass sie dafür aber nur auf Girokonto Gutschrift leistet, über das wiederum durch Giro- und Scheküberweisungen verfügt werden kann. Der bisherige kaufmännische Scheck bleibt innerhalb seines Anwendungsbereichs davon unberührt. Der Fabrikant kann über sein Guthaben durch diese besonderen Verkehrsschecks auch in kleineren Stückelungen verfügen und Löhne und Gehälter damit entrichten. Soweit diese dann wieder im täglichen Leben verausgabt werden, kursiert dieses besondere Scheckgeld gleich wie Währungsgeld, und gleich wie mit ihm können auch Sparkassen- und Bankeinlagen damit begründet werden. Ebenso kann jeder Wechselschuldner seine Verpflichtungen mit diesem besonderen Umlaufmittel tilgen. Die Gefahr der Inflation ist ausgeschlossen, denn wie beim Währungsgeld legitimiert auch hier der Besitz die wirtschaftliche Leistung, und wie bei jenem können damit nur neutrale Güterbewegungen ausgeführt oder Einkommen einmal und endgültig in den Konsum eingehen. (Ein Notweg, in: Das Tagebuch, hg. Von Leopold Schwarzschild, 12. Jg. 1931 S. 1203–1211, in: GJ, S. 27 f.)

Für Kreditschöpfung in einer Notsituation

Die öffentliche Meinung neigt dabei zum überwiegenden Teil der Ansicht zu, dass ausschliesslich die Quelle der Mittel schlechthin das Kriterium der Inflationsgefahr ausmache. So sicher es aber ist, dass eine Beschaffung zusätzlicher Arbeitsgelegenheit durch blosse Umschichtung der Einkommen im Steuer- oder Anleiheweg niemals Inflation auslösen könne, so bedenklich, ja so irrtümlich wäre es, daraus zu folgern, dass eine zusätzliche Geld- oder Kreditschöpfung ohne weiteres den Tatbestand einer unkontrollierbaren Geldentwertung schaffen müsse. (Wirtschaftsbelebung von der Verbraucherseite, in: Der deutsche Oekonomist, Jg. 1932, (7. Oktober), S. 1323–1225; in: GJ, S. 37)

Zusätzliche Kreditschöpfung, die zusätzliche Kaufkraft und neue Einkommen zur Entstehung gelangen lässt, ist dann wirklich ungefährlich, wenn sich die zusätzliche wirtschaftliche Leistung in genussreifem Sozialprodukt vergegenständlicht. Nicht eine höchst problematische Investition nicht vorhandenen Kapitals, sondern bessere Ausnutzung der bereits vorhandenen stehenden Anlagen zum Zwecke besserer Güterversorgung der Allgemeinheit, das nur allein kann das Ziel sozialer und nationaler Politik sein. Alle gesellschaftlichen und wirtschaftlichen Überlegungen drängen in diese Richtung. (Der Reichskommissar für Arbeitsbeschaffung und der Gereke-Plan, in: Wirtschaftsdienst, Jg. 1933, H. 2, S. 44–45; in: GJ, S. 46)

Ein sinnvolles Arbeitsbeschaffungsprogramm

Ein grosszügiges und sinnvolles Arbeitsbeschaffungsprogramm kann bei dem gegenwärtigen Einkommensniveau nicht mehr durch Steueraufkommen und Spartätigkeit erreicht werden, sondern nur durch zusätzlichen Kredit. Mit diesem gilt es eine Produktion anzuregen, die mit neuem Einkommen zugleich das genussreife Sozialprodukt vermehrt. (Wirtschaftsbelebung von der Verbraucherseite, in: Der deutsche Oekonomist, Jg. 1932, (7. Oktober), S. 1323–1225; in: GJ, S. 40)

Über Schachts «Grundsätze»

Ein solches Buch kann man im üblichen Sinn überhaupt nicht besprechen, nicht einmal kritisieren, es ist jenseits des Diskutablen, man kann es nur hinwerfen, ergrimmt und erbittert über solche Notzüchtigung des Gedankens an sich, des ökonomischen Gedankens insbesondere, zu Zwecken politischer Karriere. (Herrn Schachts «Grundsätze», in: Das Tagebuch, hg. Von Leopold Schwarzschild, 12. Jg. 1932, S. 1300–1306; in: GJ, S. 36)

Über Adolf Hitler und seine Schuld

Während die grosse Mehrzahl aller namhaften Historiker der westlichen Welt der Meinung ist, dass keine Regierung die Alleinschuld am Ersten Weltkrieg trägt, besteht völlige Klarheit darüber, dass am Zweiten Weltkrieg Hitler die Hauptschuld trägt, dass sein Machthunger und ein verbrecherischer Rassenwahn, sein hysterischer Fanatismus, für Deutschland «Lebensraum» zu erkämpfen, und seine Bereitschaft, für dieses Ziel Waffengewalt anzuwenden, fast naturnotwendig zur Tragödie führen musste. Hitler war bedenkenlos der Überzeugung, dass der Krieg ein notwendiges, selbstverständliches Mittel der Politik sei und dass in der Welt Macht vor Recht geht. Dabei bediente er sich mit allen Mitteln der Demagogie des Umstandes, dass mit dem Ende des Ersten Weltkrieges tatsächlich kein wahrer Friede eingekehrt war. Er nutzte die Fehler des Versailler Vertrages und die durch ihn ausgelöste internationale Unsicherheit wie auch das Versagen des Völkerbundes für seine Zwecke aus. Allerorten verhinderten Gewalt, Kurzsichtigkeit, Misstrauen und Hass eine Versöhnung der Völker. Im letzten aber gewann Hitler freie Bahn für seinen Frevel durch jenen Pakt, den er Ende August 1939 mit Stalin über das Schicksal Polens schloss.

An dem Schuldspruch gegen das Hitler-Regime ändert es indessen nichts, dass auch andere Regierungen fehlten, dass Hitler nach Hinnahme seiner Gewaltakte durch die westlichen Mächte sich Illusionen über den Wehrwillen jener demokratischen Länder hingab und dass der bis dahin angeprangerte sowjetische Kommunismus stalinistischer Prägung Hitler zu weiteren Überfällen geradezu ermutigte, ja bis ins Jahr 1941 hinein sogar unterstützte. Die Worte, die damals in blinder Vermessenheit, in Hass und Wahnwitz von der deutschen Führung ausgesprochen wurden, verraten eine derartige Hemmungslosigkeit und Missachtung jeglicher Einsicht in die Realitäten, dass dieses Geschehen den Lebenden und den künftigen Generationen stete Lehre und Mahnung bleiben muss. (Wir tragen nicht auf zwei Schultern, Rundfunkansprache zum 25. Jahrestag des Ausbruchs des Zweiten Weltkriegs, 31. August 1964, GJ, S. 898 f.)

Behandlung früherer Nationalsozialisten

Wir werden jeden, der im Dienste des Nationalsozialismus Menschen gemordet, gequält, der geraubt oder erpresst hat und zum Verbrecher wurde, zur Rechenschaft ziehen. Andererseits darf in einem freiheitlichen Rechtsstaat der blosse politische Irrtum des Einzelnen nicht noch einmal zu einer Art Hexenjagd führen. Die blosse politische Verwirrung eines Menschen kann und darf ihm nicht als Kainsmal sein Leben lang anhaften und ihn zum Paria werden lassen. Wohin käme die Welt, wenn wir dem Gesinnungswandel, der echten Läuterung und der besseren Einsicht nicht versöhnlich begegnen wollten. (Entspannung nicht auf Kosten der Bundesrepublik, Rede vor dem Council on Foreign Relations, New York, 11. Juni 1964, GJ, S. 866 f.)

«Vergangenheitsbewältigung» nicht genug

Das deutsche Volk wird noch über Generationen hinweg an den Folgen dieses Krieges zu tragen haben. Es genügt nicht, die Vergangenheit zu «bewältigen», sondern es ist ihm die aktive Aufgabe gestellt, Gegenwart und Zukunft, oder besser gesagt, aus erlebter Gegenwart bewusste Zukunft zu gestalten. Dazu gehört Vaterlandsliebe und eine echte Staatsgesinnung, ebenso wie die Anerkennung anderer Völker, mit denen uns die Liebe zum Frieden und die Achtung vor dem Menschen verbinden. (Wir tragen nicht auf zwei Schultern, Rundfunkansprache zum 25. Jahrestag des Ausbruchs des Zweiten Weltkriegs, 31. August 1964, GJ, S. 899)

Zur Berliner Blockade

Ich bin sicher, dass 1948 kein grosser Krieg ausgebrochen wäre, wenn amerikanische Truppen die Berliner Blockade gebrochen und den Zugang wieder frei gemacht hätten. Auch General Clay war dieser Ansicht. (Kontinuität, Gespräch mit William R. Hearst jun., 20. Dezember 1962, GJ, S. 783)

Lob der liberalen Wirtschaftsepoche

Es ist eine von keiner ökonomischen Richtung bestrittene historische Tatsache, dass die liberale Wirtschaftsepoche die Menschheit in ihrer zivilisatorischen Entwicklung ein gewaltiges Stück vor-

wärts gebracht hat. Nachdem die erstarrte Zunftordnung mit ihren
wirtschaftlichen, aber auch ethischen und ständischen Zielsetzungen für den wirtschaftlichen Fortschritt ein Hemmschuh geworden war, entfaltete das Prinzip des «laissez faire» ungeahnte Wirt-
schaftskräfte. Während die Zünfte persönliche Initiative und
fortschrittliche Ideen verpönten, konnte der Unternehmer des
beginnenden neunzehnten Jahrhunderts das Was, Wie, Wo, Wieviel
und Wohin seiner Produktion selbst bestimmen. Da für alle Unternehmer die gleiche Chance der freien Betätigung bestand, ent-
wickelte sich die Konkurrenz und damit der «Markt», der zum
Kreuzungspunkt aller wirtschaftlichen Interessen wurde. Über den
durch Angebot und Nachfrage entstandenen Marktpreis wurde
hier die Produktion und der Verbrauch zum Nutzen aller gesteuert. (WA, 7. Kapitel, Konsumentenschutzgesetz, S. 168)

25. Für den Fall der Wiedervereinigung

Währungsunion

Als erste Massnahme wird sich eine Währungsneuordnung in der
Sowjetzone, d.h. eine Einbeziehung in unser Währungssystem, als
unerlässlich erweisen. Damit vollzieht sich dann zwangsläufig eine
Angleichung des Preis- und Lohnniveaus an die in der Bundesrepu-
blik herrschenden Verhältnisse. (Wirtschaftliche Probleme der
Wiedervereinigung, Bulletin, 12. September 1953; in: DW, S. 227)

Für sofortige Marktwirtschaft im Osten

Das ist denn auch das eigentliche Problem, die Produktivität der
Sowjetzonenwirtschaft so rasch und so energisch zu verbessern,
dass der Prozess der Leistungsangleichung auch zeitlich so kurz
wie möglich bemessen werden kann. Gerade hinsichtlich der
Bewältigung dieser Aufgabe sind charakteristische Unterschiede
der Auffassungen zu verzeichnen. Die einen wollen die Sowjetzone
gegenüber der Konkurrenz von aussen zunächst abgeschirmt wissen, um der Ostwirtschaft nach einem vorgefassten Plan in einer
bestimmten Stufenfolge Zeit und Ruhe zu jener Leistungsanglei-

chung zu geben, während andere – und zu dieser Gruppe zähle ich selbst – der Auffassung sind, dass dieser unumgänglich notwendige Angleichungsprozess um so rascher und erfolgreicher vor sich gehen wird, je inniger von Anbeginn an die Verflechtung dieser beiden Wirtschaftsgebiete sein wird und je mehr private Initiative und Tatkraft sich entfalten können. Eine abgeschirmte Ostwirtschaft wird in der Enge des eigenen Raumes niemals zu der notwendigen Kraftentfaltung kommen und wird zudem der Befruchtung aus der freien Beziehung zum Westen nicht teilhaftig werden können. Die staatlich manipulierte wirtschaftliche Verbindung zwischen Ost und West wird in einer solchen Zwischenzeit niemals die volle Freizügigkeit ersetzen können. Daraus erwächst die Gefahr, dass bei einer vorläufigen Sonderbehandlung ein Wirtschaftsgebilde ersteht, das in seiner Leistung wohl auch erstarken mag, in struktureller Hinsicht aber und in der Ausrichtung der Massstäbe entbehren müsste, weil sich erst aus den gesamten und umfassenden Beziehungen innerhalb der gesamtdeutschen Wirtschaft die spezifische Stellung und Aufgabe der Sowjetzonenwirtschaft herauskristallisieren kann. (Wirtschaftliche Probleme der Wiedervereinigung, Bulletin, 12. September 1953; in: DW, S. 227 f.)

Statt Schutzmassnahmen: Freiheit

Viel besser aber als leistungshemmende Schutzmassnahmen erweisen sich produktionsfördernde steuerliche Erleichterungen und Befreiungen. Bei der Höhe der heute auf unserer Wirtschaft ruhenden Steuerlast sind alle und ausreichende Voraussetzungen gegeben, um durch Steuerentlastung, trotz der Leistungsdifferenz zwischen Ost und West, den Unternehmungen der Sowjetzone zu betriebs-, kosten- und ertragswirtschaftlich gleichartigen Startbedingungen im Wettbewerb zu verhelfen. (Wirtschaftliche Probleme der Wiedervereinigung, Bulletin, 12. September 1953; in: DW, S. 229)

Wettbewerb macht stark

Die Betriebe und Unternehmungen im Osten werden durch den Wettbewerb nicht erdrückt werden, sondern umgekehrt gerade durch den Wettbewerb rascher und erfolgreicher zu höherer Leistungsergiebigkeit gelangen. In politischer, wirtschaftlicher und menschlicher Beziehung wird die Wiedervereinigung Deutschlands Kräfte freimachen, von deren Stärke und Macht sich die Schulweisheit der Planwirtschaftler nichts träumen lässt. (Wirtschaftliche Probleme der Wiedervereinigung, Bulletin, 12. September 1953; in: DW, S. 230)

«Soziale Errungenschaften» der «DDR»?

Wir lehnen es darum auch dankend ab, die angeblichen «sozialen Errungenschaften» der sogenannten DDR ... an jenem von allen Deutschen ersehnten Tag der Wiedervereinigung für das ganze Volk zur Richtschnur einer sozialen Ordnung zu machen. (Wohlstand für Alle!, Rede vor dem 7. Bundesparteitag der CDU, Hamburg, 14, Mai 1957; in: DW, S. 347)

26. Erhard über andere

Über Otto von Bismarck

Das Andenken Bismarcks, das Bild seiner Persönlichkeit soll uns helfen, diesen grossen geschichtlichen Horizont unseres Volkes nicht aus den Augen zu verlieren. Wir brauchen ihn, nicht nur, um mit unserer Vergangenheit fertig zu werden, sondern auch darum, weil wir, weil Europa, weil die Völker der Welt im Begriffe sind, in eine neue Epoche der Weltgeschichte einzutreten. Diese neue Epoche der Geschichte wird nicht mehr, wie noch zur Zeit Bismarcks, von Nationalismus, von nationalen Kriegen und nationalstaatlicher Machtpolitik bestimmt sein, soll nicht diese Welt in Anarchie versinken. Aber auch diese künftige Weltgeschichte wird die Geschichte von Völkern sein, und sie wird durch die Leistung von Menschen bestimmt werden, die ihr Volk und ihr Land lieben.

Der Wahlspruch Otto von Bismarcks: «Im Dienst meines Landes verzehre ich mich» wird immer der Wahlspruch von Männern sein, die, an ihre Zeit gefesselt, dennoch ihren Völkern den Weg in die Zukunft erkämpfen. (Otto von Bismarck, Rede aus Anlass des 150. Geburtstages, 1. April 1965, GJ, S. 930 f.)

Dank an Wilhelm Röpke, «Bruder im Geiste»

In dieser Trostlosigkeit und unter gespenstischen Umweltbedingungen gelangte ich auf illegalen Wegen in den Besitz der Röpkeschen Bücher «Die Gesellschaftskrisis der Gegenwart», «Civitas Humana», «Internationale Ordnung», die ich wie die Wüste das befruchtende Wasser in mich aufsog. Da sprach nicht nur ein Nationalökonom über Erkenntnisse aus seinem Fach- und Forschungsbereich, sondern hier stand in einer von brutaler Gewalt bestimmten Zeit ein Mann auf, dem, wie es mir scheinen möchte, der geschichtliche Auftrag zuteil wurde, das erlahmende Gewissen der Menschen, der Völker und ihre Regierungen wachzurütteln und den Glauben an den Wert und den Segen der Freiheit neu zu beleben. (Wilhelm Röpke zum Gedächtnis, Rede vor der Universität Marburg, 17. Juni 1967, GJ, S. 1027)

Es mindert nicht den Rang Röpkes, sondern es erhöht ihn in meinen Augen, wenn er aus einer philosophisch-religiösen Schau nicht an die Rechenhaftigkeit des menschlichen Lebens glaubte, wenn er das gesellschaftliche Leben in seiner schicksalhaften Gestaltung und Ausrichtung nicht für «machbar» erachtete, wenn er den sogenannten Ökonometrikern eine eindeutige Absage erteilte und, wenn er noch lebte, mit mir gewiss der Meinung wäre, dass der Computer zwar da und dort nützliche Dienste leisten, aber die tiefsten Rätsel des Lebens nicht in rechenhafte Formen ummünzen kann. (Wilhelm Röpke zum Gedächtnis, Rede vor der Universität Marburg, 17. Juni 1967, GJ, S. 1030 f.)

Ja, man kann schlechthin sagen, dass dieses Ordnungsdenken das verbindende Element aller Nationalökonomen ist, die sich bewusst zum sogenannten «Neo-Liberalismus» bekennen oder ihm doch «zugeordnet» werden in einer Zeit, in der der Pragmatismus als der Weisheit letzter Schluss und sogar als Ausdruck höherer Staatskunst gilt, würde Röpke sicherlich nicht zögern, diese Politik ohne Gesinnung und Überzeugung als Flucht vor der Wirklichkeit oder als mangelnden Mut zur Wahrheit zu charakterisieren. (Wilhelm Röpke zum Gedächtnis, Rede vor der Universität Marburg, 17. Juni 1967, GJ, S. 1032)

Ich habe bereits der geistigen Übereinstimmung mit Röpke Ausdruck gegeben, wenn ich darauf verwies, dass ein Bekenntnis zur

Marktwirtschaft allein noch keine vollgültige Aussage ist, d.h. wenn damit nur die Technik des Systems anerkannt wird, die Frage aber nach der Gesinnung und dem moralischen Gehalt offen bleibt. (Wilhelm Röpke zum Gedächtnis, Rede vor der Universität Marburg, 17. Juni 1967, GJ, S. 1033)

Erhard vergleicht sich mit Adenauer

Er, der katholische Rheinländer, ich, der protestantische Franke, er Jurist, ich Nationalökonom. Ich hatte bis zu meinem Eintritt in die Politik als Wissenschaftler gearbeitet, Adenauer war als Oberbürgermeister von Köln ein angesehener Verwaltungsfachmann und als Präsident des Preussischen Staatsrates im ganzen Reich bekannt. Ich war in seinen Augen ein relativ junger Mann. Bei unserer ersten Begegnung im Sommer 1948 war ich 51 Jahre alt. Konrad Adenauer stand wenige Monate vor seinem 73. Geburtstag. (Ludwig Erhard 1976, in: Lebensbilder, S. 26 f.)

Er ist gotisch geprägt und ich bin mehr barock veranlagt – nicht nur in der äusseren Gestalt, sondern auch in der Denkweise. Adenauer hatte für wirtschaftliche Dinge, das ist kein Geheimnis mehr, überhaupt kein Verständnis. Er hat darum auch nicht verstanden, dass unsere beiden Funktionen einander notwendig zugeordnet waren. Denn er hätte die aussenpolitischen Erfolge nicht erreichen können, nicht Deutschland das Gewicht und die Geltung verschaffen können, ohne den wirtschaftlichen Aufschwung und die Bewunderung, die diese deutsche Leistung in der Welt gefunden hat. (Fernsehen, 1. Programm, 6. Februar 1972, Ludwig Erhard im Gespräch mit Rüdiger Altmann, Winfried Scharlau und Leo Brawand, Politiker aus «geistiger Schau», in: Der Geburtstag, S. 232)

Über John F. Kennedy

Manch einer mag erst jetzt spüren, dass dieser Mann ein grosser Präsident gewesen ist. Das einsamste und schwerste Amt, das die Welt zu vergeben hat, verwandelte ihn, den Frühvollendeten, wie es seine Vorgänger verwandelt und geprägt hatte. Jugendliche Kraft und ein fast unbeschwert erscheinendes Zugreifen wichen in der Verantwortung geistiger Strenge und dem Bewusstsein einer Last, die mit niemandem geteilt werden konnte. Die Gewalt seines

Wortes und die Entschlossenheit seines Handelns verliehen dem 35. Präsidenten der Vereinigten Staaten den Rang eines grossen Führers, eines zur rechten Zeit Berufenen. (Zum Tode John F. Kennedys, Ansprache in Hörfunk und Fernsehen, 23. November 1963, GJ, S. 855 f.)

Er verteidigte die Freiheit, indem er ihre Grenzen nach vorne rückte. Vielen war seine intellektuelle Härte fremd und Abstand gebietend, und doch verbarg sich hinter ihr nicht mangelnde Anteilnahme oder gar Kälte des Gefühls, sondern eine innere Wahrhaftigkeit, die das tönende Pathos verabscheute. (Zum Tode John F. Kennedys, Ansprache in Hörfunk und Fernsehen, 23. November 1963, GJ, S. 856)

So lange im Buch der Geschichte an dem Kapitel von Geist und Macht geschrieben wird, wird man auch den Namen John F. Kennedy nennen. Denn John F. Kennedy ist eine solche grosse Gestalt gewesen – nicht nur in seinem eigenen Volk, sondern auch in der Geschichte unserer Welt. Wir mögen die Frage stellen, was er geschaffen hätte, wenn seinem Leben kein so tragisches Ende gesetzt worden wäre. (Zum Tode John F. Kennedys, Ansprache in Hörfunk und Fernsehen, 23. November 1963, GJ, S. 856)

Zu Charles de Gaulle

Ich habe de Gaulle hochgeschätzt und unser Verhältnis war nicht so schlecht, wie es vor allen Dingen die Gaullisten in Deutschland dargestellt haben. Es war eine schandbare Zeit, dass man das deutsche Volk eine lange Zeit nicht katalogisiert hat nach Stämmen oder Berufszugehörigkeit, nach sozialer Schichtung, nach Religion oder was auch immer, sondern: das eine waren die Atlantiker und das andere waren die Gaullisten. (Fernsehen, 1. Programm, 6. Februar 1972, Ludwig Erhard im Gespräch mit Rüdiger Altmann, Winfried Scharlau und Leo Brawand, Politiker aus «geistiger Schau», in: Der Geburtstag, S. 233)

27. Nach dem Rücktritt

Zum Kampf gegen die Leistungsgesellschaft

Der Kampf gegen die Leistungsgesellschaft ist der Kampf der Trägen und der Untüchtigen, denen die Leistung einfach zu unbequem ist und die darum deren Unschicklichkeit erklären. Diese Menschen wollen nur noch fordern, aber sich nichts mehr abfordern lassen. ... Ich frage mich heute immer wieder: Ist vielleicht eine Fehlentwicklung dadurch entstanden, dass dieses Volk zu rasch wieder zum Wohlstand geführt wurde und dadurch die Menschen die Erinnerung an die Not und das Elend nach dem Kriege verloren haben? Vielleicht war ich kein optimaler Pädagoge, vielleicht hätte ich mir in meiner Wirtschaftspolitik mehr Zeit mit dem Erfolg lassen sollen. (Handelsblatt, Sonderausgabe 4. Februar 1972, Ludwig Erhard im Gespräch mit Klaus Bernhardt und Hans Mundorf, Freiheit, Recht und Ordnung sind Voraussetzungen der Demokratie, in: Der Geburtstag, S. 251)

Zu den «68ern»

Weitgehende Freizügigkeit, der Abbau des sozialen Gefälles, steigende Einkommen und zunehmender Massenwohlstand haben dazu beigetragen, dass es in der Vergangenheit zu keiner Verständigung zwischen links-extremistischen Sektierern und deutschen Arbeitnehmern kam. Begreifen wir nun die Soziale Marktwirtschaft auch in der Zukunft als Aufgabe, die freiheitliche Gesamtordnung zu vervollkommnen und gelingt es dazu, bestehende Mängel zu überwinden – zum Beispiel das Vermögen breiter zu streuen und immer breitere Schichten besitzende Bürger werden zu lassen – haben die Feinde unserer Gesellschaft keine Chance, ihre Vorstellungen durchzusetzen. Nicht umsonst werden alle Versuche, das Privateigentum in breiten Schichten zu festigen, von den Neo-Marxisten und Kommunisten als Bestechungsversuch verdächtigt, der die Arbeitnehmer ihrem angeblichen Klasseninteresse entfremden soll. (Saarbrücker Landeszeitung, 29. Januar 1972, Ludwig Erhard im Gespräch mit Hanno Schoene, Inflation ist Betrug am Bürger, in: Der Geburtstag, S. 247)

«Belastbarkeit der Wirtschaft testen»

Über diese Ungereimtheiten ist gar nicht zu diskutieren. Wenn der Leistungsgedanke verfällt, dann ist's sowieso aus. Nehmen Sie doch nur das frivole Wort auf diesem Parteitag, man müsse die Belastbarkeit der Wirtschaft ausprobieren. So, als wenn man einen Fieberkranken testet, wieviel er aushält. 40 Grad gerade noch. Bei 40,5 ist er tot. Das ist die granitene Dummheit. (Welt am Sonntag, 30. Januar 1972, Ludwig Erhard im Gespräch mit Roderich Schneider, Test am Fieberkranken, in: Der Geburtstag, S. 240)

Gegen erneute Staatsverschuldung

Die heutige Politik der Überschuldung, bewussten Überschuldung ist meiner Ansicht nach eine hochexplosive Politik. Und einmal wird es zu einem Tag kommen, d.h., der deutsche Bürger wird erfahren müssen, dass die Schulden, die der Staat macht und die er nach aussen deklariert zum Wohle des deutschen Volkes: Der deutsche Bürger wird die Schulden zu bezahlen haben. (Ludwig Erhard im Gespräch mit Günter Henrich, Erhard zu wirtschafts- und finanzpolitischen Fragen, Deutschlandfunk, 4. Februar 1977, in: Erbe S. 318)

Abschied als Bundeskanzler

Der Kanzlerwechsel ist für mich kein Abschied von der Politik. Sie werden mir auch in Zukunft aktiv im politischen Leben dieses Staates begegnen. Immer aber werden Sie mich an der Seite jener finden, die die Interessen des Ganzen und das Wohl unseres Volkes höher einschätzen als ihre egoistischen Anliegen. Ich werde immer zu denen stehen, die eintreten für die Freiheit in allen Lebensbereichen des Einzelnen, der gesellschaftlichen und staatlichen Ordnung. (Abschied als Bundeskanzler, Fernsehansprache, 30. November 1966, GJ, S. 1024 f.)

Nachwort

Will man der Bedeutung Ludwig Erhards gerecht werden, genügt es nicht, ihn als einen der Väter der Sozialen Marktwirtschaft zu kennzeichnen. Bereits 1943/44 verfasste er die Denkschrift «Kriegsfinanzierung und Schuldenkonsolidierung» und leistete damit wissenschaftliche Vorarbeiten für den Übergang Deutschlands von der Kriegs- in eine Friedensordnung. Durch seinen konsequenten Gestaltungswillen und sein überzeugendes Auftreten in der Öffentlichkeit sorgte er als Wirtschaftsminister und später auch als Bundeskanzler für Aufbruchstimmung, aktivierte die Kräfte der Freiheit und gewann das Vertrauen der Bürger. Sein Anteil an der konkreten Ausgestaltung der Ordnung Westdeutschlands nach dem Zweiten Weltkrieg kann nicht hoch genug eingeschätzt werden.

Erhards unzählige Texte und Redebeiträge ermöglichen auch heute noch den Einblick in die Prinzipien unserer Wirtschaftsordnung, deren Erfolge sich beim Wiederaufbau Deutschlands kontinuierlich realisierten und die Welt staunend vom «Wirtschaftswunder» sprechen liessen. Den Begriff «Wirtschaftswunder» wollte Ludwig Erhard jedoch nicht gelten lassen, «weil das, was sich in Deutschland ... vollzogen hat, alles andere als ein Wunder war. Es war nur die Konsequenz der ehrlichen Anstrengung eines ganzen Volkes, das nach freiheitlichen Prinzipien die Möglichkeit eingeräumt erhalten hat, menschliche Initiative, menschliche Freiheit, menschliche Energien wieder anwenden zu dürfen».

Heute, gut fünfzig Jahre nach ihrer Einführung, steht die Soziale Marktwirtschaft als Sieger im gesellschaftspolitischen Wettbewerb mit den planwirtschaftlich-sozialistischen Ordnungen da. Ihre offensichtlichen Erfolge dürfen aber nicht darüber hinwegtäuschen, dass die Soziale Marktwirtschaft einer ständigen Bewährungsprobe unterliegt und ihre Prinzipien stets an neue Bedingungen angepasst und gleichsam verteidigt werden müssen.

Das gilt insbesondere vor dem Hintergrund der offen zutage getretenen Probleme in der deutschen Wirtschaft und des sich verschärfenden internationalen Wettbewerbs. Zu hohe Steuer- und

Abgabelasten, überbordende Staatsschulden, eine zu hohe Regulierungsdichte und ausgeuferte Sozialleistungen hemmen die Dynamik und die internationale Wettbewerbsfähigkeit der deutschen Wirtschaft. Anpassungs- und Innovationsfähigkeit müssen erhöht werden, um neue Arbeitsplätze zu schaffen und auf den Weltmärkten gegen die ausländische Konkurrenz bestehen zu können. Dazu muss sich der Staat wieder auf seine Kernaufgabe beschränken und einen wettbewerblichen Ordnungsrahmen bereitstellen, in dem der Kreativität und den Initiativen von Bürgern und Unternehmen freie Entfaltungsmöglichkeiten gegeben werden. Letztlich geht es um die Revitalisierung der Sozialen Marktwirtschaft im Verständnis Ludwig Erhards, so dass «das Prinzip der Freiheit auf dem Markt mit dem des sozialen Ausgleichs und der sittlichen Verantwortung jedes Einzelnen dem Ganzen gegenüber» verbunden wird.

Das vorliegende Ludwig-Erhard-Brevier zeichnet in den Worten Ludwig Erhards die zentralen Strukturen einer richtig verstandenen Sozialen Marktwirtschaft facettenreich nach. Werden die Aussagen, Standpunkte und Kommentare aus dem 50-jährigen Wirken Ludwig Erhards nicht nur neu gelesen, sondern auch beherzt und mutig in konkrete Politik umgesetzt, so lässt sich die Soziale Marktwirtschaft umfassend und nachhaltig stärken. Den Visionen Ludwig Erhards müssen auch heute wieder Taten folgen. Dann wird die Soziale Marktwirtschaft auch im 21. Jahrhundert das bestimmende Wirtschafts- und Gesellschaftsmodell sein, mit dem auf der Basis von Freiheit und Verantwortung «Wohlstand für alle» möglich ist.

Prof. Dr. Otto Schlecht (†)
Vorsitzender der Ludwig-Erhard-Stiftung

Anhang

Zeitgenossen über Erhard

Instinkt für das Richtige
«(Deutschland hatte   nach dem Kriege) das ungeheure Glück, an der entscheidenden Stelle ein – ich möchte sagen – Naturtalent zu haben. Unter allen Ökonomen, die ich gekannt habe, von denen viele theoretisch viel feinsinniger und verständnisvoller waren, bin ich keinem anderen Mann begegnet, der einen solchen Instinkt für das, was richtig ist, gehabt hat wie Ludwig Erhard. Ludwig Erhard hat, wie ich das als Aussenseiter beurteilen kann, viel grössere Verdienste um die Wiederherstellung einer freien Gesellschaft in Deutschland gehabt, als ihm besonders in Deutschland, aber auch ausserhalb Deutschlands zugestanden wird.» (Friedrich A. von Hayek, Februar 1983 in Bonn, in: Lebensbilder, S. 4)

Erhards historische Leistung
Die grosse, ja historische Leistung Ludwig Erhards besteht darin, dass er in einer Situation, in der selbst Liberale am Liberalismus zu zweifeln begannen, den unumstösslichen Beweis erbracht hat, dass die Marktwirtschaft Energien freisetzt, die die Zentralverwaltungswirtschaft auch mit den drakonischsten Mitteln nicht zu wecken vermag. (Carlo Mötteli, Ludwig Erhard und der Liberalismus, in: Biographie, S. 153)

Was wir Erhard verdanken
Überzeugungskraft und Wirkungen seiner gesellschaftspolitischen Botschaft aber rücken Erhard in die Reihe derjenigen nicht allzu zahlreichen Politiker, die Deutschland bewusst und mächtig in die Moderne geführt, ja gestossen haben. Seiner stets durchsichtigen Politik, von der der als vernünftig eingeschätzte Bürger nie etwas zu befürchten hatte, «verdanken wir», woran Karl Schiller einmal resümierend erinnert hat, «sehr viele, ganz simple zivile oder bürgerliche Freiheiten – Freiheit der Konsumwahl, Freiheit der Arbeitsplatzwahl, Freiheit der Berufswahl, Freiheit des Umzugs, Freiheit des Reisens bis hin zu den politischen, bürgerlichen Rechten und Freiheiten ... und das bleibt» zu ergänzen wäre: falls sie nicht radikal in Frage gestellt und extremistisch zerstört werden. (Klaus Hildebrand, Ludwig Erhards Kanzlerschaft, in: Symposion, S. 57 f.)

Langfristige Wirkung

Man wird aber von Erhard wie von Wilson sagen können: Der in die Politik verschlagene Theoretiker kann langfristig weiter wirken, auch wenn er im Alltagsgeschäft der Politik letztlich hängen bleibt. Seine Ideen wirken weit über den Tag hinaus. Er wird auf lange Zeit hinweg die Besten und Weitschauendsten packen und motivieren, selbst wenn er am Ende praktisch unterlegen ist. Die politische Praxis aber gehörte gerade im Zeitalter der pluralistischen, breitgefächerten Volksparteien leider eben den praktischen Athleten des Durchwurstelns. (Hans-Peter Schwarz, Diskussion, in: Symposion, S. 88 f.)

Erhard hatte eine Botschaft

Erhard war ein Mann, der eine Botschaft hatte. Ich würde etwas überpointiert sagen, er war der einzige Politiker seit der Gründung dieses Landes, der eine wirkliche Botschaft hatte. Diese Botschaft war keine Botschaft vom Staat, es war eine Botschaft der Freiheit und des Wohlstandes. Bei Erhard spürten die Menschen, dass diese Botschaft von der Freiheit und dem Wohlstand eine moralische Botschaft war. Genau das wurde ihm ja nachher auch übelgenommen, als er vom Masshalten sprach. Heute wissen wir, wie gut es ist, masszuhalten. (Rüdiger Altmann im Gespräch mit Reinhard Appel, Hans Herbert Götz, Karl Schiller und Hans-Henning Zencke über Ludwig Erhard, Eines Mannes Werk, Zweites Deutsches Fernsehen, 12. Mai 1977, in: Erbe, S. 180)

Erhard zeitgemäss und unzeitgemäss

So gesehen, ist Erhard ein ganz unzeitgemässer Mann, unzeitgemäss in seinen Idealen, vielleicht auch in seinem persönlichen Auftreten. Zugleich aber ist er auch ein sehr zeitgemässer Mann, ein Mann, der ohne Zweifel die deutsche Gesellschaft mehr umgeschaffen, mehr verwandelt hat als irgend jemand anders neben ihm oder über ihm. Diese Doppelheit, unzeitgemäss zu sein und zugleich in höchstem Masse zeitgemäss, ist vielleicht etwas, was man bei einer anderen Persönlichkeit als Tragik bezeichnen könnte. Bei Erhard nicht. Erhard ist ein Mann, der immer die Versöhnung der Gegensätze, die Synthese gesucht hat. Ein Fabeltier unserer Zeit? Jedenfalls ein Mann, der in unserer Geschichte neben Adenauer eine ebenbürtige Rolle spielen wird. Er ist nicht zu messen an den Daten seines Sturzes, sondern an den Daten seiner grossen Erfolge. (Rüdiger Altmann und Johannes Gross, Gespräch über Erhard, in: Biographie, S. 38)

Erhard als Steuermann

Die Nichtentscheidung, das Nichthandeln, das war Erhards Stärke, wenn andere handeln wollten. Er war eben, wenn man das vergleichen will, ein Steuermann, kein Ruderer. Die Ruderschläge lagen ihm nicht. Er wollte das Schiff in der Strömung steuern. Das war sein Ziel, das war seine Leidenschaft. Daraus erklärt sich sein tiefer Affekt gegen allzu viele Statistiken, gegen technische Manipulationen, gegen alles Technokratische. Er wollte die Richtung, die Tendenz sehen, sich ihr einfügen und in grossen Zügen von da aus gestaltend einwirken. Dementsprechend eine gewisse Missachtung, ja sogar ein Affekt gegen die kleine Arbeit des Tages, die Emsigkeit der Bürokratie, gegen Eingriffsentscheidungen. Er liess vieles, manchmal zu vieles, laufen, während er in den grossen Fragen sich eigentlich mehr durch Beharrungsvermögen als durch Aktionskraft durchsetzte. Er blieb bei seiner Meinung, eigentlich unerschütterlich, niemand hat ihn davon abgebracht, auch Adenauer nicht. (Rüdiger Altmann und Johannes Gross, Gespräch über Erhard, in: Biographie, S. 28 f.)

Worauf es in der Politik ankommt

Ludwig Erhard ist auch ein Beispiel dafür, dass Ideen im politischen Kampf und ihre Umsetzung in politische Programmatik und Aktion wichtiger sind als kostspielige Werbeaktionen, wie sie oft in Unterschätzung der politischen Urteilsfähigkeit des Bürgers unternommen werden. Der Bürger will informiert werden. (Karl Hohmann, Über Politisches und Menschliches in der Politik, in: Biographie, S. 557)

Mit Erhard fühlten sich die Bürger wohl

Mit Erhard hingegen fühlten sich die Bundesbürger wohl, und das hatte nicht bloss materielle Gründe; das hatte mit seinen Vorstellungen von der versöhnlichen Harmonie aller Dinge in Wirtschaft, Politik und Leben zu tun, aber auch mit seinem Naturell, mit, wie er sich selber ausdrückte: «meiner Menschlichkeit». Ludwig Erhard war ein Trost. ... Gleichwohl: So leicht werden die Bundesbürger den Bundeswirtschaftsminister Erhard nicht vergessen. Die Zuversicht, die er ausstrahlte, das Glück des freien Schaffens und Wirtschaftens, dem er Platz machte, das Vertrauen in eine harmonische Weltordnung, das ihm eigen war – all das beschreibt eine Epoche, für die es kein Beispiel in der deutschen Geschichte gibt. (Der Spiegel, 9. Mai 1977, Nr. 20, Ludwig Erhard, in: Erbe, S. 144 f.)

Ein begeisterter Unternehmer spricht
Ich scheue mich nicht, es hier zu sagen: Wenn ich von so einer Veranstaltung mit Professor Erhard zurück in meinen Betrieb nach Offenburg kam, dann war ich stets voller Zuversicht. Es schien, als wäre der Funke seiner Begeisterung auf mich übergesprungen. (Franz Burda, Was Ludwig Erhard mir bedeutet hat, Bunte Illustrierte, 12. Mai 1977, in: Erbe S. 151)

Erhard als Redner
Er war ein oratorisches Naturtalent, dem die Götter ausser geschmeidigem Fluss der Sprache ein unverwechselbares Timbre von Weichheit und dunkler Färbung geschenkt hatten. Die Wörter und Wendungen fielen ihm zu, wie und so lange er ihrer bedurfte, und er gab ihnen den Klang und die Fülle, die sie gleichsam für sich selbst sprechen liessen. Vertrauenerweckende Nüchternheit und leidenschaftliches Pathos, Realismus und Vision, bezwingendes Werben und polemisches Verweisen, frohe Botschaft und sorgendes Bedenken, ermutigender Fürspruch und gestrenges Mahnen, Erhaben- und Schlichtheit, treuherziges Menschentum, Staatsmannschaft und was nicht alles – ausser Witz und Ironie – wusste er in seinen Reden aufs glücklichste zu vereinen. Man darf diese Reden nicht lesen, wenn man ihre Wirkung verstehen will, man muss sie gehört haben. (Hentschel, S. 56)

Erhard – der Schocktherapeut
Ludwig Erhard war der erste Schocktherapeut, auch der erfolgreichste, und nur ein einziges Land des ehemaligen Ostblocks würde seines Wohlwollens sicher sein, nämlich Estland. (Herbert B. Schmidt, Methodenfragen der Privatisierung, dargestellt am Beispiel Estland, in: Festschrift, S. 523)

Erhards Mut
Aber es ist etwas anderes, ob man gedanklich eine Ordnung neu konzipiert oder ob man den Mut hat, sie auch wirklich gegen alle Widerstände durchzusetzen. Diesen Mut hat Erhard besessen, und

es sollte niemand ihn darob geringschätzen. (Die Wirtschaftswoche, 4. Februar 1972, Edgar Salin, Ludwig Erhard – oder die Grenzen des Ordo-Liberalismus, in: Der Geburtstag, S. 120)

Tollkühner Mut
Erhard hatte die Regeln der Marktwirtschaft nicht erfunden. … Aber er hatte den tollkühnen Mut, sie in einer Gesellschaft auszuprobieren, in der keiner – wirklich keiner – in Wirtschaft und Politik glaubte, man könne ohne Bewirtschaftung den «Laden wieder in Gang bringen»; schliesslich waren die letzten, gar nicht so guten Erfolge mit der Marktwirtschaft schon fünfzehn Jahre her. (Die Zeit, 4. Februar 1972, Gerd Bucerius, Ludwig Erhard, in: Der Geburtstag, S. 129 f.)

«Im Kern einfach und einleuchtend»
Das geistige Erbe des am 5. Mai 1977 verstorbenen Staatsmannes ist noch längst nicht voll ausgewertet. Er sprach und schrieb nie in Rätseln, seine Gedanken waren – wie fast alle grossen Ideen – für den, der sich die Mühe des Zuhörens und Mitdenkens nahm, im Kern einfach und einleuchtend. Aber tragfähige, theoretisch richtige und praktisch erprobte Ideen erleiden immer wieder das Schicksal, von den in ihren Vorurteilen befangenen und von Emotionen aufgewühlten Menschen und Nationen vergessen oder ignoriert zu werden. (Schickling, S. 117 f.)

Erhards Kampfeslust
Entgegen einem weit verbreiteten Erhard-Bild, das den deutschen Wirtschaftsminister (und vor allem dann den Bundeskanzler Erhard) von einer harmonistischen Grundstimmung geleitet vorstellt, war Erhard von ausserordentlicher Risikobereitschaft und von einer grossen Kampfeslust geprägt. Allerdings besass er gleichzeitig eine Ausstrahlung von Gelassenheit und unverwüstlichem Optimismus und verfügte über eine im Pathos integrierende Sprachgewalt, die das Missverständnis vielleicht erklären. (Volkhard Laitenberger, Ludwig Erhard. Der Nationalökonom als Politiker, Muster-Schmidt Verlag, 1986, S. 96)

Erhard erzeugte Zukunftsvertrauen
Die Ausstrahlungskraft von Erhards Persönlichkeit hat in den schweren Jahren des Aufbaus Millionen Deutschen das Vertrauen

und die Zuversicht in die Zukunft gegeben. Sein Mut, sein Willen zum Risiko, die Kraft seiner Vision haben sich als Motor für die politische Entwicklung erwiesen. (Gerhard Schröder am 3. Februar 1972, anlässlich der Überreichung der Festschrift zum 75. Geburtstag von Ludwig Erhard, in: Frankfurter Allgemeine Zeitung, 4. Februar 1972, Walter Henkels, Der Altkanzler ohne Zigarre, in: Der Geburtstag, S. 281)

Der Herold

In unzähligen Vorträgen als Herold durch das Land ziehend, unerschrocken und im festen Glauben, verkündete Erhard den Segen der Marktwirtschaft. Zwar nannten wir sie zuerst freie Marktwirtschaft, aber später nahmen wir gerne eine Formulierung an, die Professor Müller-Armack erarbeitet hatte, und gaben der Marktwirtschaft den Zusatz «Soziale Marktwirtschaft» ... (Roland Risse, Alltag mit Erhard, in: Biographie, S. 597)

Liberaler Gentleman

Er fällte die unpopulärsten Entscheidungen der Nachkriegszeit, um das Gleichgewicht freiheitlicher Lebensbedingungen zu erhalten und zu festigen – 1948 wie 1966. Er verfocht eine liberale Sachpolitik mit liberalen Mitteln. Er verlor, weil ihn seine politischen Freunde preisgaben. Er räumte seinen Platz, ohne dass er zurückgeschlagen oder gar Rache genommen hätte. Er verlor wie ein liberaler Gentleman. ... Ihn interessierte nicht Politik an sich, sondern nur um der Sache willen, von der er etwas verstand und für die er sich engagierte, weil er den Menschen liebte. (Otto Schmidt, Politik um der Sache willen, in: Biographie, S. 618)

Der Volkskanzler

Erhard ist gleichzeitig ein Tribun der Demokratie und übt die entsprechende Wirkung aus. Deshalb kommt er als Mensch bei der Bevölkerung besser an als Adenauer, der sich mit seinem patriarchalischen Wesen erst langsam ihren Respekt verschafft hat. Erhard lehnt es keineswegs ab, Volkskanzler genannt zu werden. Als er ein Jahr nach der Regierungsübernahme im Deutschen Fernsehen interviewt wurde, meinte er, der Begriff des Volkskanzlers sei zwar nicht von ihm erfunden worden, er halte ihn jedoch nicht für ein Schimpfwort. Er überlege sich bei all seinen Handlungen die Reaktionen des deutschen Volkes und nicht etwa nur einmal alle vier Jahre, wenn das kritische Datum der Bundestagswahl näherrückt. (Volkskanzler, S. 209)

Der Appell an das Volk

Im Verhältnis zu den Bürgern der Bundesrepublik suchte er neue Wege. Er war und ist davon überzeugt, dass die demokratische Massengesellschaft unserer Zeit auf die direkte Ansprache durch die politischen Repräsentanten, denen sie das Mandat gegeben hat, nicht verzichten kann. Auch und gerade die freie Gesellschaft braucht Führung; Führung durch Information, Antworten auf die Fragen nach dem Warum und noch mehr nach dem Wohin und schliesslich das Vermögen, als Ergebnis der politischen Willensbildung im Parlament als Staat nach innen und nach aussen handlungsfähig zu sein. (Karl Hohmann, Über Politisches und Menschliches in der Politik, in: Biographie, S. 560)

Zwiesprache mit den Massen

Es waren nicht wenige solcher Kundgebungen gewesen, auf denen der «Vater des Wirtschaftswunders», der «Volkskanzler» den Bürgern seine Ideen in direkter Rede mitgeteilt hat. Sein eigener Multiplikator, hat er ... über zwei Jahrzehnte lang Zwiesprache gehalten mit den Massen. Dazu bediente er sich eines Wortschatzes, der weit eher in ein Volkswirtschaftskolleg gepasst hätte. Er rollte das «R», predigte Bürgermoral, warf mit Zahlen und Daten nur so um sich, vergriff sich im Zorn sogar an der Nomenklatur der Zoologen. Aber fast immer wahrte er den mentalen Gleichklang mit den Millionen seiner Zuhörer, die er erfühlen liess, dass er auch nichts hält von Parteien und Politik. (Hans Klein, Abschiedsabend, in: Biographie, S. 573)

Wie Erhard wirkte

Wer jedoch zum Beispiel in den Anfangsjahren der Bundesrepublik erlebt hat, wie Erhard einmal ganz allein innerhalb einer Vortragsstunde eine Menge von etwa 1000 Studenten, die ihn zunächst ablehnten, allmählich überzeugte, so dass sie ihn schliesslich mit Beifall verabschiedeten, der wird wissen, dass jene Theorien nicht ganz richtig sein können, wonach die Wählerstimmen durch ökonomische Bestechung maximiert werden. (Hans Willgerodt, Tatsachen für den Nachfolger, Wirtschaftswoche, 4. Februar 1977, in: Erbe S. 399)

Strahlkraft

Amerikaner, die ihn sehr häufig bei ungezählten Reisen erlebten, betonten immer wieder seine Fähigkeit, «confidence» zu vermitteln. Seine Strahlkraft war unübersehbar. All dies, gekoppelt mit grosser geistiger Klarsicht, mit dem intuitiven und verstandesmässigen Erfassen der Notwendigkeiten seiner Epoche, die glückliche Tatsache, dass er im historisch richtigen Augenblick zur Verfügung stand, all dies hat ihn zu einer epochegestaltenden Persönlichkeit gemacht. (Wolfram Langer, Zum 80. Geburtstag des Vaters des Wirtschaftswunders, Handelsblatt, 4. Februar 1977, in: Erbe S. 413 f.)

Reden und Reisen

Schliesslich die Reden und die Reisen. Erhard liebte beides und wirkte durch beides wie durch wenig sonst. Redend bleute er den Deutschen die Vorteile und Verdienste der Sozialen Marktwirtschaft «seiner Prägung» ein und reisend warb er für ein geläutertes Deutschland und für den Kauf deutscher Erzeugnisse, rief Zuversicht hervor und schaffte Vertrauen, weckte Sympathie und sorgte für good will, begründete und mehrte im Glanz des wirtschaftlichen Erfolgs der Bundesrepublik auf diese Weise seinen Ruhm und fühlte sich dabei – sichtlich geschätzt und bewundert – um vieles wohler als am Schreibtisch, im Kabinett und vor der Fraktion. (Hentschel, S. 172)

Das sogenannte Unpolitische bei Erhard

Über allen diesen Feststellungen dürfen wir natürlich nicht vergessen, dass gerade das sogenannte Unpolitische Ludwig Erhards, wenn wir an den Beginn seiner Kanzlerschaft denken, zu den wirksamen Stärken seiner politischen Persönlichkeit gehört hat. (Klaus Hildebrand, Ludwig Erhards Kanzlerschaft, in: Symposion S. 49)

Adenauer und Erhard im Vergleich

Adenauer, der aufrechte und bis zur Hagerkeit schlanke katholische Rheinländer, scharfkantig in Gesichts- und Wesenszügen, war in der Tat im politischen Alltagsgeschäft bei allem vorhandenen Humor ein kühl und nüchtern kalkulierender Machtmensch mit tief misstrauisch-pessimistischem Blick, hart, voll Skepsis, zugleich begabt und befähigt, die Schwächen anderer zu sehen und zu nutzen. Erhard, Franke und blauäugig von Geburt wie Charakter, fehlte dieser Blick fast gänzlich, er, seit dem Beginn der fünfziger Jahre immer rundlicher, Wohlstand und Wachstum gleichsam personifizierend bis hin zur an die wieder kräftig rauchenden Schlote erinnernden Zigarre, war als Optimist und Idealist angelegt, wollte an das Gute im Menschen glauben und glaubte wohl auch daran wie an die Kraft der Vernunft. Er setzte auf den Appell, auf Überzeugung durch Rede – und bei seinen Reden vor grossem Publikum, vor Menschenmassen war er in seinem ureigensten Element, erzielte er die grösste Wirkung, wobei ihm seine tiefe, sonore Stimme, das rollende «R» seiner fränkischen Heimat oft noch mehr zugute kamen als eine heute manchmal etwas barock-überladen wirkende und nicht immer leicht verständliche Ausdrucksweise. Erhards an seine so überaus erfolgreiche Wirtschaftspolitik gekoppelte unbestreitbare Massenwirkung und hohe, über viele Jahre hinweg anhaltende Popularität waren es auch, die ihn für seine Partei, die CDU, der er im übrigen wegen seiner inneren Distanz zu allen Parteiungen erst sehr spät, erst Mitte der sechziger Jahre, förmlich beitrat, so attraktiv werden liess und ihn lange unangreifbar machte. (Daniel Körfer, Ludwig Erhard und Konrad Adenauer. Partner und Rivalen, in: Festschrift, S. 206 f.)

Zur «Formierten Gesellschaft»

Erhard war seinem Ordnungsentwurf gemäss einfach zu prinzipientreu, um sich mit den «corps intermédiaires» resolut zu arrangieren. Er war aber auch zu demokratisch gesonnen, um auf dem Wege eines «appel au peuple» demagogisch zu regieren. Er war wohl seiner Zeit zu weit voraus, als dass er sie mit seiner blass gebliebenen Vision von der «Formierten Gesellschaft» hätte gewinnen können. (Klaus Hildebrand, Ludwig Erhards Kanzlerschaft, in: Symposion S. 50)

Nicht verstanden

Wichtige Teile der Union haben das ordnungspolitische Konzept Ludwig Erhards nicht verstanden. Was Erhard als Steuerung einer freiheitlichen Gesellschaft durch staatliche Ordnung begreift, die nicht befehlen, sondern mittelbar lenken will, wird von ihnen als staatlicher Interventionismus und Beschränkung der Freiheit verstanden, für die die Union doch gemeinsam angetreten ist. (Kurt H. Biedenkopf, Ludwig Erhard und die Parteien, in: Symposion S. 68)

Ludwig Erhard hätte in der heutigen Diskussion deshalb auch nicht gefragt: Wie können wir die Zahl der Gesetze und Verordnungen verringern und das Dickicht lichten? Er hätte gefragt: Welche

Einrichtungen und Strukturen brauchen wir, um bestimmte gesellschaftliche Probleme freiheitlich zu lösen? (Kurt H. Biedenkopf, Ludwig Erhard und die Parteien, in: Symposion S. 78)

Entstelltes Wirtschaftsmodell nach Erhard
Das ureigene deutsche Wirtschaftsmodell, das in den 50er und 60er Jahren so überaus erfolgreich war, ist völlig entstelt und kann nicht mehr funktionieren, seit «Sozial» zum Wasserkopf angeschwollen, der «Markt» dagegen zum Krüppel verkümmert ist. Die deutsche Sozial- und Vermögenspolitik ist also genau den entgegengesetzten Weg gegangen, den Erhard vorgegeben hatte, wenn er sagte: «Auch muss auf die unlösbare Verbindung zwischen Wirtschafts- und Sozialpolitik aufmerksam gemacht werden. Tatsächlich sind um so weniger sozialpolitische Eingriffe und Hilfsmassnahmen notwendig, je erfolgreicher die Wirtschaftspolitik gestaltet werden kann.» (Gottfried Heller, Erhards «Unvollendete», Entfesselung der Wirtschaft statt Bündnis für Arbeit, in MVV, S. 246)

Deutschland heute
Was ist passiert? Analysiert man die Stimmungsentwicklung der letzten 25 Jahre, dann leben wir 1997 nicht mehr in der von Ludwig Erhard konzipierten Sozialen Marktwirtschaft, sondern ganz eindeutig in einer sozialistischen. Die Soziale Marktwirtschaft ist darauf angelegt, die tatsächlich Schwachen der Gesellschaft und unverschuldet in Not Geratenen zu unterstützen, aber ansonsten die Entwicklung der Volkswirtschaft den evolutionären Kräften einer freien Marktwirtschaft zu überlassen. (Reinhold Würth, Gesellschaftspolitik in Deutschland am Ende des 20. Jahrhunderts, in: MVV, S. 103)

Erhards Ausstrahlung auf Neuseelands Reformen
Ludwig Erhard hatte solch eine historische Vision bei Anbruch des deutschen Wiederaufbaus im Nachkriegsdeutschland. Sein Beispiel diente vielen als Inspiration, nicht zuletzt Neuseeland, wo dem unter Erhards Führung geschmiedeten Wirtschaftswunder beträchtlicher Respekt und Bewunderung zuteil wird. (Gerard F. Thompson, Die wirtschaftlichen Reformen Neuseelands, in: MVV, S. 176)

Was Erhard eigentlich wollte (Horst Friedrich Wünsche)

Erhards wirtschaftspolitische Erfolge sind bis heute beispiellos geblieben. Allmählich haben sie einen Mythos begründet, der sich leider genau dort festgesetzt hat, wo Forschung nach Ursachen und Hintergründen am Platz wäre. Niemand hat sich ausgiebig mit Erhards wirtschaftspolitischen Absichten, Motiven und Überzeugungen befasst. So kommt es, dass über Erhard und seine Politik allerlei Kontroverses erzählt wird, aber nichts, was das «Wirtschaftswunder» erklären kann:

- Einige meinen, Erhards Erfolgsgeheimnis läge in seiner einmaligen Entschlossenheit, in seinem ungetrübten Vertrauen auf segensreiche Folgen ungestümer Deregulierung und Entbürokratisierung und sicherlich auch in seiner Zivilcourage. Vulgärökonomische Denkweisen, aber keine subtilen wirtschaftspolitischen Einsichten werden Erhard zugebilligt. – Und damit sollte er erfolgreiche Wirtschaftspolitik betrieben haben?

- Andere spotten über Erklärungsversuche, bei denen Erhard im Mittelpunkt steht. Hunderte gewöhnliche und ungewöhnliche Erscheinungen hätten zusammengewirkt, um diese einmalige Entwicklung hervorzubringen. Auf Erhard selbst sei es kaum angekommen. – Was war aber dann das Erfolgsentscheidende?

- Selbstverständlich gibt es auch einige, die alles leugnen: Eine Wirtschaft bleibe nicht zertrümmert liegen; sie erhole sich ganz von selbst. 1948 sei weder ein Wunder geschehen, noch habe irgendein Mensch etwas bewirkt. Alles sei gekommen, wie es kommen musste. – Warum, so fragt man sich, ist der Wiederaufbau anderswo weniger glücklich verlaufen? Ist das Schicksal so ungerecht?

(…) Tatsache ist: Erhard hat sich in zäher, 15- bis 20-jähriger wissenschaftlicher Arbeit um ein tiefes Verständnis von Wirtschaftsprozessen bemüht. Am Ende seiner Studien, lange vor seinem Eintritt in die praktische Wirtschaftspolitik, glaubte er zu wissen, dass und wie sich die Wirtschaft beeinflussen lässt, damit wirtschaftliche Krisen gezähmt und soziale Fragen nachhaltig entschärft werden.

(…) Erhard hat nicht ökonomisch-modellhaft, also in der üblichen akademischen Manier – lehrbuchhaft einfach, leicht nachvollziehbar und auf wesentliche Grundzüge beschränkt –, sondern wirklichkeitsnah gedacht. Er hat keine Theorie fortgesponnen, sondern Eigenständiges entwickelt. Schon in erkenntnistheoretischer Hinsicht ist er eigene Wege gegangen. Und schliesslich hat er sein Wissen weder mit einem Ökonomen seiner Zeit geteilt, noch hat er Schüler ausgebildet oder eine Schule begründet. Unter den Hunderten von Schriften und Dokumenten im Archiv der Ludwig-Erhard-Stiftung befindet sich kein einziger Entwurf für ein Lehrbuch der Sozialen Marktwirtschaft und keine Quintessenz zur Wirtschaftspolitik, die der Ausbildung von Nationalökonomen dienen können.

So kam es, dass bald nach dem Rücktritt Erhards aus der aktiven Politik der erhardspezifische Begriffsinhalt von Sozialer Marktwirtschaft ausgetrocknet war und ausgetrocknet blieb. Soziale Marktwirtschaft wurde zu einer Formel, die aufnehmen konnte, was wirtschaftlich und sozial als erstrebenswert galt. Und da Erhards Nachfolgern vor allem die Kombination von privater Wirtschaft und staatlicher Umverteilung am Herzen lag – Marktfreiheit bei umfassender sozialer Sicherung durch den Staat –, mutierte die Soziale Marktwirtschaft zu einer sozialpolitisch regulierten und strangulierten Marktwirtschaft und damit zu einer Überzeugung, die Erhard selbst scharf bekämpft hat.

Eine wahrhaft tragische Entwicklung war das, denn im Gleichschritt mit dem Verfall der Erhardschen Ordnungskonzeption und -politik sind wieder die alten wirtschaftlichen und sozialen Probleme aufgetreten, und wieder stehen Politiker hilflos vor ihnen: vor Massenarbeitslosigkeit, vor der Explosion der öffentlichen Verschuldung, vor Finanzierungsschwierigkeiten in allen Sozialkassen, vor zunehmenden Verteilungskämpfen. Kein Wunder, dass immer wieder einmal die Frage gestellt wird: «Was würde Erhard heute tun?»

(...) Zu Beginn der Industrialisierung war also der Dualismus von wirtschaftsfördernder Politik und umverteilender Sozialpolitik angemessen. In der entwickelten, arbeitsteiligen Industriegesellschaft herrschen aber andere Verhältnisse. Hier sind immens viele Spezialkenntnisse erforderlich, und niemand – kein Landesfürst, kein Politiker, kein Beamter – weiss, wer die erforderlichen Kenntnisse besitzt und wo sie am besten eingesetzt werden sollten. In einer solchen Gesellschaft ist es nicht sinnvoll, einzelne zu protegieren, vielmehr müssen alle ermuntert werden, ihre Fähigkeiten zu aktivieren und das Beste daraus zu machen.

Unverzichtbare Grundlage der modernen Gesellschaft ist also Wirtschaftsfreiheit – sind Gewerbe-, Konsum- und Berufsfreiheit. In dieser Wirtschaftsfreiheit muss jedoch zugleich die soziale Sicherheit eingebettet sein.

Wenn Freiheit unverzichtbar und soziale Sicherheit notwendig ist, dann liegt der Gedanke nahe, sie in einem Kompromiss zusammenzufügen. Alfred Müller-Armack hat dies 1956 auf eine hübsche Formel gebracht; unzählige Male ist sie seither zitiert worden: «Sinn der Sozialen Marktwirtschaft ist es, das Prinzip der Freiheit auf dem Markt mit dem des sozialen Ausgleichs zu verbinden.» Erhard hat das nur mit einer bedeutsamen Einschränkung akzeptiert: Sozialer Ausgleich kann nur in den Grenzen der sittlichen Verantwortung gewährt werden, die jeder einzelne dem Ganzen gegenüber verspürt. Ohne solche Verantwortung muss sozialer Ausgleich unweigerlich zur Ausbeutung der Gemeinschaft durch die einzelnen entarten.

Das Augenmerk des Wirtschaftspolitikers muss deshalb auf die zahlreichen Einrichtungen gerichtet sein, die der Moral schaden oder sie ruinieren und die dadurch der Freiheit den Boden entziehen:

- auf den Sozialstaat, der die moralische Verpflichtung zwischen Menschen anonymisiert und damit relativiert und schwächt;
- auf Parteien und Verbände, die sich an die Stelle der privaten Moral drängen und sie dadurch aufheben;
- auf die materialistische Gesinnung, die moralischen Skrupeln hohnspricht und der nur Geld und Güter als Wertmassstab gelten.

Am bittersten für Erhard war das kaum merkliche Vordringen kollektivistischer Gestaltungen, von Anspruchsdenken und langsam anwachsender Masslosigkeit: «Im Alltag wird den Menschen meist gar nicht klar, wieviel Kollektivismus sie bereits umgibt oder – in anderen Worten – in welchem Masse sie sich schon der individuellen Verantwortung und der eigenen Gewissensentscheidung entledigt haben.»

Der Wissenschaftler als Politiker: Erhards in eigenen Studien gewonnene und gefestigte Überzeugungskraft war ein grosser Segen für Deutschland. Die Deutschen wurden wohlhabend, selbstbewusst, zufrieden, und allmählich empfanden sie Erhards Prinzipien und Appelle als störend … (Horst Friedrich Wünsche, Text zur Fotodokumentation, in: Festschrift)

Biographischer Abriss

Bundeskanzler a. D. Professor Dr. Ludwig Erhard

4. Februar 1897	geboren in Fürth (Bayern)
1913	Kaufmännische Lehre
1916 – 1918	Soldat im Ersten Weltkrieg; Verwundung
1919	Studium der Wirtschaftswissenschaften und der Soziologie an der Handelshochschule Nürnberg (Diplom-Kaufmann) und der Universität Frankfurt am Main
1924	Promotion zum Dr. rer. pol. bei Prof. Franz Oppenheimer an der Universität Frankfurt am Main
1928	Wissenschaftlicher Assistent, später stellvertretender Leiter des Instituts für Wirtschaftsbeobachtung in Nürnberg
1942	Leiter des Instituts für Industrieforschung in Nürnberg
Okt. 1945 bis Dez. 1946	Wirtschaftsminister in Bayern
7. November 1947	Honorarprofessor der Rechts- und Staatswissenschaftlichen Fakultät der Universität München
1947	Vorsitzender der «Sonderstelle Geld und Kredit» in Bad Homburg; Vorbereitung der Wirtschafts- und Währungsreform
2. März 1948	Direktor der «Verwaltung für Wirtschaft des Vereinigten Wirtschaftsgebietes» in Frankfurt am Main
14. August 1949	Wahl in den ersten Deutschen Bundestag (CDU, Wahlkreis Ulm), Wiederwahl 1953, 1957, 1961, 1965, 1969, über Landesliste Baden Württemberg 1972 und 1976
1949 – 1963	Bundesminister für Wirtschaft

24. Januar 1950	Honorarprofessor der Rechts- und Staatswissenschaftlichen Fakultät der Universität Bonn
1950 – 1963	Mitglied des Ministerrates der Montanunion
1952 – 1963	Deutscher Gouverneur der Weltbank
1957 – 1963	Stellvertreter des Bundeskanzlers
16. Oktober 1963	Bundeskanzler der Bundesrepublik Deutschland
20. Oktober 1965	Wiederwahl zum Bundeskanzler
1966 – 1967	Vorsitzender der Christlich Demokratischen Union Deutschlands
1. Dezember 1966	Rücktritt vom Amt des Bundeskanzlers
23. Mai 1967	Wahl zum Ehrenvorsitzenden der CDU
5. Mai 1977	gestorben in Bonn, beigesetzt auf dem Bergfriedhof in Gmund am Tegernsee

Prof. Dr. Ludwig Erhard war Ehrendoktor von 23 in- und ausländischen Universitäten, Ehrenbürger zahlreicher Städte, Ehrenmitglied oder Ehrenpräsident verschiedener Organisationen und Inhaber einer grösseren Zahl in- und ausländischer Orden.

Veröffentlichungen:	«Deutschlands Rückkehr zum Weltmarkt» «Wohlstand für alle» «Deutsche Wirtschaftspolitik» «Gedanken aus fünf Jahrzehnten»

Bibliographische Notiz

Karl Hohmann: Ludwig Erhard (1897–1977), Sonderdruck aus Fränkische Lebensbilder, Band 11, 1984.

Volkhard Laitenberger: Ludwig Erhard. Der Nationalökonom als Politiker, Musterschmitt-Verlag, Göttingen, Zürich, 1986.

Horst Friedrich Wünsche: Ludwig Erhards Gesellschafts- und Wirtschaftskonzeption. Soziale Marktwirtschaft als Politische Ökonomie, Bonn aktuell, Stuttgart, 1986.

Ludwig-Erhard-Stiftung (Hrsg.): Ulrich Völklein, Ludwig Erhard – Trümmer, Träume und ein Mann der Tat. Ein Portrait, ST Verlag, Düsseldorf, 1997.

Alfred C. Mierzejwski: Ludwig Erhard. Der Wegbereiter der Sozialen Marktwirtschaft. Biographie. Siedler-Verlag. München 2005.

Institutionen, die im Sinne von Erhard wirken:

Ludwig-Erhard-Stiftung e. V.

Johanniterstrasse 8
D-53113 Bonn
Tel.: 0228 / 53 98 8-0
Fax: 0228 / 53 98 8-49
E-Mail: bonn@les.deu.net

Aktionsgemeinschaft Soziale Marktwirtschaft e. V.

Mohlstrasse 26
D-72074 Tübingen
Tel.: 07071 / 55 06 00
Fax: 07071 / 55 06 01
E-Mail: ASM-ev@t-online.de

Friedrich-August-von-Hayek-Gesellschaft e. V.

Reichsstrasse 17
D-14052 Berlin
Tel.: 030 / 30065-200
Fax: 030 / 30065-500
E-Mail: info@hayek.de

Unternehmerinstitut der ASU e. V.

Reichsstrasse 17
D-14052 Berlin
Tel.: 030 / 30065-200
Fax: 030 / 30065-500
E-Mail: habermann@asu.de

Friedrich August von Hayek-Stiftung für eine freie Gesellschaft

Am Zernsee 7
14542 Werder/Havel
Tel.: 03327 / 73 24 57
Fax: 03327 / 73 24 57
E-Mail: info@hayek.de

Quellenhinweise

Biographie	*Gerhard Schröder, Alfred Müller-Armack, Karl Hohmann, Johannes Gross, Rüdiger Altmann* (Hrsg.), Ludwig Erhard. Beiträge zu seiner politischen Biographie. Festschrift zum fünfundsiebzigsten Geburtstag, Propyläen Verlag, 1972
Der Geburtstag	*Karl Hohmann* (Hrsg.), Der Geburtstag, Berichte – Reden – Kommentare, Eine Dokumentation über den 75. Geburtstag von Altbundeskanzler Prof. Dr. Ludwig Erhard 4. Februar 1972, Götzky-Drucke, 1973
DW	*Ludwig Erhard*, Deutsche Wirtschaftspolitik. Der Weg der Sozialen Marktwirtschaft, Econ / Knapp, 1962
Erbe	*Karl Hohmann* (Hrsg.), Ludwig Erhard. Erbe und Auftrag. Aussagen und Zeugnisse, Econ Verlag, 1977
GJ	*Karl Hohmann* (Hrsg.), Ludwig Erhard. Gedanken aus fünf Jahrzehnten. Reden und Schriften, Econ-Verlag, 1988
Festschrift	*Ludwig-Erhard-Stiftung* (Hrsg.): Ludwig Erhard 1897–1977. Soziale Marktwirtschaft als historische Weichenstellung. Bewertungen und Ausblicke. Eine Festschrift zum hundertsten Geburtstag von Ludwig Erhard, ST Verlag, 1997
Hentschel	*Volker Hentschel*, Ludwig Erhard. Ein Politikerleben, Olzog Verlag, 1996
Lebensbilder	Fränkische Lebensbilder Band 11, (Sonderdruck) Karl Hohmann, Ludwig Erhard (1897–1977), 1984
Lukomski	*Jess M. Lukomski*, Ludwig Erhard. Der Mensch und der Politiker, Econ-Verlag, 1965
MVV	*Roland Ermrich* (Hrsg.), Ludwig Erhard, Das Buch zur Sozialen Marktwirtschaft, Jubiläums-

	band zum 100. Geburtstag von Ludwig Erhard, Verlag MVV Medien, 1997
Schickling	*Ludwig-Erhard-Stiftung* (Hrsg.): Willi Schickling, Entscheidung in Frankfurt. Ludwig Erhards Durchbruch zur Freiheit. 30 Jahre Deutsche Mark. 30 Jahre Soziale Marktwirtschaft, Seewald Verlag, 1978
Symposion	*Ludwig-Erhard-Stiftung* (Hrsg.), Symposion XIII, Ludwig Erhard und seine Politik, Gustav Fischer Verlag, 1985
Völklein	*Ludwig-Erhard-Stiftung* (Hrsg.): Ulrich Völklein, Ludwig Erhard – Trümmer, Träume und ein Mann der Tat. Ein Portrait, ST Verlag, 1997
Volkskanzler	*Michael K. Caro*, Der Volkskanzler. Ludwig Erhard, Kiepenheuer & Witsch, 1965.
WA	*Ludwig Erhard*, Wohlstand für alle, Econ Verlag, 1957, Neuausgabe 1997

Sachregister

Personenregister

Meisterdenker der . . . .

Gerd Habermann (Hrsg.)
**Philosophie der Freiheit –
Ein Friedrich-August-von-
Hayek-Brevier**

Friedrich August von Hayek

Friedrich August von Hayek, geboren am 8. Mai 1899 in Wien, ist einer der bedeutendsten Ökonomen und Sozialphilosophen unserer Zeit. Für sein umfassendes wissenschaftliches Werk erhielt er im Jahre 1974 den Nobelpreis. Als Liberaler in klassischer Tradition wurde er zum hervorragendsten Kritiker des Wohlfahrtsstaates und des Sozialismus und zum unerschrockenen Verfechter einer freien Gesellschaft. Friedrich August von Hayek starb am 23. März 1992 in Freiburg/Breisgau.

Zum Inhalt des Hayek-Breviers

Dieses Brevier enthält die Kernideen aus Hayeks ökonomischem und sozialphilosophischem Werk. Im Mittelpunkt steht seine bekannte Theorie der spontanen Ordnung mit den Elementen Freiheit, Eigentum und «Wettbewerb als Entdeckungsverfahren». Von dieser Theorie her wird dann gezeigt, dass die Zwangsordnungen von Sozialismus und Wohlfahrtsstaat evolutorisch keine Chance haben, wenn die Höhe der modernen Zivilisation erhalten bleiben soll.

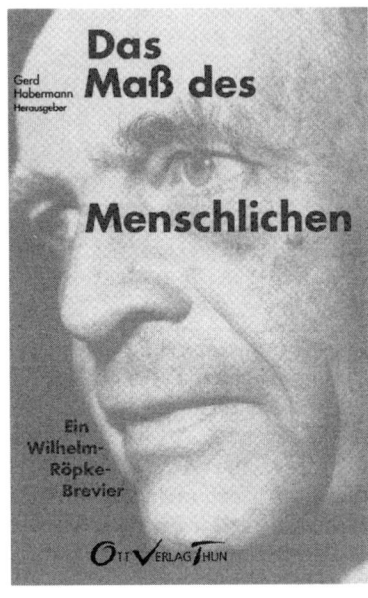

Gerd Habermann (Hrsg.)
**Das Maß des Menschlichen –
Ein Wilhelm-Röpke-Brevier**

Wilhelm Röpke

Wilhelm Röpke, geboren am 10. Oktober 1899 in Schwarmstedt (Lüneburger Heide), ist einer der hervorragendsten Freiheitsdenker des 20. Jahrhunderts, ein Weggenosse der grossen deutschsprachigen Neoliberalen wie Alexander Rüstow, Friedrich August von Hayek, Ludwig Erhard. Mit grosser Zivilcourage kämpfte er Zeit seines Lebens gegen die braune und rote Tyrannis wie auch gegen den zeitgenössischen Wohlfahrtsstaat. Nach seiner Entlassung durch die Nationalsozialisten (1933) wurde er zum Professor an der Universität Istanbul, dann (1937) bis zu seinem Tode am 12. Februar 1966 am Institut Universitaire des Hautes Etudes Internationales in Genf. Wilhelm Röpke ist Mitbegründer der Mont Pélerin Society (1947) und war deren Präsident von 1960 bis 1962.

Zum Inhalt des Röpke-Breviers

Schon der gewählte Titel – «Das Maß des Menschlichen» – zeigt, dass Wilhelm Röpke mehr als nur ein glänzender Ökonom war: ihm ging es im Letzten um die entscheidenden Fragen «Jenseits von Angebot und Nachfrage», wie eines seiner bekanntesten Bücher lautet. In diesem Sinne ist er ein temperamentvoller Verfechter einer dezentralisierten, sozial gegliederten und naturnahen Gesellschaft, ein Freund der «kleinen Kreise» gegen die Tendenz zur «Vermassung» und «komfortablen Stallfütterung» des Wohlfahrtsstaates.

Pressestimmen

Der ganze Hayek kurz gefasst

Gerd Habermann, Dozent an der Bonner Universität und Leiter des Instituts der Arbeitsgemeinschaft Selbständiger Unternehmer, ist rundum gelungen, was er sich mit dem kleinen Brevier vorgenommen hat: den Anfänger in die klassisch-liberale Gedankenwelt des Wirtschafts- und Gesellschaftsphilosophen Friedrich August von Hayek einzuführen und den Kenner mit pointierten Zitaten aus dessen Schriften zu erfreuen. In vier Kapiteln lässt er den weltbekannten, aber in Deutschland wenig beachteten Nobelpreisträger mit Auszügen aus dem Gesamtwerk das Bild von einer Gesellschaft freier Menschen entwerfen. ... Es ist eine Freude, in dem Brevier zu lesen.
Welt am Sonntag, 4. Juli 1999

Zwei Breviere für freiheitliches Denken

... Diese «Lektüre für Minuten» wird schnell zum Denkanstoss für Stunden und sie vermag den einen oder anderen auch zum lohnenden Gang zu den Originaltexten anzuregen. Übrigens haben sowohl Hayek als auch Röpke während vieler Jahre wichtige Artikel erstmals in den Schweizer Monatsheften veröffentlicht. Einiges davon hat auch in den Zitatensammlungen Spuren hinterlassen. ...
Schweizer Monatshefte, 79. Jahrgang, Heft 11, 1999

Des Menschen Mass. Ein Wilhelm-Röpke-Brevier

... Röpkes mit Herzblut vorgetragene Argumente gegen Wohlfahrtsstaat, «Fiskalsozialismus», Zentralismus, Kartelle und jede andere Art von Machtzusammenballung haben bis heute nichts von Ihrer Treffsicherheit verloren, auch wenn sein Schreibstil charmant-altertümelnd anmuten mag. Das erschliesst sich bei der Lektüre der Zitatensammlung, die Gerd Habermann, Leiter des Unternehmerinstituts der Arbeitsgemeinschaft Selbständiger Unternehmer (ASU) und Sekretär der Friedrich-August-von-Hayek-Gesellschaft, zur Erinnerung an den vor hundert Jahren geborenen Ökonomen herausgegeben hat. ... Ein Nachwort des Tübinger Wissenschaftlers Joachim Starbatty rundet das lesenswerte, zum Schmökern gut geeignete Brevier ab.
Frankfurter Allgemeine Zeitung, 11.10.1999

Wettbewerb im Mittelpunkt

... Das von Gerd Habermann herausgegebene kleine Brevier mit dem Titel «Das Mass des Menschlichen», das Auszüge aus Röpkes Werken enthält, führt dem Leser einige in Vergessenheit geratene ökonomische und politische Weisheiten vor Augen. ... So tritt uns in dem Brevier ein grosser liberaler Universitätsgelehrter entgegen, dessen Werke es verdienen, gelesen zu werden.
Esslinger Zeitung/Untertürkheimer Zeitung/Cannstatter Zeitung, 15.10.1999